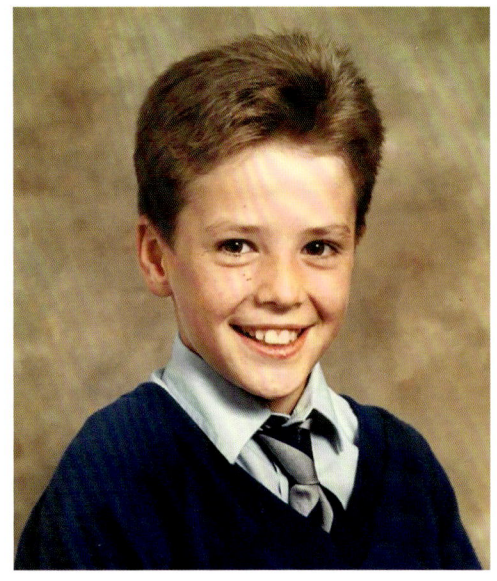

孩童时代：一个蹒跚学步的小孩（左），一个在哈瓦登的德鲁小学读书的微笑男孩（右）。

冉冉升起的新星：在一场莫尔德·亚历山大青少年俱乐部的比赛前行使队长职责。

步步高升：从11岁开始，我就在利物浦俱乐部的青训中心接受训练。

赢家：我的进球帮助利物浦击败了由弗兰克·兰帕德和里奥·费迪南德领衔的西汉姆联，拿到了1995/1996赛季青年足总杯的冠军。

这是俱乐部历史上第一次在青年足总杯折桂。

利物浦青训学院出品：（后排从左到右）史蒂夫·麦克马纳曼、杰米·卡拉格、多米尼克·马特奥、斯蒂芬·杰拉德；（前排从左到右）我、大卫·汤普森、罗比·福勒。

一蹴而就：1997年5月，在塞尔赫斯特球场对阵温布尔登时，17岁的我收获了利物浦生涯的第一个进球。

公众形象：与手表品牌天梭签下职业生涯早期的商业合约（左）；读一读球迷来信（右）!

新国脚：1998年2月，在英格兰与智利一役，我完成英格兰队首秀，并成为20世纪英格兰队最年轻的出场者。

全速前进：1998年3月，攻破博尔顿的球门，冲击英超金靴。

进球的喜悦：1997/1998赛季，凭借屡屡破门得分，我当选英超PFA年度最佳年轻球员。

名场面：我在1998年法国世界杯1/8决赛单骑闯关，快速闪过查莫特（右图）的封挡，攻破了阿根廷的球门。那个进球彻底改变了我的人生。

我在回国走下飞机时向球迷招手。

我还在1998年当选BBC年度体育人物。

新主帅：我对凯文·基冈在英格兰队的执教持保留态度——但这一切都会在纽卡斯尔联发生改变。

1999年1月，我与好朋友杰米·卡拉格一同庆祝进球。

捍卫主场：2001年，我在利物浦3比1击败曼联的比赛中独中两元，感觉好极了。

甜蜜的罗马：罗马奥林匹克球场，在利物浦击败罗马的联盟杯比赛中，我攻入2球。

无与伦比：2001年足总杯决赛，利物浦对阵阿森纳，我先是在终场结束前扳平比分，又在与托尼·亚当斯的单挑中强行抹过，攻破了大卫·希曼把守的球门。我到现在也说不清当时为什么要翻跟头庆祝进球！

奖杯：那场足总杯决赛后，我与加里·麦卡利斯特和杰米·卡拉格在更衣室合影。

我还拿到了社区盾冠军，并荣膺欧洲超级杯当场最佳球员——2001年过去了，但我会永远铭记！

三冠时刻：在德国多特蒙德，利物浦与阿拉维斯进行了一场戏剧性十足的欧洲联盟杯决赛。最终我们捧得奖杯。

金色记忆：在安菲尔德球场接过金球奖的奖杯。我的身后是时任利物浦主帅霍利尔。

出类拔萃：在迪特马尔·哈曼转会到利物浦的交易中，我起到了重要作用。他是一名很棒的球员，我们的友谊延续至今。

百球里程碑：2001年12月，在攻破西汉姆联的球门达成利物浦生涯的百球里程碑后，我与帕特里克·博格庆祝进球。

美妙的一夜：2001年9月，客场作战的英格兰以5比1重创德国，我们的未来看起来无比光明。我在慕尼黑完成了帽子戏法，俱乐部队友杰拉德和赫斯基也都收获进球。

重任在肩：2002年4月，时任英格兰队主帅埃里克森将队长袖标交给了我，那是光荣的一天。

飞扬的旗帜：2002年韩日世界杯前，我与杰拉德在世界杯的倒数石碑前为媒体留下宣传照。

活学活用：科里纳，我认知中最伟大的足球裁判，在韩日世界杯小组赛英阿大战中给了我一些重要的建议。当然，我欣然接受。

咫尺天涯：在韩日世界杯1/4决赛，我在英巴大战中先拔头筹，但这不足以帮助我们晋级四强。那是一支很有竞争力的英格兰队，我们失去了一次非常好的机会，时至今日，那场失利依然令我"意难平"。

难忘的一夜：或许在利物浦球迷心中，那不是一场多么显眼的比赛，但对我而言，与波尔图的比赛，一切都是恰到好处。

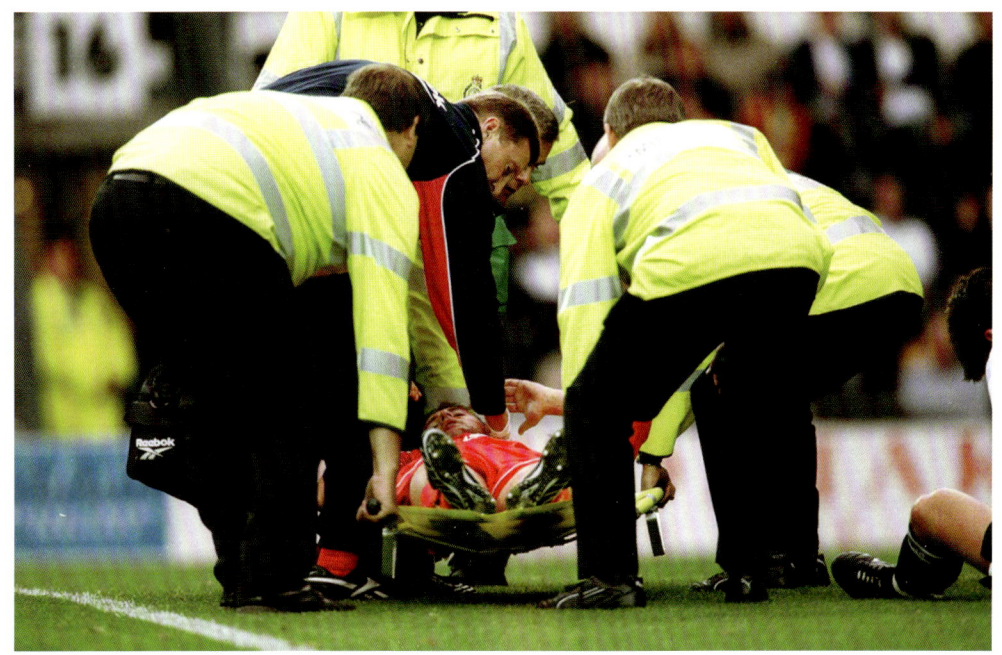

两眼一黑：我与德比郡的里戈特激烈相撞，导致头部受伤。那真是一次可怕的经历。

另一座奖杯：2003年3月2日，在甩开罗伊·基恩的防守后，我以一脚推射锁定胜局，为利物浦拿下了联赛杯冠军。

闪击战：2004年欧洲杯1/4决赛，英格兰对阵东道主葡萄牙，我在开场第3分钟进球后与球迷们激情庆祝。

驾驶位：2004年欧洲杯前，与英格兰队队友去玩了卡丁车，我的座驾超过了国家队新人韦恩·鲁尼。

前锋的责任：我在英格兰与葡萄牙的点球大战中一蹴而就，但我们还是没能晋级。

荣誉接力：我把金球奖交给了获奖者C罗。站在我们中间的是罗纳尔多，他是我在西班牙效力期间很好的朋友。

重磅交易：在与皇家马德里达成协议后，我与路易丝和父母在伯纳乌球场合影留念。

银河战舰：与罗纳尔多、古蒂、罗伯托·卡洛斯和齐达内并肩作战是一种超现实的感觉。

友好的面庞：我与大卫·贝克汉姆（下图）庆祝进球。虽然同住马德里，但我们过着截然不同的生活，也很少在社交场合见面。

白热化：2004年欧冠联赛，我在皇家马德里对阵基辅迪纳摩时打入制胜球，然后与队友们拥抱庆祝。

黑与白：我站在索内斯和谢泼德之间，落笔签字。直到最后一分钟，我都不确定自己是否会加盟纽卡斯尔联。

起步：对阵布莱克本一役，我收获了纽卡斯尔联生涯的第一球。我与队友阿兰·希勒激动庆祝。

球迷的狂热：有报道称，大约有两万名纽卡球迷来到圣詹姆斯公园球场，为我的亮相仪式捧场。

支持申办：2005年，我与贝克汉姆助力伦敦申办奥运会的宣传活动。

体能竞赛：我在英格兰队的训练中与鲁尼、卡拉格和兰帕德一同跑步。我非常渴望参加2006年德国世界杯。

痛苦：我在英格兰与瑞典的世界杯小组赛遭遇十字韧带撕裂，英格兰队医加里·勒温正在查看我的伤情。

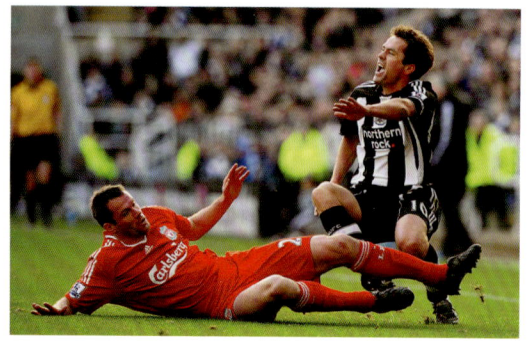

亦敌亦友：与杰拉德和卡拉格的正面对决。就像你看到的那样，卡拉格绝不退缩！

四人组：在英格兰队球衣发布会上，我与法比奥·卡佩罗同框出镜。只是，他的上任标志着我的英格兰队生涯趋向终点。

曼联新援：2009年7月，我与加布里埃尔·奥贝坦、安东尼奥·瓦伦西亚一同加盟曼联。这是我们三人与弗格森的合影。

正式起步：2009年8月，在曼联与维冈的比赛中，我打开了个人"红魔"生涯的进球账户。

妙到巅毫：2009年那场著名的曼彻斯特德比，我只有一瞬间可以权衡射门的角度和进球的可能，但我还是把吉格斯完美的传球送入了吉文镇守的球门，为曼联攻入绝杀。

冠军：在2010/2011赛季曼联夺得英超冠军后，我与孩子们一同庆祝。

欢呼：2010年2月，曼联在联赛杯决赛2比1击败阿斯顿维拉夺冠，我攻入了曼联的扳平进球。

暮年收官：我与斯托克城的签约在混沌中完成。（左图）在斯托克城效力期间，想要理解托尼·普利斯对我的要求并不是那么容易的事情。

高佬的故事：与我的替补队友克劳奇，斯托克城的更衣室氛围还是挺好的。

迷失：2013年1月，在水晶宫与斯托克城的比赛中，我意识到自己作为职业足球运动员的一切都结束了。

光荣的一天：2013年8月，在赢得阿尔特米斯·古德沃德杯后，我与骑师理查德·金斯考特和"棕豹"待在一起。赛马就是融在我的血液里。

策马奔腾：我上马前行。

我与查尔斯王子交谈。

父亲带我入门赛马运动。

故地重游：2018年3月，利物浦传奇队与拜仁慕尼黑传奇队进行慈善赛，我在熟悉的安菲尔德球场进球。

我与罗比·福勒和伊恩·拉什重聚。

速度之王：在慈善赛期间遇到短跑传奇尤塞因·博尔特。

这是英格兰与世界11人的元老赛,我在斯坦福桥球场重逢了老队友罗伯托·卡洛斯。

评论员:我与汉普瑞、欧文·哈格里夫斯和麦克马纳曼为英国电信体育频道报道一场比赛。

家庭时间：（从左上顺时针方向）我与妈妈、爸爸、兄弟和妻子路易丝。

最好的团队：与路易丝和孩子们一同享受出游的时间。

欧文自传
追风年代

REBOOT

MICHAEL OWEN

[英]迈克尔·欧文
[英]马克·埃格林顿 ◎著
搜达足球 陈丁睿 ◎译

金城出版社
GOLD WALL PRESS
中国·北京

图书在版编目（CIP）数据

追风年代：欧文自传 ／ （英）迈克尔·欧文，（英）马克·埃格林顿著；搜达足球，陈丁睿译． — 北京 ：金城出版社有限公司，2023.6
书名原文：Reboot：My Life
ISBN 978-7-5155-2426-9

Ⅰ．①追… Ⅱ．①迈… ②马… ③搜… ④陈… Ⅲ．①欧文(Owen，Michael 1979-) – 自传 Ⅳ．①K835.615.47

中国版本图书馆CIP数据核字(2022)第245186号

追风年代：欧文自传
ZHUI FENG NIANDAI: OUWEN ZIZHUAN

作　　者	[英]迈克尔·欧文　[英]马克·埃格林顿
译　　者	搜达足球　陈丁睿
责任编辑	王思硕
责任校对	许　姗
责任印制	李仕杰
开　　本	710毫米×1000毫米　1/16
印　　张	22.5
字　　数	305千字
版　　次	2023年6月第1版
印　　次	2023年6月第1次印刷
印　　刷	鑫艺佳利（天津）印刷有限公司
书　　号	ISBN 978-7-5155-2426-9
定　　价	69.80元

出版发行	金城出版社有限公司　北京市朝阳区利泽东二路3号　邮编：100102
发 行 部	(010) 84254364
编 辑 部	(010) 64391966
总 编 室	(010) 64228516
网　　址	http://www.jccb.com.cn
电子邮箱	jinchengchuban@163.com
法律顾问	北京植德律师事务所　18911105819

推荐序
我们眼中的迈克尔

无论迈克尔选择了哪条人生道路，我都相信这个孩子将走上巅峰。很小的时候，他的身体协调能力就非常突出，但要找出一个让他区别于其他同龄人的特质，还得说是他的心志。在追寻个人目标过程中，迈克尔的坚毅与执着，总会支撑他继续前进。对他而言，胜利就意味着一切。

迈克尔对于体育运动的热爱无所不包，但足球的优先位置，绝对不可动摇。6岁那年，我带他去本地的体育中心踢球，没过一会儿，我就被他精彩的射门吓住了。当时，我和他妈妈说："哇，如果以后他还能练出不错的速度，我们可能真要培养出一个职业球员了！"

那段时间，球场上的迈克尔无人能挡，他的每个进球似乎都是信手拈来。伴随着四面八方的赞美声，我们完全享受他在比赛中的表演，那样的感觉真的太好了。

作为拥有过足球职业生涯的退役球员，我很清楚，所谓自信心和心理素质之于一名球员的重要性。曾几何时，我就是因为无法克服心理难关,没法登上更高级别赛场。在我眼中,迈克尔与生俱来地拥有这些能力和天赋,而我需要做的,就是帮助他走到更远的地方。

迈克尔成为一名职业足球运动员,就像命中注定的事情,这是上天的恩赐。唯一的问题是,他到底可以达到怎样的高度?

纵观整个职业生涯,迈克尔最让人印象深刻的事情,就是他矢志不渝的自信。尽管遭遇过重伤、状态起伏、也难逃进球荒的煎熬,但他绝对没有丧失过信心和欲望。这样的精神属性实在不多见。

作为他的父母,我们与他共度了足球生涯的起起落落,亲历了他的成长之路。

当然,与迈克尔的哥哥和姐姐一样,我非常骄傲地看到,他努力并证明着,自己不仅是一个好父亲,更是一个体面、正派的人。

特里·欧文一世

迈克尔·欧文父亲

* * *

"他绝对是我见过最好的16岁球员,等到来年,他肯定会成为利物浦一线队一员。"很久以前,史蒂夫·海韦跟我聊起过这样一个还在读书的孩子,彼时,就是在他的努力下,这个足球小将来到我们的球队,并且为利物浦拿到了英格兰青年足总杯的冠军。没错,那就是迈克尔·欧文。我记得他在青年队的第一场比赛还是面对曼联,他上演了帽子戏法,帮助我们闯入半决赛。

我们都知道,迈克尔的速度真的太快了,那种像激活变速器一样的冲刺,几乎让人窒息,而且他在拼抢时展现的侵略性同样猛烈,这甚至让老辣、强硬的利物浦人瞠目结舌。

后来,迈克尔在17岁时真的升入利物浦一线队,首次亮相便打开了进球账户。虽然我比他年长一岁有余，但我们几乎同时开启了"红军"生涯，此后的 7 年时间，我们一直是队友。

在生涯的黄金时代，迈克尔·欧文是无可争议的超级巨星——金球奖、两次英超金靴、BBC 年度最佳运动员、PFA 英超年度最佳青年球员、2001 年足总杯决赛最佳球员、2001 年五冠王，还有 1998 年法国世界杯震惊全球的单刀球。在我看来，当舆论为他的职业生涯盖棺定论时，很多事情都要被遗忘了。迈克尔肯定是英格兰历史上最优秀的射手之一，更何况，假如没有伤病侵袭，他甚至可以成为历史最佳，没有之一。

之前跟迈克尔聊天的时候，我能感受到他推出这本自传的迫切，很久以来，他都希望能将自己的所思所想一吐为快。这包括当年离开利物浦的决定，以及后来转投曼联的选择。

我真的试图阻止过他！

迈克尔的想法很简单，他希望用这本书，为大家整理出很多事情的来龙去脉。但是，我觉得一些固执的球迷，已经不能理性看待他为利物浦做出的贡献，直接将他视为队史的局外人。

可想而知，这样的情况势必伤害到迈克尔和他的家庭。总之，希望这本书的出版，能让更多人了解真实发生的故事，以及那些争议决定的原因吧。

最后，对我个人而言，只要迈克尔别把当年圣诞派对的故事写得太细就行了……

杰米·卡拉格

* * *

很早以前，在跟英格兰 U18、U20/21 代表队的时任教练聊天时，我第一次听到迈克尔·欧文的名字。谈起这个利物浦小将的速度、跑位和终结能力，他们的喜悦都溢于言表。所以，你可以想象，我一直期待着这小子能早点冲上利物浦一线队。

当我终于看到迈克尔穿上利物浦的红色战袍时，一切的等待都是值得的。那是一场红军客场对阵温布尔登的比赛，就在那个糟糕的场地上，迈克尔的年轻有为着实让人难忘——就算不是每次都能与队友打成配合，但他的无球跑位实在太棒了。当然，迈克尔的努力没有白费，当接到一次准确的传球与对方门将形成单挑后，他冷静地做出决断，将球送入了网窝。这就是一个新星的诞生，那样的速度和球商，真的让我热血沸腾。

那时候，作为英格兰代表队主教练，我觉得"电光火石"般的迈克尔，可以成为国家队锋线的新选择。他的球风和特点，绝对能与阿兰·希勒和泰迪·谢林汉姆形成互补。在1997/1998赛季的剩余比赛中，我不断关注着迈克尔的发挥，他不负众望，持续不断地收获进球。我对英格兰国脚的选拔标准非常简单：只要你足够出色，年龄从来不是问题。后来，我笃定地将迈克尔列入了法国世界杯名单，他在那个夏天的横空出世，成就了一段佳话……

法国世界杯小组赛第2轮，我们1比2输给了罗马尼亚，但自信满满的迈克尔，一度在替补出场后为我们扳平比分。毫无疑问，这个年轻人超越年龄的心志令人赞叹，他的信心与无畏，能给任何对手制造麻烦。大约一周后，我们在1/8决赛碰到了阿根廷队。那场比赛，当迈克尔在中圈内接到贝克汉姆的传球开始全速冲刺时，他一定不会想到，他的足球人生就从那一瞬间开始，完全改变了。

几乎是转瞬之间，带球前进的迈克尔，已经冲破了阿根廷的防线。从替补席的位置望过去，我并没有发现阿亚拉已经是阿根廷防线最后一人，我只是看到他准备站位封抢，阻挡住迈克尔前进的方向。但在那一瞬间，我知道凭借迈克尔的爆发力，他一定能加速冲过去，除非阿亚拉直接下手犯规，那他还要付出一张红牌的代价！

不出所料，冲劲十足的迈克尔，将查莫特和阿亚拉都甩在了身后，如入无人之境，他已经得到了用惯用脚完成射门的机会。在这次单骑闯关的终结时刻，迈克尔没有把得分机会让给身旁的斯科尔斯，那是一脚不可阻挡的右脚射门，那是一粒美轮美奂的进球。只有短短7秒钟，他就用这样的个人表演，向全世界宣誓了自己的存在。

在后来的日子里，迈克尔从没有因此而洋洋得意。在我的认知中，他一直是个脚踏实地的人，无论在哪里效力，他都会得到俱乐部的赞扬与认可。当然，他的家人也是一样。对于所有希望走上足球之路的年轻人而言，迈克尔始终是个优秀的榜样。

如今，我非常享受能跟迈克尔在演播室搭档评球的机会，就像以前一样，他还是出类拔萃。

格伦·霍德尔

＊＊＊

西里尔·雷吉斯曾经告诉我，运动能力只能帮一个人进入足球领域，而真正决定成就高低的因素，终究是球员的头脑。

如果能到一名球员的家里，好好探寻他的"头脑"到底是如何形成的，你才能有更好的机会，去评断这名球员的前途。

我第一次见到迈克尔时，他还没有代表利物浦队上演首秀，我特意前往他童年成长的地方——北威尔士，希望了解他的家庭生活。那一天，作为迈克尔后盾的家人们，都齐聚一堂等待着我的到来，那只活蹦乱跳的宠物狗，更是没完没了地缠着我不放。

虽然是个尚未成年的孩子，但迈克尔的言行举止谦逊、体面，显现着超越年龄的成熟。当时我才知道，他的妈妈以前练过田径，他的父亲也踢过半职业足球，好吧，这就是传说中拥有体育世家的DNA！

作为学习过体育营销的业内人士，我非常清楚迈克尔第一个广告代言的重要性，经过深思熟虑，我们最终与天梭手表达成了协议，并在伦敦西岸的巴黎咖啡馆签约。签约当天，17岁的迈克尔西装革履，还换上了一双油光锃亮的皮鞋。

迈克尔的足球生涯正式起飞了。

关于迈克尔职业生涯的美好时光，有太多值得铭记的片段了：首秀进球、BBC年度最佳运动员、世界杯对阵阿根廷的破门、足总杯决赛挑落阿森纳，还有2001年捧得的金球奖。

2003年，在帮助贝克汉姆加盟皇家马德里时，我与皇马主席弗洛伦蒂诺接触了一段时间。我可以感觉到，他依然在寻找那种兼具球技和人品的好球员。后来，经过一番详细准备，我将一张浓缩了迈克尔球场内外的DVD，带到了皇家马德里的高层会议室。

在整部影片结束后，弗洛伦蒂诺起身走到附近的办公桌，随手拿起了计算器。然后，仅仅过了两周，迈克尔就来到伯纳乌和马德里，举起了白色的11号球衣。

相较于大卫·普拉特在桑普多利亚的善始善终，作为少有的开启海外生涯的英格兰球员，迈克尔·欧文的西班牙生活算不上顺遂。虽然在西班牙贡献了不少精彩的进球，但由于长期没法在伊比利亚半岛找到节奏，回归英格兰便成了其顺理成章的优先选择。

职业生涯末期，由于接二连三地遭受伤病侵袭，迈克尔的竞技状态一落千丈。

幸运的是，迈克尔从来不会独行，他拥有着家庭的支持，也受益于强大的心志和决断，这一切的累积与交织，都会为他的未来人生保驾护航。

史蒂夫·海韦、杰拉德·霍利尔、格伦·霍德尔、凯文·基冈、亚历克斯·弗格森爵士，这些足球世界的伟大存在，都为迈克尔的奋斗感到骄傲。对此，我也一样。

托尼·斯蒂芬斯
前经纪人

* * *

很久以前，在迈克尔13岁时，他曾经到属于曼联的学校训练。对于将他招致麾下的计划，我们真的非常乐观。但万万没想到，这个傻小子竟然去了利物浦！

面对迈克尔的决定，我们非常失望，因为大家都觉得，他肯定会迈向巅峰。一般来说，你很少能在一个孩子的青训时期，就判断他能否在未来取得成功，就像瑞安·吉格斯、保罗·斯科尔斯和尼基·巴特一样，迈克尔就是那种例外。后来，我们只能眼睁睁地看着迈克尔所在的利物浦青年队，一次次让曼联青年队陷入苦战。

我一直坚定地认为，球员的职业生涯有这样几个关键时刻——一线队首秀、第一个进球，以及走入婚姻殿堂。原因很简单，这都是他们不断前进的基石。1997年，迈克尔经历了生涯中一个关键瞬间，他当时跟随英格兰青年队，去马来西亚出战世界青年锦标赛。

在那支由泰德·鲍威尔执教的球队里，有3名曼联球员——罗尼·瓦尔沃克、约翰·柯蒂斯和琼·麦肯。当时，他们在非常严苛的环境下，打进了世青赛16强。鉴于他们的身体状况，曼联让这3个年轻人多休息了一个月，以求尽快恢复状态。然而，回到利物浦的迈克尔可没有这样的假期，他甚至直接去往一线队，开始了新赛季备战。几年之后，我曾经跟时任"红军"主帅霍利尔聊起这事，他也很同意我的看法：至少在那时，到处赶场的迈克尔，没有让身体得到充分休息，也没有时间继续修炼自己的技术。当然，我并不能完全肯定，这些早已久远的事情，就是后来引发他肌腱受伤的主要原因。

  2009 年，当我听说纽卡斯尔联准备放走迈克尔时，我毫不犹豫地把他请到家里，商讨了加盟曼联的事宜。我知道，这个引援决定可能会引起不小的争议，但我跟教练组成员都非常相信，迈克尔不仅能在曼彻斯特找回状态，更可以帮助韦恩·鲁尼和丹尼·韦尔贝克继续成长。

  迈克尔的跑位时机和终结能力，让我想起英格兰历史上的传奇射手——吉米·格里夫斯，那个将内脚背射门演绎到极致的天才。这么多年了，对于利物浦在我们眼皮子底下挖走迈克尔的事情，我依然耿耿于怀，天知道我诅咒了他们多少次！

  另外，迈克尔职业生涯的另一部分，还有对待足球和生活的方式：没有傲慢，没有派对，尊重自己的父母、教练和队友，只有一心一意的家庭生活。他真的是一个尽善尽美的足球运动员。

  足球能有他的参与，是何其幸运的事情。

亚历克斯·弗格森爵士

自序
不同凡响

从孩提时代起，我就知道自己拥有着无可比拟的自信，从未改变。这似乎是一种与生俱来的本领：不论遇到怎样糟糕的情况，包括来自旁人的负能量，我都能置之不理，坚定地寻找乐观或积极的方面。

说实话，我不记得自己刻意修炼过什么思维技巧，这样的行为处事，就是我内心的真实想法。无论何时何地，我一贯如此。

这么说吧，如果在安菲尔德进行赛前热身时，我突然没能停好一次球，即便距离开球只剩下10分钟，也不会影响到我的心态。相反，我会觉得糟糕的部分已经结束了，接下来就是顺风顺水。

同样，假如在比赛中先后浪费了三次机会，我也不会多想什么。道理很简单，我认为这样的机会只有我跑得出来，别人根本没戏。

至少在我心中，从没觉得自己踢出过什么糟糕的比赛。

或许有人会说，这样的心理暗示往好了讲有些可笑，往差了讲只是一厢情愿。坦白说，在日复一日的足球生涯中，这样的思考方式，真的让我增添了很多信心。正因如此，我并没有在比赛中陷入慌乱，能够维系着心态的稳定。这样的思维惯性真的帮了我大忙。

事实上，这种能规避掉批评和质疑声的特质，在我退役之后依然非常重要。

回想多年前，在开始撰写第一本自传时，我并没有站到现在这样理性和成熟的角度，去全面回顾自己的生活。当时，我还没有宣布退役，无论是不是一种无意识行为，都会在整理文字时，有些害怕冒犯到自己的同行，抑或影响我们未来的关系。

而在过去近10年，差不多就是在我退役后，整个世界的舆论环境打破了传统认知，发生着翻天覆地的变化。回想几年前，社交媒体的力量还微乎其微，如果某个人想打打嘴炮，他能利用的媒体介质非常有限。但时至今日，一切都不同了，每个人都可以对外发声、表明态度，他们拥有在社交媒体上畅所欲言的自由。

关于我足球生涯的各个方面，我听到过很多批评——球员们的日常大多如此。具体到我身上，人们会聚焦于"对俱乐部的忠诚""难以克服的受伤"，以及"无聊的性格"等。在我看来，现在的舆论环境大抵如此，当没有人出面给予回应时，谣言和小道消息总会愈演愈烈，进而占据上风。

一般来说，我都会无视那些传言和批评，主动将它们过滤掉。我觉得就算是在社交媒体上跟那些言论针锋相对，也没有实际意义。毕竟，我们无法改变一小部分偏听偏信的人，社交平台上的对话又极有局限性，并不能完全展示事情的全貌。在当下舆论环境下，类似的尝试大抵只会徒劳无功，相较于拿着手机在社交媒体上跟别人斗嘴，我还有很多更重要的事情。

有一次，在与利物浦青训总监亚历克斯·英格尔索普聊天时，他不经意间的一段评价，可能是对我最准确的概括——我可能是他见过最能屏蔽干扰、坚持自我的人。

众所周知，在成立迈克尔·欧文管理公司后，我开始与越来越多的年轻球员产生交集，承担了一些球员培养和经纪代理的工作。自然而然，我就经常与英格尔索普聊起青训话题，包括所谓青年才俊的天赋和精神属性等。

对于圈内人而言，想要找到技术出众的球员并不困难，他们在比赛中的一举一动，都是自身外在能力的反映。但这并不是唯一重要的事情，在寻找年轻苗子过程中，我们必须在球技和心志方面等量齐观，除了优秀的技术，还有不可或缺的心志。

我与英格尔索普分享过几次亲身经历，尤其包括那种必须在负能量包围中，保持乐观的心态。他回应说，这就是我的精神属性中至关重要的部分。

一开始听到英格尔索普的感慨，我并没有放在心上，但仔细回想起来，他的总结确实很到位。好吧，英格尔索普真的很懂我。

在我迄今的人生故事中，英格尔索普并不占有很大篇幅，也是最近几年时间，我们才逐渐熟络起来。不过，对于我一度忽略的东西，他的所言所想意义重大。

在萌生再写一本自传的想法时，我有些不知所措。我真的希望与内心对话吗？我是否真正准备好把所有决定开诚布公？而这些难以回答的问题，只是冰山一角。

在深思熟虑的日子里，我逐渐发现很多说服自己的理由：我的上一本自传，已经是很多年前的事了，当时讲述的足球生涯还停留在远去的 2006 年；此外，我能深切地感觉到，随着年龄增长，我的身上出现了太多的变化，除了当上 4 个孩子的父亲，我也比 15 年前更加成熟和老练了。

回溯自己的职业生涯，我非常自豪，无论代表利物浦、皇家马德里、纽卡斯尔联、曼联、斯托克城，抑或英格兰代表队，我都保持着勤勤恳恳的态度，绝对没有糟蹋过任何一场比赛。如果没有一些遗憾与错过的话，我愿意将自己的足球生涯与"非常成功"画上等号。

在很多流言蜚语炒作多年后，球迷们理应通过我的叙述，去了解事情的来龙去脉，而不是对谣言执迷不悟。公众群体，特别是广大球迷，总是很轻易地做出判断。但具体到我的足球生涯，他们贴标签之前所获悉和了解的实情，大概有两成。

过去一段时间，我开始捋顺职业生涯的重大事件，也思考以怎样的方式，去回顾自己的生活——好事、坏事，还有平常的点滴。我不是要刻意改变外人的想法，但归根结底，这样的呈现还是能帮助他们更好、更全面地理解我。毕竟，对于很多人来说，我只是回荡在电子产品中的一个声音，可能还不是很有趣的那种，抑或出现在电视上的面孔。

为了拉近与大家的距离，我需要揭示自己的所思所想。当然，坚持自我就是其中的核心要素，希望每个能对此有所感悟的人们，都能乐在其中。

要是有人不喜欢的话，我就开启过滤模式，统统无视！

迈克尔·欧文，2019 年

目录

第一章	命中注定	001
第二章	信念	011
第三章	论资排辈	023
第四章	与世隔绝	041
第五章	英阿大战	051
第六章	名誉	061
第七章	冷战	073
第八章	登峰造极	089
第九章	动力	109
第十章	伤疤	121

第十一章	决定	135
第十二章	新篇章	155
第十三章	失控	171
第十四章	混乱的信号	189
第十五章	尊重	207
第十六章	英雄	235
第十七章	曼联征程	249
第十八章	坠落	271
第十九章	误解	281
第二十章	寻求帮助	297

后记	309

第一章

命中注定

　　住在哈瓦登的童年时代，我总是坐在客厅沙发上，一个劲地吃着苹果。妈妈珍妮特，会搬把椅子坐在我的左边。爸爸特里，则会在沙发上跟我并排坐着。大多数时候，我家的垃圾桶都会靠着墙，放在拐角处，目测跟我的距离大概有 6 米。

　　每当我啃完苹果时，一家人对接下来发生的事情就心知肚明了：我望向垃圾桶，扔出苹果核。这样的挑战可不能随心所欲，而是需要依靠精准的手感。

　　如果苹果核可以顺利入筐，一切万事大吉，假如我不小心失手，搞脏了旁边的白墙，作为家里后勤担当的妈妈，自然要吩咐我收拾残局了。

　　至于坐在一旁的爸爸，只是安安静静地看着我们。虽然对失手的代价了然于心，但只要是吃完苹果，我还是乐此不疲地玩着远投。总的来说，应该是投进的更多一些。我也算不断突破了自己。

　　直到后来，我才逐渐意识到，看上去事不关己，高高挂起的爸爸，并不默许我的捣蛋行为，他只是很欣赏一个自以为是的孩子能在压力之下做出的尝试。所以，就算妈妈怒目圆睁，爸爸似乎仍然是默许的状态……

说些"马后炮"的话，爸爸应该是从我身上察觉到他所不具有的自信。虽然我只是个屁事不懂的小孩子，但他用这样不起眼的方式，去提醒我要把握住这种无惧压力的自信。后来，我的确将这种特质完全带入了自己的生活，包括我热爱的足球。

可能很多人都不太清楚，相较现在足球青训的百花齐放，我小时候能在青少年足球圈得到的机会，并不算太多，反倒是一些艺术学院，会很早地招入一些五六岁的孩子。起码要等到10岁时，你才能踢上有官方运营的正式比赛。

面对当时的情况，爸爸没有束手无策。从我六七岁起，他就不停地去"骚扰"本地的青少年俱乐部——莫尔德·亚历山大，希望让我加入其中。

"对不起，我们这儿真的不行，"一位教练这样说道，"迈克尔的年龄太小了。"

"就让他当个替补吧！"爸爸继续坚持。

功夫不负有心人，经过漫长的对峙后，爸爸终于说服了他们。即便，我比那支球队的每个人都小了三四岁，体形也足足瘦了一半。

不过，身体的短板没有阻碍我的出场，在大多数都是替补出场的情况下，我依然打进了很多球。

除了严控年龄的青少年俱乐部，我们剩下的唯一选择，就是当时很流行的"迷你俱乐部"。简单说，就是足球场上的"流水席"，只要是想踢球的孩子，都可以去迪赛德娱乐中心，支付大概1英镑，就可以玩上1小时。在那个场地里，没有任何年龄限制，无论是8岁、12岁抑或15岁，都能同场竞技。

6岁那年，爸爸把我带到"迷你俱乐部"，当我站在门前捡漏的时候，他就在一旁目不转睛地看着。听他说，就算还是个小不点，我对于滚来的足球也能沉着应对，直接把它送入球门的死角。几乎每次来参加"迷你俱乐部"，我都能收获三四个进球。对于6岁的孩子而言，这可是相当高产。

爸爸总是说，早在"迷你俱乐部"阶段，他就察觉到了我的潜力，包括平衡、冷静，以及所有可以帮助我走上足球之路的特质。

关于在"迷你俱乐部"的经历，我的记忆已经非常模糊了，更想不起来爸爸所说的天赋异禀。不过，有一件关于爸爸的妙事可以确定：当我还处于玩闹的年龄时，他就对我满怀信心，他似乎很早就做好了准备，等待着命运对我的垂青。

在少年时代的每个星期日，我们三兄弟都会跟着三十多岁的爸爸，一起去公园踢球。每次开始二对二之前，爸爸都会让我加练一会儿头球，作为特训。

通过自己的观察和向队友打听，我知道爸爸原来也是一名前锋，他拥有很强的头球能力。或许，他早早就做好了计划，希望能将头球技术传承给我。虽然我还只是个孩子，但他心中的某些部分，已经在强迫我尽快长大，尽管这样的想法，确实有些偏执。

爸爸的球员生涯延续了15年，他效力过埃弗顿、布拉德福德城、切斯特和韦尔港等俱乐部。从职业联赛退役后，他依然在业余联赛发挥余热。回想在公园里练习头球的场景，爸爸总是假装在边路突破，然后为自导自演的桥段配上一段即兴解说："好了，特里·欧文正在边路突破，他看准队友，准确地送出了传中……"然后，就是我奋力争顶的时候了，尽管那个飞来飞去的足球，总是又脏又沉……

即使我打进一个美妙的倒钩进球，也比不上一记气势如虹的头球更能让爸爸开心。而且，他对于头球摆蹭也没有兴趣，甚至是厌恶。在他眼中，那种技术只是形式上的接触，是一种完全的被动行为。

在爸爸的要求中，我必须稳稳站定，带着充足的勇气和明确的目的性，然后铆足力气碰撞着飞来的球。只要我能成功完成，他就会热血沸腾。如果我可以连续顶出两三个好球，我们在公园里的二对二比赛才能正式开始了。不过，有时候实在顶得太多，我真觉得自己要脑震荡了。

后来，随着年龄的增长，我偶尔也会对爸爸的激励方式进行思考。从任何标准上看，他对于足球天赋的挖掘和奉献，都显得有些极端。但我不会觉得这种培养方式，与他的足球生涯有什么关联。无论是否存在什么未竟的事业，他都没有必要通过我实现愿望。

在爸爸的足球生涯里，他可是亲历过埃弗顿历史上最辉煌的时代之一，肯达尔、哈维、罗伊尔、阿兰·鲍尔……算得上名将如云。在那个每支球队只有一个换人名额的时代，爸爸在埃弗顿一线队也出过场。

无论怎样，爸爸都通过踢球成功地赚钱谋生，对于这样的人，我们必须脱帽致敬。

相比一般父母对孩子的培养方式，爸爸对待我更加不同寻常。怀揣着我一定能成为职业球员的信念，他一丝不苟地规划着我和整个家庭的生活。每个太阳照常升起的日子，一切都要按部就班地进行。

每个星期二，如同拧好齿轮的发条一样，爸爸都会准时去肉铺，专门为我买来一大块牛排。没错，专门为我准备的晚餐。我的兄弟姐妹们，并没有这样的口福，他们还是要吃夹上豆子的烤面包。

爸爸这样做的原因很简单，如果要以成为职业球员为目标，我就要在饮食方面更加注重。身体方面的营养，足以用牛排提供，但关于心志层面的进击，我还要在他的助力下持续成长。

几年之后，爸爸曾经鼓励我去尝试一下从未接触过的拳击，他说就算这项运动的身体技术与足球无关，但它绝对能帮助我在比赛中更加坚强。从饮食到心态，爸爸心甘情愿地为我付出，这些计划和想法都让我受益匪浅。

其实，爸爸很少当面称赞我的球技，更别提在未来有所成就的话了。而唯一的例外，就是他有一次跟哥们切磋斯诺克时，我正好在旁边听到了。

"哎，迈克尔的足球踢得如何了？"有个朋友问道，"有机会成事吗？"

当时，我在那个屋子里的角落里待着，狼吞虎咽地吃着一包薯片。我看见爸爸望向朋友，平淡却又不失骄傲地说道："绝对没问题，他总有一天会成为英格兰代表队的球员。"

就这样，爸爸片刻的"信誓旦旦"，被朋友们记在了心上。几天后，他们又在酒吧聚会聊天，为此设下了一个如同时间胶囊的长期赌局。

爸爸并不知道我听到了他的闲聊，那也是唯一的，我直接感受了他的夸奖。

说起我跟爸爸的不同之处，最大的差别可能就是头脑。当然，这与传统意义上的智商无关，而是决定心态的思维模式。爸爸并不是那种信心满满的人，每当到一些陌生场合时，他总是比较慢热，甚至要喝点酒才能舒缓下来。

大家都知道，只要能获悉自己对于某项事物的天赋，那样的感受不仅能让生活美好，更会为你带来更多的自信。

我第一次有这样的感觉，就在敏感的童年时期，尽管那是一件微不足道的事情。在代表莫尔德·亚历山大替补出战了一段时间后，我加入了前身为迪赛德小学校队的弗林特郡U11俱乐部。一段时间后，我逐渐对自己的潜力有所认知。

虽然只是一支郡县球队，但弗林特郡的名头着实不小。大名鼎鼎的伊恩·拉什占据着队史射手榜的头名，而威尔士名宿加里·斯皮德保持着队史的出场纪录。在我坐上莫尔德·亚历山大替补席的当年年末，爸爸决定让我去弗林特郡试训一下，碰碰运气。

乍看上去，我这个7岁的小不点，怎么也没法跟一帮10岁或11岁的孩子同场较量，这样的场景简直不可想象。但最终，我还是直接被弗林特郡梯队挑走了。

在我效力弗林特郡U11的最后一年，我在三十多场比赛足足打进了92球，这个夸张的数字，甚至打破了伊恩·拉什尘封多年的单赛季进球历史纪录（72球）。不谦虚地说，我当时已经把绝大多数同龄人甩到千里之外了。

此外，我在各年龄段学校的球队中，同样表现得非常突出，先是在哈瓦登的雷克托·德鲁小学，后来则是哈瓦登中学。

整个学生时代，我的进球总是唾手可得，我在比赛中得到机会实在太多了。多数情况下，每场比赛我都能得到10次左右的机会，然后将其中的一半转化为破门。

在青少年赛场的予取予求，快速地提升着我的信心。试想一下，假如我在每场比赛的得分机会屈指可数，我一定会寻求更安全、更稳妥的射门方式——能打中球门范围之内就可以了。

大家都知道关于"射正球门"的表述和统计，经常出现在当下足球节目的语言体系中，但绝对与我无关。对我而言，这样避重就轻的说法，其实会引起一些内心的反感，我相信那些顶级前锋都会这么认为。如果只局限于"射正球门"作为目标，我妈妈也可能做到，身为一名攻城拔寨的前锋，你就是需要击败门将，破门得分。

任何职业球员都明白，那些活跃于顶级俱乐部和国家队的门将，都是精兵强将。面对着转瞬即逝的机会，那些门将可能只留给你一丝的空间。所谓稳妥的射门方式根本没用，你要在刹那间找到刁钻的角度，并尽力把足球送向死角。身为肩负重任的前锋，如果想要跻身顶级，你必须艺高人大胆。

如今看来，年少时的进球如麻，除了起到积累信心的作用，还让我不断精进着自己的射门技术。对于一名攻击手而言，这样的修炼过程让我的童年时光非常欢乐。

面对着大把大把的机会，我尝试了各种各样的射门方式：挑射、倒地铲射、"勺子踢法"……我都能顺利地收获进球。在这个过程中，我也发现了每种射门的风险和缺点，比如，我在踢出"勺子射门"时差不多10次只进1球，铲射可以10次进6球，过掉门将的场景估计能有4次。

对此，我很快意识到，面对门将时的挑射，应该是最适合我的射门方式。原因很简单，依仗出众的速度和控球技术，我的带球节奏总让门将出乎意料。当他们认为是时候倒地扑救时，我还能在最后时刻加速冲刺，并机敏地打出一记挑射。我很喜欢这个终结方式，整个过程都非常轻松。

除此之外，我还发现了另外一件事：在获得单刀球机会时，我并不是很喜欢盘过门将。大概尝试过四五次吧，我就不由自主地感觉到，这不是我青睐的方式。

受益于这样的总结和分析，我不会为往日的表现而洋洋得意，恰恰相反，我已经开始居安思危了。换言之，我必须让自己变得更好。

我不知道这个时代到底出现了多少变化，反正在我小时候，如果一个孩子显现出很高的天资，他肯定会在主客观作用下，不断被推上新高度。最终，他们可能会得偿所愿，抑或在某个阶段就泯然众人。身处低潮期，无奈与沮丧会将你包围，一切都会变得小心谨慎。

幸好，这样的挣扎并没有在我身上发生。

考虑到我小时候的家境算不上阔绰，爸爸对我足球生涯的投入实在令人钦佩。我们在哈瓦登拥有一栋房子，但家里的孩子太多了，家里债台高筑。爸妈两个人的工资，根本无法承担家里的开销和还款，以至于几乎每周，都有法警在我家门口转悠。

当作为小孩的我都意识到家里的危机时，事情真的非常严重了。

那段时间，我们5个孩子总会在晚上听到，楼下的爸爸妈妈为家里的财务状况吵得不可开交。他们深爱彼此，但由于收入和支出带来的压力实在太大了。有一阵儿，妈妈真的买不起自己的短裤了，她不得不跟我轮流共享一条，更夸张的是，她甚至还会"搜刮"我的抽屉！

这些乱七八糟的插曲，不是什么靠谱的解决方案。为了抓住一切机会贴补家用，妈妈兼职多份工作。当爸爸依然漫不经心地小打小闹时，妈妈则一直在工作，然后不停地焦虑。

有个周末，我跟着爸爸去找那些朋友打高尔夫和斯诺克，当然，设点赌局是必不可少的。然而，幸运女神并没有站到我们这边，我眼睁睁地看着爸爸输掉了 10 英镑——完蛋了，我们这周又要勒紧裤腰带了。

对于当时的我们来说，10 英镑可不是小数目。但是，无论在赌局中输成什么样子，爸爸的睡眠都是一如既往地安稳。他这样的神经大条，后来也算被我完全继承了。

说实话，就算是现在有人突然通知，我明天就要失去房子了，我也不会因此彻夜失眠。直到第二天早上，在睡醒后我才会好好思考：接下来，我要怎么办？这样的行为处事，和爸爸一模一样。

在 1985 年爸爸正式挂靴后，他和妈妈在利物浦一家原本属于外祖父母的服装店工作。

那时候，外祖父会以衣服对应的价值，采用分期收款方式。举个例子，如果有件衣服售价 20 英镑，他的收款标准就是每个月 5 英镑，一共持续 5 个月。

至于我父母的主要工作，就是找到分期付账的顾客，把尾款收齐。

随着时间推移，服装生意越来越难做了，我听人说是受到了廉价进口服装的影响。虽然分期收款的部分，在后来几年起到了重要作用，但这样的过程并不能偿还家庭的债务。所以，妈妈在迪塞德的艾斯兰德总部找了份全职工作。

当时，妈妈的全职工作是早 8 点到晚 5 点，下班之后，她会开车返回利物浦，再去负责一些上门收账的工作，直到午夜时分。有一段时间，我真的很少看到妈妈，无论周中周末都是如此。真的，妈妈就是这样无私奉献，她真的为家里付出了太多。

与此同时，爸爸的转型生活有些断断续续，当服装店的收款工作正式停止后，他本来可以去职业介绍所，随便找个差事贴补家用。但是，爸爸对于大部分提供合约的普通工作都不太感兴趣，经过一番思量，他最终选择了保险销售的职位。

一方面，爸爸真的很讨厌这份工作，从敲开房门到强行推销，这完全跟他的脾气秉性相悖。每当公司举行月度总结会时，爸爸都会感到惭愧，之于这个行业，他实在不是一个出色的从业者。

但另一方面，这份差事上班时间灵活，又让他无法割舍。毕竟，他可以随时来看我的比赛。如果比赛是在早上 10 点进行，他就会重新规划日程，特意过来一趟。对于比赛时间表，他真的比我都熟。

某次冬训期间，当我们在学校进行越野跑时，我突然看到了爸爸的车。他就坐在那里，不想让任何人注意到他，似乎就是想看看我的训练效果如何。好吧，我真的不能有任何懈怠，如果在经过那辆车时我只是第 6 名，我就会赶紧来一个加速冲刺，跑到前边。

无论是踢足球抑或越野跑，爸爸总是希望我能做到最好。毫无疑问，他为我的成长尽心尽力，而我也希望能证明自己。对于他的培养和支持，我唯有感恩。

第二章
信念

到了 11 岁，我从迪赛德校队更进一步，开始在利物浦青少年培训中心踢球。虽然是接触了利物浦的梯队体系，但由于没有任何纸面协议，那里充其量就是一个松散的管理系统。它只是汇集了那片地区很多优秀的球员，然后大家每周都去那里训练和比赛。

就是在那里，我的足球生涯第一次与史蒂文·杰拉德产生交集，他比我早来了一年多。

每个人都看得出来，彼时的杰拉德已经出类拔萃。没用多长时间，即战力远胜队友的我俩，便培养出心灵感应般的默契。说来有些夸张，只要他送出一脚准确的传球，我的破门便水到渠成，对手根本无从招架。如果我可以收获 4 个进球，这些助攻势必都是杰拉德制造。我们相得益彰，这种状态持续了很多年。

不过，即便在球场上是默契十足的搭档，但我和杰拉德的私交并不算深厚，这跟我与卡拉格的相处模式是完全不同的。

这么说吧，在认识卡拉格之后，我不仅见过他的家人，会上门做客，还认识了他的朋友，我们的日常关系非常紧密。但说到杰拉德，我们的关系并非如此，由于生活环境和成长背景的截然不同（我比他早两年升上一队），我们在球场之外的交流不算太多。

杰拉德为人处世的方式，我是非常欣赏的，毕竟，我们曾经是默契十足的老队友。多年以来，我们一直维系着这份友谊，基本两三个月就会发发信息，闲聊一番。

回想自己的少年时代。尽管父亲早早地把我视为潜力股，甚至寄予厚望，但足球与生活的平衡，依然让我们一家烦恼。那时候，爸爸对我的未来可谓满怀期待，但在自己的事业上，他却是吊儿郎当，只是做些象征性的努力。而妈妈的辛勤工作绝对是百分之百的付出，她竭尽所能地维系着整个家庭的运转。在这样鲜明对比下，他们的争吵与分歧自然难以避免。

对于父母的各执一词，我其实很理解，他们有太多的不同之处。当时，我家最棘手的问题莫过于我的足球之路。爸爸为了将我带上足球之路所付出的精力、物力和财力，已经让整个家庭的压力越来越大，没有谁能知道，究竟还要为我付出多少，才能让全家人解除有增无减的焦虑感。虽然当时只有十二三岁，但我切身感受了那个艰难的状况，我非常清楚爸爸的期待——只有我茁壮成长，才能让这个家庭走出阴霾。

面对不成功便成仁的挑战，有些孩子可能会难以招架，进而被压力击垮。对我而言，这真的不算什么。事实上，作为家里唯一的指望，这不仅让我保持更高的专注度，也让我心无旁骛地去达成尚未完成的目标。在我看来，这绝对不是什么繁重的负担，而是激励自己继续前进的动力。

时间过得很快，在拥有与职业俱乐部签约的资格后，我们又来到选择的十字路口，甚至还有道德困境。尽管还在利物浦青训中心进行训练，但小有名气的我，已经获得了非常多俱乐部的关注。

第二章 信念

当时我在利物浦青训中心过得很舒服,没有什么异议。但爸爸觉得,我应该与其他俱乐部接洽,了解一下外边的情况。

有一次,爸爸告诉我:"我已经答应谢周三了,你去那边参加试训,再踢一场比赛。别担心,就是走个过场。"

其实,我对于其他球队的试训没有什么兴趣,利物浦就是我唯一的念想。但没办法,我只得极不情愿地同意了。等到约好的那一天,我们全家人驱车赶往谢菲尔德,我顺利地完成了比赛。就在准备离场前,我看到爸爸拿到了一个装有车马费的信封,那里面差不多有20英镑。

在大概两小时的返程路途中,我们意外经过了再熟悉不过的哈瓦登支路,除了正在开车的爸爸,我们其他人都是面面相觑,不知道要去往何处。

爸爸没有过多解释,只是继续目视前方,开车前行。他的目的地,正是几千米之外的里尔主题公园。

在我的童年时光里,这种全家出游的欢乐时刻真的不曾出现,我们家实在不够富裕。

利用这笔小小的意外之财,爸爸让我们在游乐园痛快玩耍了两个多小时。对于全家人而言,这样突如其来的快乐,着实是逃离现实生活的解脱。父母就是这样,他们利用各自的方式表达着自己的爱意,一次又一次,他们总能给我们带来意想不到的惊喜。

现在看来,爸爸鼓励我接受其他球队的试训,是非常好的事情。一方面让我积累更多比赛经验,另一方面直接激发那些俱乐部求贤若渴的态度。我可以感觉到,他们都在排队等着我的回应。

无论何时何地,我参加什么样的训练或比赛,爸爸总是习惯性地站在球门之后。不同于妈妈会跟其他父母聊聊家常,他基本都是独自站在那里。久而久之,我就从这样的场景中获得了心理暗示:如果哪一天爸爸没有站在球门之后,我会感到仓皇失措。

只要站在球门那里,爸爸跟我的直线距离就不远。一般来说,他都会保持所谓的"扑克脸",不会显露太多情绪。尽管如此,我还是会不由自主地在踢出好球后,扫视一下他的表情,点头致意,仅此而已。

如果我大意地丢掉球权,那严厉的目光抑或几下摇头也会随之而来。爸爸这样的反应,激发出我更强的斗志。我就是希望证明自己,去得到他哪怕只是轻描淡写的肯定。

如果爸爸身边突然出现陌生面孔,这一天的重要性就不言而喻。那些人大多是球探,他们三三两两地围拢着爸爸,关注着我的发挥。面对这样的情况,我会毫无保留地表现自己——我就是要成为场上最好的球员。

事实上,对于接受球探的考察,我算得上轻车熟路。在1993年,我14岁时,阿森纳俱乐部安排过一次见面,他们安排得很周到,让我和父母体验了火车一等座。抵达伦敦后,我们在海布里球场见到了乔治·格雷厄姆和伊恩·赖特,通过这次难得的机会,我仔细参观了主队的更衣室和贵宾包厢。那一天,阿森纳以0比3输给了考文垂,米克·奎因上演了帽子戏法。

没过多久,同样来自伦敦的切尔西也向我抛出了橄榄枝,除了前往西伦敦参观斯坦福桥球场外,我还第一次见到了格伦·霍德尔等多名"蓝军"球员。

接下来,就是弗格森执掌的曼联了。那时候,曼联俱乐部助理教练布莱恩·基德,肩负使命来评估我的成长和进步。我清楚地记得,在被弗格森带到"梦剧场"的办公室后,他直接俯下身来,目不转睛地发问道:"你想不想成为曼联球员啊?"

由于发问突然我真的非常紧张,不知所措。众所周知,这样的抉择时刻,可不是每个年轻球员都能亲身经历的,我没有任何傲慢的意思,但我相信自己就是最优秀的青少年球员。

经历了阿森纳、切尔西和曼联的接触后,我们家又迎来了曼城的造访。所谓的"道德困境",就在这个时候发生了。为了能在协议上得到我的签字，曼城向爸爸许诺了5万英镑的"中介费"，这样突如其来的情况，让他猝不及防。

坦白讲，这样的签字费就是幕后"灰色交易"，拿不上台面。考虑到我们家的经济条件，这足以改变生活的5万英镑，真的是一笔救命钱。爸爸说："孩子，我实在别无选择。"但我知道，他终究做出了应尽的努力。

一天，爸爸给利物浦青训总监史蒂夫·海韦拨去电话，他说："你听好了，事情是这样的。迈克尔已经迫不及待地想跟利物浦签约，这没有问题。但实不相瞒，我们家的财务状况非常糟糕。我希望利物浦方面，能够匹配曼城给迈克尔开出的签约条件。"

"这事交给我吧。"海韦回应道。

对于很少求人帮忙的爸爸而言，这样的要价并不是他的风格。他从来不喜欢向别人求助。直到现在，他都没有利用退役球员的身份，向前东家要过免费球票。

我曾经问过他："爸爸，你为埃弗顿踢过球，也效力过切斯特，为什么不打电话要几张球票呢？"

他就是不想这么做。

但没办法，生活总是让我们不得不适应改变。对于全家人来说，这次关于俱乐部的选择，意义非同小可，我们唯有静心等待。幸运的是，史蒂夫·海韦通情达理，帮了我们的大忙。他一方面理解我们的处境，另一方面也认定我拥有着巨大的天赋。这就是所谓可以实现共赢的机会。

一周之后，史蒂夫·海韦为我们带回利物浦高层的回应，虽然不会像曼城一样支付现金，但利物浦决定聘请爸爸担任俱乐部球探，并以此拿到同等价位的报酬。最终，我如愿与利物浦签下了保送协议，也顺理成章地在两年后拿到了职业合约。

事实上，那份形式大于内容的青训协议，只是代表了利物浦的签约意向。由于没有任何附加条件，我在到达合法年龄后，可以接受任何俱乐部开出的合约。当然，这只是理论上的解释，我从来没有动摇过要为利物浦一线队效力的目标。

依靠利物浦提供的解决方案，得到了球探工作的爸爸，无须再承担违法风险了。这笔来自利物浦的高额报酬，为我们家解去燃眉之急。自那时起，我们再也不用为日常开销发愁了。

在如愿拿到保送协议后，我作为利物浦青少年梯队的佼佼者，被史蒂夫·海韦带到了英足总在利勒夏尔开设的青训学院。彼时，这个地方就像英足总为好苗子开设的"大学"，汇集着全英各地最顶尖的足球小将。

英足总此举的目的就是从全英各地的青年才俊中，挑选出前途无量的精英。"天选之人"将被放进成熟完善的成长体系，直至培养成才。

那时候，我刚通过西蒙·马尔什的牵线搭桥，拿到足球生涯的第一份赞助合约——茵宝。作为足球行业的专业人士，前者代理着一些俱乐部和球员的经纪业务，包括当时的英格兰国脚——阿兰·希勒。

自打我们相识后，我就感受到西蒙·马尔什十足的亲和力。多年以来，父母都给予我无与伦比的支持，但具体到身处的职业足球环境，我还是觉得自己需要找到一个业内的领路人，而不能只依靠家人。西蒙·马尔什就是这样合适的人选，他自始至终都没有离开过我的信任圈。

普罗大众看来，一个14岁的孩子能得到全球顶尖体育品牌的赞助，实在是不可思议。但这种事情放在我的足球生涯，算得上家常便饭。在1993年，似乎我经历的每一件事，都是前无古人的存在。就像我说的那样，这些在旁人眼中不同寻常的惊奇事件，早就变成了我的日常。

说到与茵宝的签约，我们家得到的赞助不是金钱，而是必要的装备。我拿到的"预付款项"应该是价值5000英镑的茵宝装备，包括球鞋、运动服和套头衫。

我是利勒夏尔训练营中唯一拥有装备赞助的球员，那段时间，这些球衣可是派上了大用场。除了把球衣卖给队友赚点零花钱，我也会用它们交换一些学生时代的特殊福利，比如让别人帮我把作业写完。记得有一次，我可是用球衣换来了一篇拿到"B等"的英语作文，这样的投资真的太值了！时间一长，我就成了训练营中人缘最好的学生之一。

在那个小班里，除了有一些学习成绩优秀的同学，我还注意到几位非常出色的球员。比如韦斯·布朗、迈克尔·鲍尔、约翰·哈利，他们都是很有潜力的球员。当然，我也是个中翘楚。

在利勒夏尔度过的两年，成为我17岁时拿到职业合同前至关重要的准备期。无论是球场内外，我都取得了不小进步，从提高的足球技艺到增长的生活常识，这两年方方面面的成长，足以让我受益终身。

那时候，我们家住在什罗浦郡特尔福德附近，由于要长时间驻扎在利勒夏尔，我选择离开了哈瓦登高中，转入市中心的艾德索中学。那是一段让人印象深刻的时光，包括我们几个孩子，还有爸爸妈妈。就算我被视为潜力十足的希望之星，但我们都知道，足球从来不是一劳永逸的。

无论球技如何，没有人会完全放弃上学。学习成绩会被看作我们成长中不可缺少的部分。说实话，我并不是非常享受念书过程，但通过中考，我还是可以应付的。如果不是一心扑在足球训练上，我的学习成绩应该能更好。

事实上，我很希望凭借自己的努力，拿到一个不错的学历。这并非是我在足球之外考虑的"以防万一"，在我看来，通过考试然后获得学历，是我们理应完成的事情。总之，不要去想什么如果或万一，努力做好自己就可以了。

在教练基斯·布伦特的细心指导下，我的足球技术突飞猛进。经过一段时间的训练，我不仅拥有出众的速度，还逐渐掌握了各种各样的进球技巧。利勒夏尔确实让我成了更好的球员，对我的足球生涯起到了非常重要的作用。

当然，对临门一脚技术的精心雕琢并不是全部，在利勒夏尔闭门修炼的日子里，我开始领悟到比赛中更多层面的细节。比如人球结合、带球转身，以及如何利用我有限的身体条件去摆脱后卫，再去策应进攻。16岁的我已经开始向"全能前锋"转型。

这样的进步，自然是俱乐部希望看到的结果，利物浦也很快真切地感受到，我的攻击能力已经今时不同往日。

作为我的东家俱乐部，寄予期待的利物浦对我的进步了如指掌。一天，基斯·布伦特来到我的寝室，带来了一个"突发消息"："利物浦刚打来电话，他们想让你去安菲尔德，踢一场对阵谢菲联的青年足总杯比赛。"

对于一名16岁的球员而言，这样的机会并不多见。毕竟，青年足总杯可是面向各俱乐部U18青年队的高水准比赛。我听说，似乎是利物浦青年队的一个前锋受伤了，我被当作第二选择。在得到利勒夏尔方面的特别批准后，我随即动身，准备去跟杰米·卡拉格和大卫·汤普森会合。

那场比赛进行得很顺利，我们在主场3比2拿下谢菲联，晋级1/4决赛。我的表现很不错，打入了两个进球。当时，我满脑子都想着："我的天啊，我竟然在安菲尔德出场，还进球了！"

那样的感觉真让人晕眩——我，一个未成年孩子，竟然在这里穿上了利物浦的9号球衣。

万万没想到，就在两周后适逢青年足总杯1/4决赛时，利勒夏尔电话响了："下一场我们对阵曼联，迈克尔能来踢吗？"

就这样，我回去踢了一场，然后，上演了帽子戏法。凭借我在KOP看台前的3个进球，利物浦在青年足总杯1/4决赛淘汰了曼联。这场青年版的"双红会"意义重大，它让我的足球生涯发生了很大变化。

作为一项历史悠久、文化厚重的赛事，青年足总杯的重要性毋庸置疑。那一天，包括罗伊·埃文斯、罗尼·莫兰以及全体一线队球员，都关注了这场比赛。在他们心中，我已经不再是普通的青年才俊了，那些日益增长的声名，甚至要突破俱乐部的界限了。

从谢菲联、曼联到两回合面对水晶宫，我一共打进10个球。很快，我得到英格兰U16代表队的征召，他们希望我能去奥地利出战欧洲少年锦标赛。

由于要去英格兰U16代表队报到，我没能赶上1996年青年足总杯决赛的第一回合比赛。不过，依仗队友的上佳表现，我们在座满15000人的厄普顿公园球场，2比0击败了由弗兰克·兰帕德和里奥·费迪南德领衔的西汉姆联。

第二回合比赛回到主场时，安菲尔德球场涌入了超过2万名观众。一周前，因"白西装"事件永载史册的利物浦一线队，刚在足总杯决赛0比1输给了曼联。但在这一天，我们青年队没有错失良机，我以一记头球补射扳平比分，斯图尔特·奎因打进制胜进球，我们加冕桂冠。历史上第一次，利物浦拿到了英格兰青年足总杯冠军。

对于16岁的我而言，随着进球和冠军的不断累积，我的个人简历开始愈发抢眼。在青年足总杯横空出世的同时，我在英格兰少年队也奉上了出众的发挥。凭借8场比赛攻入的12个进球，我甚至打破了由尼科·巴姆比和凯文·加仑共享的队史最多进球纪录。

印象中，我在利勒夏尔的队友们，有八九个人都入选过英格兰少年队。当时我们踢了很多高强度的比赛，与全世界的足球强国进行对垒，其中有一个每年一届的赛事，叫作"胜利之盾杯"。

那些与少年队伙伴们获得的成就，一直是我最引以为豪的时刻之一。

那算得上是一段跌宕起伏的过往——在利勒夏尔训练，在英格兰少年队出场,还穿上了利物浦的9号球衣。时至今日,我都将青年足总杯冠军视为足球生涯最难忘的荣誉之一。

别忘了,这是我与卡拉格联手拿下的第一项桂冠,后来我们成了非常要好的朋友,这让那届青年足总杯承载了更为非同寻常的意义。

这么多年来,杰米·卡拉格留给公众的印象,大抵是强硬、心直口快、让人望而生畏。他也从不掩饰自己的个性。

很少有人知道,卡拉格年轻时,真的比现在还要过分!我们没法和他好好说话,他真的太好斗了,又是个大嗓门,说不了几句就要疯狂地拌嘴。所以,我们只能让他按照自己的方法做事。当时,我对他有点唯命是从,否则他就要开启那个可怕的"嘴炮模式"。

由于是同期加入利物浦一线队,我们在机缘巧合下熟络起来,并结下深厚的友谊。在成为室友的那段时间,我们总会在一起开怀大笑,聊着足球话题。说来有趣,不同于我还喜欢高尔夫和赛马,卡拉格真的一天到晚都在围着足球打转,他所说的一切都是足球。也许,大家会觉得我们平常聊天的话题,应该都是汽车和女孩,但事实并非如此。

我俩的相处模式挺互补的,都能让对方变得更好:他的性格比较刚毅,我会相对弱势;他的社会经验丰富,这也不是我的性格。我们的友谊很快超越了足球,延展到生活中的方方面面。我还记得,在刚调入利物浦一线队时,我俩曾经在一天下午训练结束后,一起去了一家酒吧。

推开酒吧大门的一瞬间,我切身感觉到,这就像另一个世界。卡拉格熟练地和酒吧里的人打着招呼,完全是东道主的做派。我们站在吧台前,卡拉格突然指向坐在角落里的一群人,直接介绍起他们的犯罪史,抑或他们又在秘密策划着什么:"这些人估计在制订抢劫船只的计划,旁边的那帮人,应该在躲避警察的追捕。"

跟着卡拉格见了世面,让我大开眼界。在此之前,我从来没有接触过这样的人和事,完全没有概念。可以说,与卡拉格在一起的时间,我学到了很多东西,他让我更坚强地面对生活中的困难和残酷。同样,他在我的潜移默化下，也在磨平一些锋利的棱角。我们算得上最佳搭档。

　　说到原生家庭，卡拉格的家境比我优越不少，但现在想想，可能就是要在某些方面显现出强硬和残忍，他才获得后来的成就。

　　尽管外表锋利，但卡拉格从来都是一个怀有善心的人。我可以肯定，如果我现在遇到很大的麻烦，他绝对是第一个挺身而出，为我解忧的人。没错，他一直是我最真心的朋友。

第三章
论资排辈

结束了两年在利勒夏尔的训练，我回到了正常的生活轨道，并在16岁8个月时与利物浦签下了青训合约。作为一名有抱负，有野心的球员，这样的成长节点意味着我达成了足球生涯的第一个目标——可以通过足球赚钱了。

在这份特优协议的框架内，我每周可以拿到40.5英镑的补贴，这可以持续到两年后，直到我与利物浦签下全职的职业合同。

那时，利物浦俱乐部承诺与我签订青年球员协议，以及一份连带的4年职业合同。

对于任何一家俱乐部而言，能提供这样的优厚条件，代表了前所未有的重视。事实上，如果能在17岁时得到职业合同（签约时的最小合法年龄），我只会在青年协议框架中待上4个多月。

时间虽短，内容却丰富。在那段时间，我真的做过所有流传于足球媒体之中的苦活累活——给老队员刷鞋、打扫卫生间和淋浴间等。而我负责的其他专项工作，还有每天让利物浦一线队"靴室"保持干净整齐。相比之下，这已经不算太糟了。

初到利物浦训练基地的日子，总归是无比美好的，每天从睡梦中醒来，我都怀揣着明确的目标，而这样的期待，就是我从小踢球就希望达到的顶峰。

人生中第一次，我觉得自己成了一名足球运动员。

每天早上，爸爸都会开车把我送到离家最近的车站，随后，我要搭上火车，前往彼得斯通站中转。等到火车抵达市中心利物浦莱姆街，我的旅程依然没有结束，还有12路公交车，那是我前往梅尔伍德训练基地最后的换乘。

这样跋山涉水般的通勤生活，持续了4个多月，直到我真正成为利物浦的职业球员。自那之后，又过了2个月，我如愿以偿地拿到驾照。自己开车往返的日子，终于开始了。

说来有趣，当我去挑选自己的第一辆座驾——一款绿色的双门路虎时，有人突然告诉我："你随便选，茵宝会给你买单的。"我心想这可比短裤和球鞋贵多了！

另外还要说一下我的感情关系。在离开勒夏尔那段时间，我与路易丝的情愫，由童年时代的青梅竹马得到升华。后来，她成了我的妻子。

我两岁时就认识了路易丝，我们两家人曾经住得非常近。但说实话，直到有一次我在俄乌洛酒吧与她相见时，我们的爱情才真正开始发酵。

很长时间，我们早就习惯了对方出现在彼此的生活中，从学前班、幼儿园、小学到中学，我们一直是朝夕相处的同学。在情窦初开的年纪，我们确实体验过怦然心动的片段，比如操场上的起哄声、朋友代传的小纸条，以及脸颊上的轻吻。

随着年龄增长，我们之间的关系一度超越了男女朋友的程度，但是我们也拥有过各自的依靠。然而，当我们在酒吧里四目相对时，我们都已经肯定，自己的未来属于对方。

就这样，当我非常确定对路易丝的感情后，我马上开车直奔利勒夏尔，划清了与另一个女孩的关系。我只想为路易丝做出符合心意的决定。

一直以来，路易丝与我的缘分从未间断，这就像命运通过各种各样的方式提醒我：她就是那个对的人。从过去到现在，我们早已适应了拥有彼此的生活，转眼之间，又是二十多年过去了。虽然说来有些俗套，但我相信这就是命中注定的感觉。不怕路途遥远，只要最后是你就好。

1996年12月14日，在17岁生日当天，我与利物浦签下了足球生涯的第一份职业合同。我记得在合同商讨过程中，爸爸要求利物浦支付20000英镑的签字费。这笔由俱乐部立刻支付的费用，自然被爸爸妈妈保管了。

在这份4年合约中，我的起始周薪是400英镑，随后3年，这个数字会以每年100英镑循序渐进地涨薪。

在那天等待签字时，我其实很想跟爸爸聊一聊这份合同的待遇。我真心觉得利物浦开出的周薪不够好。我很尊重爸爸的意见，但他完全能够谈到更好的条件。我相信俱乐部也是心知肚明。后来，等到双方完成了签约，罗伊·埃文斯特意找到我，对我语重心长地提出了建议："孩子，你需要找一个职业经纪人了。"

说实话，我当时幼稚地认为，我和爸爸两个人能够搞定这些事情。鉴于一直以来，我们都可以突破重重阻碍，我并不希望破坏这样的关系。

而且，在那个时代，"经纪人"可不是什么好词。尽管在我看来，有些公众对经纪人的认知并不是那么公正，有点像是一颗老鼠屎坏了一锅汤。

"老大，我觉得还不需要吧。毕竟，我爸爸也曾是职业球员，我们应该没问题。"

这一次，罗伊·埃文斯紧紧盯着我，他明显严厉了许多。

"你，需要，经纪人。"

罗伊可不是随口一说，他是在狠狠地命令我。对此，我开始有点不知所措，我觉得这种压力完全没有必要。就是从那时起，我意识到自己的足球生涯，已经不只是穿上球鞋去场上破门得分了。一个存在于球场之外的，全新、复杂的商业世界，已经徐徐展开。

当天晚上，我把罗伊的忠告告诉了爸爸。翌日早上，我又去找罗伊好好谈了谈。

"老大，我跟爸爸谈过了，但我们在经纪人圈实在没什么人脉，俱乐部能给点帮助吗？"

很快，利物浦给我列出了三个主要候选人：莱昂·安赫尔，他目前还在从事这一行；琼·霍尔姆斯，被视为斯特劳·马绍尔的接班人，马绍尔代理过的利物浦球员，包括杰拉德、赫斯基和卡拉格等名将；至于第三个候选人，我真是想不起来了。

自从被推上这条寻找经纪人之路后，我感觉并没有很快适应那些大大小小的面试。

我一度更倾向于霍尔姆斯，他是3个候选人之中我比较青睐的那一个，但是，我所得到的指导和建议，并不能缓解我对复杂局面的恐惧，以及要自掏腰包的压力。

犹豫再三，我决定给西蒙·马尔什打个电话，他也是我在亲属之外为数不多的同仁。

"西蒙，我正在寻找合适的经纪人，我和这几个候选人都谈过了，但我拿不准应该选谁。"

"这样吧，我先跟阿兰·希勒的经纪人托尼·斯蒂芬斯聊一聊。"他回应道。

作为英国知名足球经纪人，托尼·斯蒂芬斯的核心客户可是包括大卫·普拉特、阿兰·希勒、大卫·贝克汉姆和德怀特·约克。有人告诉过我，在得到这4个人的代理权后，托尼已经不打算继续签人了。尽管如此，我还是在西蒙帮助下，约到托尼·斯蒂芬斯，他甚至特意来到我家里，见到了我的爸爸、妈妈和兄弟。

尽管托尼很快与我们接触，但是，除了几盘画质粗糙的预备队录像带之外，他对我的认知其实极其有限，很多事情都只是道听途说。毕竟，那可是1997年，大家获取信息的渠道屈指可数。

无论如何，我们全家人都非常喜欢托尼，他的方方面面都给人留下了深刻的印象。他临走的时候，我们都开心地互相击掌。很显然，我们觉得一段相得益彰的合作关系就要拉开序幕了，托尼就是我希望找到的那个人。

第二天，我向托尼明确表示希望能成为他的客户，托尼却另有打算。

"孩子，我现在真的无暇顾及了，没有多余的时间，"他解释道，"不过，这个赛季结束时，大卫·普拉特就要退役了，你可以等到那时再成为我的第四个客户。"

由于没有得到肯定的答案，我还是有点挫败感，好吧。但是距离赛季结束还有挺长时间的。

当然，最后的结果算是皆大欢喜，在与大卫·普拉特分道扬镳后，托尼·斯蒂芬斯正式成了我的经纪人。自此之后，我们的合作便贯穿了我的整个职业生涯。

我与托尼以及西蒙的相处，可以被看作我为人处世的缩影。相较于在生活中接连不断地结识陌生人，我更愿意与交心的朋友保持长久的关系。换言之，一旦我对接触的人有了信任感，我们就会成为一生的朋友。

事实上，我这种处世之道，也是源于从小到大受到的影响。大家都知道，我所在的圈子鱼龙混杂，我被各种各样的人长期包围。有些人是诚心实意，没有企图，但总有些投机倒把的人，他们就是不怀好意地榨取我的价值。

从一开始的幼稚，到成长后的领悟，我学到很多东西。一方面，我对接近自己的人保持警惕，另一方面，对信任的人，我保持绝对的忠诚。我绝没有后悔过自己待人接物的方式，多年以来，从未改变。

我第一次来到梅尔伍德基地时，史蒂夫·海韦还是利物浦青训学院主管，萨米·李也是教练组一员。

在我效力利物浦预备队的阶段，萨米·李是我的教练。大概在1997年初，我为预备队出战了10场到12场的比赛。与此同时，罗伊·埃文斯正在执教利物浦一线队，罗尼·莫兰是他的左膀右臂之一。

那些在利物浦预备队奋斗的日子，其实是一个实现飞跃的阶段，但现在的足球世界并非如此了。那时候，利物浦一线队只能拥有18名球员。无论你有多大的名气，如果无法挤进一线队，你就只能在预备队踢球。

比如，如果斯蒂格·布约内比担当主力左后卫，史蒂夫·哈克内斯就要去预备队报到了。假如罗比·福勒可以稳坐锋线先发，那也意味着斯坦·科利莫尔失去了位置。

理论上讲，球队中的任何人，都可能出现在预备队的训练课上，约翰·巴恩斯、扬·莫尔比、尼格尔·克劳馥或者保罗·斯图尔特，没有谁是例外。

通常情况下，大概会有六七名老队员，要与一帮试图上调的年轻人待在预备队。而杰米·卡拉格、大卫·汤普森和我，则是时刻准备上位的新人。

当时各个俱乐部的预备队比赛，都拥有堪比一线队赛场的所有要素，仅仅是名号不同而已。虽然预备队的现场氛围，远不及英超赛场，但这根本不会影响比赛质量。相信我，你真的能从那样的对抗中快速成长。那是再合适不过的垫脚石了，只要能经受住预备队赛场的历练，你绝对能跟一线队的强度无缝链接。

遗憾的是，这样的场景已经不复存在，甚至连预备队的名头都被所谓 U23 梯队取代了。我们都知道，现在的球员掌握着太大的话语权，就算是教练主动去询问，这些一线队主力球员也不会去梯队踢比赛。当然，我不是要刻意指责谁，当下的足球内部文化，呈现出了更广泛的改变。只是在我的传统认知中，简单直接就足够了。

1997 年 5 月 6 日，一个月前在罗克公园球场枯坐板凳后，我终于迎来了在利物浦一线队的首秀。在塞尔赫斯特公园球场面对温布尔登的比赛中，我整装待发，替补亮相。

回想起来，每当有人提出"你是不是很激动"，抑或"你是否感到骄傲"的问题时，我总会顺势地给出肯定的答案。毕竟，这样的回答简单省事。

有一说一，就算是迎来代表利物浦一线队的处子秀，我的态度也和平常没有多少区别。彼时，这场比赛的重要性不言而喻，利物浦还在与纽卡斯尔联和阿森纳竞逐联赛冠军，而我的想法非常简单——进球，就是进球。

最终，我如愿以偿。

虽然那一天，我们遗憾地输球了，但这个处子球正式开启了我日后庞大的进球账户。

那是一次不算复杂的进攻，斯蒂格·布约内比从左路送出穿透防线的传球。转瞬之间，我的跑位为自己赢得了单挑门将的机会，稍做调整后，我把球冷静地推入温布尔登大门左下角。这样的进球方式，就好像是发生在迪赛德娱乐中心。

5 天之后，在欧冠资格争夺战愈演愈烈时，我在希尔斯堡迎来了英超生涯的第一次首发。

我们没能拿下这场客场比赛，由于受到紧张情绪的影响，我在比赛过程中抽筋了。最终，利物浦以净胜球劣势，排在凯文·基冈的纽卡斯尔联之后，失去了进军欧冠联赛的资格。

暂且不提抽筋的事，那一天真的有点特别。在先发阵容中，我与斯坦·科利莫尔组成了利物浦的锋线搭档。斯坦是这支球队里最大的明星。为了能够有着不错的发挥，我在上半场的跑动距离足足比平常多出两倍，但半场比赛过去，这样的努力并没有收到成效。中场休息时，我的小腿和腹股沟都非常疲劳，几乎无法动弹。全队休息片刻后，主教练罗伊·埃文斯开始说话了。

"我准备对前锋线做出一些调整。"他言简意赅地说道。

不用多想，我觉得自己要被换下了，这样的结果有些残酷，我自以为在上半场还算踢得不错。

在感受过先发出场的喜悦后，我突然体验到中途下场的苦涩。

然而，我完全误解了主教练的意思，在宣布换人的决定后，他将目光投向了斯坦·科利莫尔。

"斯坦，你换下来吧……"

那一瞬间，我可以真切地感受到，自己的内心得到了巨大的鼓舞。我万万没有想到，罗伊·埃文斯先换下的首发前锋，竟然是知名度更高的斯坦·科利莫尔。从主教练的这次决定中，我获得不少信心，我相信自己的表现已经博得了打满全场的机会。

就这样，我在罗伊·埃文斯手下基本占据了一个稳定的出场位置。

1997年夏天，斯坦·科利莫尔告别了安菲尔德球场，转至阿斯顿维拉。为了补充锋线球员，利物浦又从多特蒙德引进了德国前国脚——卡尔-海因茨·里德尔。开始，我以为他与罗比·福勒会成为1997/1998赛季的主力锋线搭档。但事后证明，我的推测完全错了。

作为一名利物浦球员，能在进入球场时享受KOP看台球迷的欢呼，无疑是非常重要的时刻。当我十四五岁第一次观看利物浦比赛时，我就留意到了那些伴随着球员进场，从人群中传出的嘹亮歌声。

罗比·福勒的助威歌曲，通常最先在安菲尔德看台上唱响。然后以此类推，一个一个进行下去。我不知道这些球迷之歌到底有没有具体的顺序，反正，当我开始在一线队攻城拔寨后，关于我的助威之歌就经常排在第一位了。感受到球迷对我的欣赏，我真的非常骄傲。

这件看起来无足轻重的小事，其实对我意味良多——能在出道时就获得利物浦球迷的偏爱，我的自信心大大增长。

对于职业球员而言，每次开球前的几分钟，你总会感受到球场上的每一个细节。你的视觉和听觉会全部打开，来自KOP看台球迷的欢唱与呐喊，更是声声入耳。不过，当主裁判吹响了开场哨，我们的注意力就会全部集中起来，除了周边视觉开始消散，你的眼睛更会彻底聚焦。换言之，球员们可以感知的就只剩下比赛细节。

众所周知，足球比赛的进程从来不是一帆风顺的，你总会在缠斗过程中，碰到一些无路可退，必须做出改变的情况。在类似网球的个人项目里，如果某个球员陷入疲于防守的困局，你就能看到他寻求着变化，尽力改变比赛走势，可能是更多地上网，要不然就是改变发球线路。

至于我们所从事的团队项目，如果想主动影响比赛节奏，你就必须从一些细节做起，比如一次抢断、一次有利或无利的判罚，或者在KOP看台前的一脚射门。这些看似不太起眼的细节，都会为你增添新的能量，久而久之，你就能对这种方式驾轻就熟了。

我经常听到别人问："在朝向KOP看台这边的球门进攻时，会不会感到紧张啊？"这么说吧，假如你真会感到压力和焦虑，你永远都没法穿上利物浦的球衣。我还记得，有太多太多次，当我们在主场比分落后回到休息室时，大家都会互相鼓励道："别担心，我们下半场就能面朝KOP看台进攻了。"

你或许会说，这明明就是同一场比赛，同样的足球，同样的对手，看上去没有任何改变，那些看台上的球迷又没法进球。但是，训练和比赛的不同，就在于实战中外部因素的影响，我们可以对此加以利用，并从中获取逆转颓势的能量。这就像是你埋下一粒种子，然后收获了丰硕的果实。大家都知道，利物浦曾经在面向KOP看台进攻时，打出了太多不可思议的逆转。

现在想想，我第一次来到利物浦一线队时，就隐约地感觉到球队里不成文的论资排辈的规矩。初来乍到的我，就是一个没有地位的"菜鸟"。尽管在一线队很快收获了进球，但鉴于罗比·福勒和斯坦·科利莫尔的存在，属于我的更衣室标签，依然是"小透明"。

说到跟队友的相处，我跟罗比·福勒的关系一直很不错。不过，作为前锋的话，你总会对同位置的球员保持一些警惕。眼看着一个小孩在队里崭露头角，很多人都会上下打量着，琢磨一番——这个来抢我饭碗的小伙子到底是谁？

即便没有当面说过什么，罗比可能也这样想过，但我们的相处还是非常融洽的。在我看来，罗比拥有很强的人格魅力。

自始至终，我都很欣赏罗比的踢球方式，我们都是那种天生的得分手。但如果从技术角度对比的话，我与罗比的风格又完全不同：我的速度很快，他却不以爆发力见长；我是传统的右脚选手，而他拥有让人惊叹的"金左脚"；最后，不同于我的技巧型射门，罗比惯常的终结方式多是大力轰门。

我们在锋线上的技术特点可谓风格迥异，但无论如何，我们都会以各种各样的方式，帮助利物浦高效地收获进球。

有趣的是，即便在1997/1998赛季和1998/1999赛季两次拿到英超金靴，但我的内心深处，仍然没把自己放到与罗比平起平坐的位置。有人说，依仗连续两年的优异发挥，我对于利物浦的重要性已经超过了罗比·福勒。在我看来，我一直将罗比视为要追赶的目标，这也成了我激励自己的重要方式。

诚然，足球世界的潜规则随处可见，身处于这个讲究论资排辈的复杂环境，你不会得到什么引导，只能依靠自己的判断去见机行事。如果做错事，你会遭受一些后果。

举个例子，尽管早早拥有了买车自由，但有一些豪车我是绝对不会碰的。我可不想抢什么风头，抑或有一天在俱乐部遭遇这样的尴尬："喂，我看见你那辆保时捷了。"以此类推，俱乐部的某些停车位，我也会小心谨慎地选择避开。

需要注意的是，足球世界关于更衣室地位的轶事，还有很多很多。彼时，功能愈发增多的手机，正在成为每个人的必需品。球队里一些资历较老的球员，就会把手机架在大巴车小桌子上的杯托里。这样的场景，可是轮不到尚未成年的"菜鸟"球员，我拿着自己的第一部手机，只好放在口袋里。

过了一段时间，我在利物浦的进球数越来越多了。有时候，如果大家欢乐开怀地在大巴车上小酌几杯时，我就会稍稍放松片刻，像那些老队员一样把手机放在杯托里。当然，就算在一线队收获了很多进球，我也不想破坏更衣室秩序，抑或挑战那些老球员的权威。这一切都是基于尊重和地位。相较于那时的更衣室文化，可能现在的球队已经不再这样了。

或许很少有局外人知道，就算是俱乐部内部的"小赌怡情"，也会牵扯到队内的辈分。1996/1997赛季末，我刚开始和利物浦一线队开启大巴车上的客场远征之旅。那一天，年轻的我提前来到集合地点，早早地坐到四下无人的大巴车上。

"这是我的座位，一边去！你以为你是谁！"斯坦·科利莫尔的呵斥，让我有点不知所措。

"实在抱歉，斯坦，我应该坐到哪里？"

"那我就不知道了。"看来，他真的对车上的其他人毫不在意。

后来，在又一次被人轰走后，我决定先站在过道，等大家落座后我再选好自己的位置。不出意料,最后的空座与后边的小团体离得很远。

在我刚升上一线队时,利物浦的小团体成员包括罗比·福勒、史蒂夫·麦克马纳曼、保罗·因斯和约翰·巴恩斯。而其他到大巴车后边凑热闹的球员,还有史蒂夫·哈克内斯、多姆·马特奥、罗伯·琼斯和鲁多克。这些人都不是省油的灯。

作为一个刚刚到队的新人,我自然与那个"大佬区域"的欢笑和赌局无缘。回溯那几年的客场之旅,如果我们能拿下胜利,球队大巴车都会在快餐店门口停留一阵。然后,罗尼·莫兰就要去跑腿,他的点单是25份炸鱼薯条。

伴随着比赛后的大快朵颐,大巴车会重新上路,大家休闲与放松的方式也开始肆无忌惮——先是抽烟和喝酒(不知道从哪儿冒出来的大箱啤酒),然后是小赌几把的纸牌游戏,甚至各种报纸和成人杂志,算得上五花八门。至少在当时,我真的很少见到这种队内氛围,尽管我从小接触的社会环境,大概就是这样。

对我个人而言,我对抽烟、喝酒和成人杂志,都没有兴趣。不过,从少年时代开始,所谓大大小小的"赌局",是我非常喜欢的游戏。很多时候,我都会把青训补贴"贡献"给路边的彩票店,在赌马和赌狗的选择上开动脑筋。我知道有很多人对我的爱好颇有微词,但我确实很喜欢这种感觉,获胜带来的荣誉感固然重要,而在赢钱时听到的声响,同样值得开心。

久而久之,在球队人员不断发生变化后,我希望能距离"小团体"更近,甚至参加纸牌游戏。不过,这终究是一个循序渐进的过程,与那些收入丰厚的老将相比,我每周几百英镑的薪水,有点拿不上台面。

虽然非常想在牌局中掺和一下,但起初的我并没有资本。别忘了,如果运气不好,仅仅一天时间就能输掉一两千英镑。

还好,我的低薪生涯并没有持续太久。

1997/1998赛季开局阶段,由于罗比·福勒的脚踝伤势,我获得了较为稳定的首发时间。从那时起，我便在利物浦开启了声名鹊起的两年。

赛季第一轮，利物浦客场战平温布尔登，借助一个点球，自信满满的我迎来了陡增的进球运势。

从客场对阵布莱克本、水晶宫，到主场迎战托特纳姆热刺、考文垂和利兹联，我都为利物浦贡献进球。而在联赛杯面对格林斯比和纽卡斯尔联时，我还分别上演帽子戏法和打进一个进球。此外，在欧洲联盟杯比赛中，我破门得分帮助利物浦战平凯尔特人。

就在我进球如麻的状态下，利物浦很快准备了一份全新起草的合同。毕竟，在接连不断的上演进球好戏后，我已经成了英格兰最受关注的年轻球员之一。顺理成章，我与利物浦签下了一份为期5年的合约，周薪也从三位数上涨到6000英镑。依仗于此，我甚至成了英超历史上周薪最高的青年球员。

然而，年轻人的成长肯定要经历跌宕起伏，这样的良好势头，因为我在鹿特丹的一时失控而戛然而止。此役，我代表霍华德·威尔金森执教的英格兰U18代表队对阵南斯拉夫队。由于在比赛中头撞了对方球员，我直接被主裁判出示了红牌。这算不上什么好事，但从当时的情况看，也只是一次缺乏经验且年轻气盛的行为。其实，类似这样血气方刚的脾气，长久地流淌在我的血液中，只是一般情况下，我很善于隐藏和疏导。

1997年圣诞节来临时，我迎来了职业生涯的又一个重大突破——我被格伦·霍德尔征召到英格兰成年队，与那些明星大腕一起训练。

1998年法国世界杯已经近在眼前了，格伦·霍德尔的英格兰队执教生涯正处于黄金时期。不可否认，他带领一群颇具实力的球员，只是年龄稍有点大。虽然得到了与英格兰队一同训练的机会，但我要得到法国世界杯的参赛资格，依然有些不切实际。

现在看来，就是在1998年前后，很多事情都发生了翻天覆地的变化。

一度告别伤势困扰的罗比·福勒，并不算1997/1998赛季的局外人，在健康地出赛期间，他的数据是28场13球。与此同时，我攻城拔寨的状态也没有结束，那一阵高效的进球浪潮，出现得恰到好处。

在1998年1月和2月，我相继攻破了纽卡斯尔联、南安普敦（2球）、阿斯顿维拉和谢周三（3球）的球门。虽然联赛的冠军争夺战难有突破，但我的个人状态一直稳中有升。在一个个进球手到擒来时，我得到了来自霍德尔的召唤。

那是1998年1月末的一个休息日，我正在寇松公园跟爸爸打高尔夫球。一天前，利物浦刚在安菲尔德球场与布莱克本握手言和。刚开始打球没多久，我的手机突然响了，屏幕上显示出道格·利弗莫尔的名字。一瞬间，我有点不知所措，毕竟，这位利物浦助理教练从来没给我打过电话。

在让爸爸稍等片刻后，我悄悄地来到树丛边，小心翼翼地按下了接通键。

"你好？"

"孩子，我有个好消息告诉你。"道格开门见山。

反正，我不知道他究竟要说些什么。

"听好了，你已经入选了新一期英格兰代表队的集训名单，他们明天就会官方宣布。"

对于这样的天赐良机，我并不知道自己为什么没有早早察觉。或许是少不更事，太过幼稚，但凭借我那时候的个人表现，得到征召也算情理之中。反正，我还是尽力让自己淡定一些。

"好的，这真的太好了，多谢你让我提前知道。"

一语话毕，挂掉电话，我和爸爸还是有点情不自已。

"爸爸！我入选英格兰代表队啦！"

那一刻，我俩都像疯子一样在高尔夫球场振臂高呼。

强行按捺住心里的激动后，我们重新开始了这场牵扯到 10 英镑归属的高尔夫球大比拼。不过，由于我一直在见缝插针地给亲朋好友打电话，我的每次击球都是敷衍了事，白白葬送了领先优势，最后输给了稍微专注的爸爸。

走入英格兰队酒店的那一天，一切都是不现实的感觉，当时这次集训的目的是备战 1998 年 2 月 11 日与智利的世界杯热身赛。在那支球队中，有太多家喻户晓的球星了，其中有几个球员，甚至是我崇拜的偶像。

幸好，我不是只身一人前往英格兰队报到，作为我的俱乐部队友，早已是"三狮军团"常客的保罗·因斯和史蒂夫·麦克马纳曼，可以为我在完全陌生的环境下，增添些许安定。

大家都知道，彼时的阿兰·希勒和托尼·亚当斯，就是英格兰队内更衣室大佬。

在我看来，他们拥有着很多极其相似的性格特点：冷峻、强硬、专横，对新人没有任何亲近感。不过，他们在鼓舞人心方面还是会让你充满动力，希望能与他们并肩作战。

那时候，老将们在更衣室的地位，可是享有绝对尊重。作为年轻前锋，我将阿兰·希勒视为激励自己的标杆。

对于那场英格兰代表队的首秀，我总会在很多场合被问起："你在比赛中的感受如何？"对此，我的回答一直显得平淡无奇："也没什么特别的感觉。"

必须强调的是，我没有任何漠视英格兰队首秀的意思，对于那种为国出战的荣誉感，我更是满怀期待。在 1998 年 2 月 11 日，温布利大球场即将开赛的那一刻，我在倾盆大雨中的第一个想法，并不是回味穿上英格兰队球衣的感觉，而是完全专注于自己在比赛中的目标和任务——我要进球，还要多进。

在我的职业生涯中，我从来不会因为得到一些成绩而心满意足，一段经历的结束,就意味着新挑战的开始。对我而言,我会在一个进球之后,努力地争取第二次破门。就算打出了帽子戏法,我也会等着在下一场比赛,尽力轰出"大四喜"。

从利物浦到英格兰队,我的想法一贯如此。在那场同智利队的比赛中,我的表现还算不错,创造了几次机会,完成了几次不错的跑位,甚至还被授予当场最佳球员的称号。不过,这样的满足感也就持续了5秒钟,伴随着温布利大球场的归于平静,我的内心又在蠢蠢欲动了:比赛结束了,然后呢?

好吧,我希望能坐稳英格兰队主力位置。

最后,我要举起象征世界冠军的大力神杯。

那时的我,可没有把这些远大的抱负当成沉重的压力。在我看来,只要你做得足够出色,你就能忽略所谓的压力,完全掌握自己的命运。

与之相反的是,如果你让我站到圣安德鲁斯老球场发球台上,即便只有3个人看着我,我还是会因为紧张而思绪混乱。对我而言,打高尔夫球才是压力所在,因为我的水平还无法驾驭这种场合。

当然,这样的紧张与焦虑,完全不会存在于我的足球世界。就算是面对全世界千万人的注视,我也会精神抖擞。如果非要说有什么影响,我反而可能会打出超水平的发挥。就像很多年以前,我在社区体育中心让那些球探不虚此行。

说来有些遗憾,我在英格兰足坛的横空出世,终究是得益于罗比·福勒在受伤时留下的空间。在1998年2月末,由于在默西塞德郡德比中遭遇十字韧带重伤,他的赛季提前报销了,连法国世界杯的参赛资格都成了泡影。

由于缺少罗比·福勒的助力,利物浦的争冠前景暗淡了许多。在同城德比5天后,我们在客场1比2输给了阿斯顿维拉,虽然我踢进点球,继续提高个人进球数,但老熟人斯坦·科利莫尔的梅开二度,还是让我们遭遇了连续5场不胜。在后来对阵博尔顿、曼联、考文垂、西汉姆联和阿森纳时，我都有所斩获，但在客场面对切尔西和德比郡时，我们都输掉比赛，停止了前进的步伐。

此外，由于在对阵曼联的比赛中双脚蹬踏罗尼·约翰逊，我吃到6个月之内的第二张红牌。我的停赛缺阵，也给球队增添了不少麻烦。

说起那场与曼联的较量，我非常兴奋，一方面这是万众瞩目的死敌对决，另一方面我也非常羡慕这支球队取得的成就。回想那一天，我甚至有点灵魂出窍的感觉，我真的很渴望拿下这场胜利。几乎整场比赛，我都在满场飞奔，无论是人是球，我都是积极拼抢，不放过任何一次机会，我似乎进入了一种不受控制的状态。

多数情况下，斗志都会给我带来积极的能量，但那次抢断和两黄变一红的惩罚，无疑是个例外。那次粗鲁的铲抢导致罗尼·约翰逊受了重伤，后来还被送上救护车。对于那失控时刻，我感到非常后悔。

在不得不离开球场后，我一个人在更衣室淋浴间流泪了。在这样至关重要的场面，我以一张红牌的代价，学到了很多。无论何时何地，你既要在场上激情澎湃，也要学会沉着冷静。

1997/1998赛季结束时，每个利物浦人都会感受到些许酸楚。我们本来已经跻身争冠集团，能够与曼联和阿森纳分庭抗礼。但在最后的积分榜上，我们还是被他们拉开了不少差距，只得位列第三名。那个赛季，温格执教的阿森纳成了最终的胜利者，他们以1分优势力压曼联，成功夺魁。

对我个人而言，这肯定是一个近乎完美的赛季——英超的36场18球，各项赛事的44场23球，都达成了职业生涯的重大突破。凭借于此，我不仅荣膺英超金靴，还当选了PFA赛季最佳年轻球员。

在短暂的休息后，我很快便期待接下来的新篇章。法国世界杯就要来了，我还有很多目标需要实现。

第四章

与世隔绝

1998年春夏之交，开始为法国世界杯筛选人员的格伦·霍德尔，预计要圈定一份30人的初选名单。

我对霍德尔的第一印象非常不错，他有很强的人格魅力，从当时的师徒合作，到现在共同担任英国电信频道的评论嘉宾，我们的关系一直很好。不过，如果要细分执教类型的话，执教时期的格伦·霍德尔，可不会与球员们称兄道弟。

与霍德尔正相反，作为可以与队员打成一片的两位主教练凯文·基冈和哈里·雷德克纳普，则是依靠与弟子们的亲近关系，为整支球队带来自信的典型。对比之下，霍德尔还有些寡言少语，大多数情境下，他都会委派自己的助手约翰·戈尔曼，向球队发号施令，后者也因此与球员建立了更多联系。霍德尔是优秀的主教练，但他总会刻意与球员保持距离。可能人就是各有所长吧。

回溯1998年3月，由于在1997/1998赛季领跑英超射手榜，我对于自己入选世界杯大名单的前景充满信心。后来，在英格兰队的两场热身赛中，我也获得出场机会，对阵瑞士和葡萄牙，但并没有破门得分。

直到1998年5月27日，法国世界杯已经进入倒计时，英格兰队前往卡萨布兰卡与摩洛哥队进行了一场热身赛。此役，我在第26分钟替补出战，换下了意外受伤的伊恩·赖特。第59分钟，我接到麦克马纳曼的助攻，收获了自己在国家队的处子球，也创造了队史最年轻的进球纪录。此外，我还体验了一次几乎抢戏的身体冲撞，对方门将的飞身解围，直接踢到我的脑袋上。

自信如我。对于希望出战世界杯的球员来说，以进球向主教练发出信号，无疑是最理想的方式。事后看来，我应该就是凭借这个进球，在霍德尔心中锁定了一张飞往法国的机票。从应付大场面的心志，到建功立业的能力，我在不多的英格兰队出场中证明了自己。

当然，除了掌握我们命运的霍德尔，无孔不入的英国报纸，也开始对世界杯候选名单进行猜测。伴随着舆论的造势，我入选名单的可能性似乎又增加了一些。

待到在纳曼加集训的"审判日"，各种关于名单的故事更是引人入胜。

那一天，我们每个人都和主教练进行5分钟面谈。我还记得，我处于面谈顺序中比较靠后的位置。当这帮候场球员还在游泳池边上闲聊时，突然有人过来插嘴道："哥几个，加斯科因要被霍德尔淘汰了。"

这是一个难以理解的选择，我甚至觉得，"老天，加斯科因绝对能成为阿兰·希勒的搭档"。但没办法，可能只有我这么认为吧。

没过多久，我们听说后续球员的面谈环节被推迟了半小时。不出意外，加斯科因暴怒了。大卫·希曼后来告诉我们，得知自己要被淘汰后，加斯科因直接摔了椅子，在房间里大闹不止。队友们纷纷过去，才帮他平静下来，那真是一个充满惊吓的午后。

至少在那个春天，加斯科因绝对是英格兰集训队中最家喻户晓的明星之一。在我小时候，我根本无法抗拒加斯科因神乎其技的表演。

第四章 与世隔绝

从纽卡斯尔联、托特纳姆热刺到格拉斯哥流浪者，加斯科因在场上呈现的一切，都让人为之倾倒——号召力、自信心、球商，以及超乎寻常的个人技术。

当然，我非常欣赏他迎接挑战的态度，这个恋家的男子曾经勇敢地离开英格兰，加盟了意大利俱乐部——拉齐奥。纵然那段海外经历算不上成功，但他的敢作敢为显而易见。从1990年意大利世界杯开始，保罗·加斯科因就是我的英雄。

我第一次在私下见到加斯科因，是1997年10月的事情，在比萨姆庄园，刚来到英格兰队报到的我，看到了心中的偶像。那个周六傍晚，在主场4比2战胜切尔西后，我跟着史蒂夫·麦克马纳曼和保罗·因斯一同赶往国家队下榻的伯纳姆·比奇斯酒店。等到我们赶到基地，已经是周日凌晨2点了。为了让我尽快了解国家队情况，麦克马纳曼担当了向导角色："我们明天在这里吃早餐，那边就是大家开会的地方。"

说着说着，麦克马纳曼带我走进一个房间，我一眼就看到，加斯科因正在巨大的电视屏幕前打游戏。

"有事吗？"专注操作的加斯科因几乎没有抬眼。

当我走过去跟他握手问好时，我敏锐地发现他的身边都是空酒瓶和安眠药的空盒。

"我的天，这可真是太糟了。"我心里想着。

从那时起，我和加斯科因建立了一种很舒适的情感关系。我并不会说我们是那种天天聊天的好朋友，一直以来，我们都是在融洽相处中互相欣赏。从过去到现在，我希望他一切都好。

好了，让我们重新回到那个宣布名单的日子吧。

该来的总会来的，终于轮到我去跟霍德尔面谈了。走进他的房间，我特意扫视了一圈，看看有没有留下加斯科因破坏的痕迹。反正，我是没看到有什么反常的迹象，就算是霍德尔本人，也好像什么都没有发生。

"首先，我告诉你，你入选了。"霍德尔开门见山地说道。

哦，我真是松了口气。

"但是，我希望你知道，我们可不是让你去法国体验氛围的，你将在世界杯扮演很重要的角色。"

霍德尔告诉我，针对世界杯首场小组赛，他预计会在对阵突尼斯时派出阿兰·希勒与泰迪·谢林汉姆的先发搭档。他们都是经验丰富的球员，足以应付这样的大场面。我也深以为然。当然，霍德尔的计划还不止如此，他很快向我强调，我一定能得到出场时间，那也是我争取主力位置的最好机会。

走出霍德尔的房间时，我真是无比快乐。虽然表面上只是英格兰队锋线上的第三选择，但霍德尔的提点非常明显，我绝对有机会改变这样的顺位。

回想1998年英格兰队锋线人选，强手如云——罗比·福勒、伊恩·赖特、克里斯·萨顿、斯坦·科利莫尔、安迪·科尔，以及迪昂·达布林。能从这些顶级球员中脱颖而出，成为英格兰队世界杯阵容的第三选择，这真的不太容易。对于自己的地位或作用，我在前往法国时都是信心十足。

另一方面，在起初对霍德尔的决定感到惊诧后，我抛开情感方面的因素，逐渐理解了主教练为何要放弃加斯科因。

当时，斯科尔斯在曼联表现优异，在霍德尔构想的三人中场里，斯科尔斯完全能在巴蒂和因斯身边扮演指挥官的角色。对于这支球队，这确实是很合理的构想。

尽管度过了巅峰期的加斯科因依然拥有决定比赛的能力，但大家都明白，一旦霍德尔在加斯科因入选名单前提下将斯科尔斯放上首发，前者在场外的负面影响，可是会给球队埋下隐患。

加斯科因拥有着鲜明的个性，与他接触的人没有选择空间，只能照单全收。一顺百顺时，大家自然是其乐融融，但如果你把他放到替补席上,他的愤懑与抱怨也是毫不掩饰的。这样的负面情绪,势必是世界杯球队无法消化的,霍德尔对此心知肚明。公平地说,就算加斯科因长久以来都是我的偶像,但我觉得霍德尔还是做出了正确选择。

事实证明,法国世界杯真的让人大开眼界,英国报纸上的那些内容,成了左右公众情绪的唯一来源。现在回想起来,如果二十年前是我执教英格兰队,我也无法保证能比霍德尔做得更好。

首先,在我们驻扎到法国布里塔尼的拉波勒后,霍德尔就坚决追求绝对的清静。从报纸、广播,到家人和朋友,无论赛前赛后,任何场外因素都成了我们训练营中的禁忌。这些关于球队备战环境的重大决定,都是由霍德尔亲自拍板的。

从后来历届大赛的情况看,霍德尔在那时的严格管理,并不算是争议决定。但在1998年夏天,不同于后来由"太太团"带来的"马戏团"氛围,我们在布里塔尼就像生活在劳改营。

在霍德尔制定的管理体系中,食物与营养是非常重要的部分。在那之前,相较于其他更早重视营养学和食品保健等生活细节的国家,英格兰在这方面的关注已经迟缓了不少。

总的来说,很多球员沉迷于垃圾食品,他们会在休息期结束时超重很多,然后再利用新赛季前的备战期,减到可以应付比赛的合适体重。这样的职业习惯,确实跟不上时代了。

众所周知,当1996年温格接手阿森纳后,他就通过自己对球员饮食文化的改变,逐渐影响了英格兰足球的发展。但在法国世界杯来临时,绝大多数英超俱乐部,依然跟不上法国教头的脚步。

不过,球员时代就拥有海外职业经历的霍德尔,算是英格兰足坛的例外。当时,他不仅知道如何从营养学上规划球员的备战,对于全队在赛后的身体恢复,他同样在行。对于这个新兴的场外领域,霍德尔在英格兰足球圈算得上遥遥领先。

所以，就算没有完全按照霍德尔的规定行事，但我们也并非要违抗他的命令，没办法，我们对于这些新鲜事物，实在没有多少了解。

水煮鸡肉、白米饭、意大利面、西蓝花……没有酱汁，没有蘸料，什么都没有。我们每顿饭只能面对这些寡淡无味的食物。哦对，在当时基地食堂门口，还有这样一句标语——"嚼出胜利。"很简单，不同于以前开餐时大快朵颐，霍德尔更希望我们能在吃饭时细嚼慢咽，至少每一口都多嚼上三四次。他告诉我们，只有遵循这样的习惯，食物才能更好地被吸收，我们也能获得更多营养。好吧，连吃饭时间的长短都算是文化冲击了。

不仅如此，令我们感到不适应的还有很多日常规则。

在大本营的每一天，我们大多是这样度过的：起床吃早饭，上午10点到11点30分训练，下午1点吃午饭，然后整个下午无事可做，只能盯着墙发呆。

对于晚上7点左右的正餐，大家都是满怀期待，只是，这与那些清淡的食物无关，大家不过想借机下楼，赶紧找个队友聊聊天。这样的时间稍纵即逝，等我们吃完饭回到房间，又要熬过大把无聊的时间，等待着困意的袭来。清心寡欲，枯燥无聊，这样的日子在备战期循环往复。

大家都看得出来，霍德尔希望我们心无旁骛地迎来世界杯。但是，在那样闭塞的环境中，我们真的很想念家人、朋友和孩子，如果要对比的话，我们跟那些常年出门在外的煤矿工人、采油工人和军人没什么区别。

大家别误会我，我们没有任何抱怨的意思。在我看来，如果想最大程度激发团队战斗力，你至少要让这帮人心情欢畅。与之相反的是，一旦球员们在封闭生活中感到无聊沮丧而且思念家人，他们真的还能在比赛中全情投入吗？

对于这个问题，或许很多事情都悬而未决。

无论如何，比赛不等人，当难挨的备战期画上句号时，我们收拾行囊，飞赴马赛，准备迎来与突尼斯的世界杯首战。我还清楚记得，在抵达酒店打开电视机后，我在 CNN 上看到了英格兰球迷的招摇，他们在酒店楼下的聒噪声，也透过窗户传入耳中。

作为一支备受关注的球队，我们承受的压力可想而知，甚至在首战来临前，我们就听到关于英格兰队铩羽而归的讨论。那时，我躺在床上，听着一些人的讨论，感到些许的茫然失措："这到底是怎么了，我们会被这些乱七八糟的东西毁掉的。"

就像霍德尔说的那样，在第一场与突尼斯的比赛中，我的大部分时间都坐在韦洛德罗姆球场的替补席上。上半场第 42 分钟，阿兰·希勒先拔头筹，待到终场结束前，斯科尔斯锦上添花，帮助我们赢得了小组赛的开门红。

对我而言，在这样领先的局面下出场比赛，并没有太多意义。为了能在第二场小组赛首发，我自然希望能在僵局情况下登场出战，并且帮助英格兰队绝杀对手。但现实情况是，我只需要在场上控好球，然后等待主裁判吹响首战的完场哨。

一周之后，在图卢兹，我和英格兰队面对的情况便复杂很多了。

对阵罗马尼亚的第 72 分钟，在熬过度秒如年的时段后，我终于替补上场，换下先发的泰迪·谢林汉姆。由于过早一球落后，英格兰队需要更多精力投入进攻。谢林汉姆是非常优秀的前锋，但那场比赛，双方的对抗风格，明显更适合速度更快的球员。我的表现机会，应该能比他更多。

其实，在等待换人的一分一秒中，我已经感到些许沮丧。在球门之后热身时，我几乎目不转睛地看着霍德尔的一举一动，希望他能尽快做出决定。我满脑子都想着："拜托，怎么还不换人，留给我的时间实在不多了。"

好在，霍德尔对我的信任终究得到回报。通过一次连续过人后的远射中柱，我很快在世界杯火爆的气氛中信心倍增。仅仅 2 分钟后，我真的扳平了比分[1]。虽然罗马尼亚人最后又进一球，绝杀了英格兰队，但我还是通过这次"天降奇兵"，证明了自己有能够改变比赛进程的价值。于是在第三场小组赛和1/8决赛中，我都进入了"三狮军团"的先发名单。

从某种程度上说，我们在布里塔尼训练基地的冲刺备战，确实在小组赛生死之战得到了回报。由于输掉小组赛第二场，全队的紧张气氛有所上涨。在距离开赛只有2天时，我们花费整整一上午，演练所有任意球和角球战术。

需要强调的是，如果要给素有"战术大师"之称的霍德尔挑出弱点的话，就是他理所当然地认为每一个球员都要像他一样出类拔萃。霍德尔的能力毋庸置疑。不过，就算与一帮世界级球员共事，也没有多少人能达到他预想的标准。

霍德尔起初给我们设计了一套复杂的前场任意球战术，这是贝克汉姆和斯科尔斯的双人配合战术，当前者准备用右脚"弯弓搭箭"时，斯科尔斯要把脚放在球之前，就是在一射一蹭之间，球可以通过瞬间产生的摩擦力，以最大限度的旋转完成由上至下的运动轨迹。

于是，他们就开始尽力地练习了。经过三番五次的尝试，无论是贝克汉姆还是斯科尔斯，他们都没法顺利地实现设想中的任意球效果。

因为是亲自测试且有效的任意球设计，目睹着曼联二将失败的霍德尔，难免有些"上头"："好吧，你们踢不了这个，就按照平常的方式练吧。"

经过了这个小插曲，我们进入了角球练习的时间，包括了各种球路和跑位的手势。由于是分小组进行，那些站在球门之后的球员，也需要听从教练的讲解。

---

[1] 译者注：欧文其实是先进球，然后在补时有一次远射击中门柱

第四章 与世隔绝

很不走运，有几个球员因为东聊西扯被抓现行了，停止训练的霍德尔，随即朝他们大吼道："喂，举起一只手是什么意思？还有你，两只手又代表什么？"他们自然是一头雾水。当时，霍德尔真的生气了，他把那几个人全都留了下来。

小组赛第三场，英格兰在朗斯对阵哥伦比亚。我踢得不错，球队以2比0战胜对手，进军世界杯16强。

有些讽刺的是，虽然是利用直接任意球破门得分，但贝克汉姆的进球方式与霍德尔设计的双人战术完全不同。他只是一人助跑起脚，然后目送球坠入哥伦比亚队的网窝。

无论过程怎样，世界杯淘汰赛终于来了。

第五章

英阿大战

长久以来，1998年6月30日的"英阿大战"，都是人们津津乐道的话题。无论我的态度如何，那个圣埃蒂安之夜，绝对是足球历史上的经典传说。势均力敌、争议不断、伟大的进球，还有让人呼吸加速的点球大战，几乎足球比赛中的所有元素，都在这场120分钟的鏖战中出现了。要知道，这仅仅是世界杯的1/8决赛。

不可否认，这场比赛改变了我的职业生涯，那个反超比分的进球，更是其中的重要因素。

这么多年了，我依然对当时球场内山呼海啸的火爆气氛记忆犹新，但是，英格兰队只能接受一个虎头蛇尾的结局。

作为被赋予破门任务的前锋，我在圣埃蒂安做好了本职工作，帮助英格兰队取得了进球。可是，这没有改变我们铩羽而归的现实。那次单骑闯关的进球真能缓解我的沮丧吗？或许，也能起点作用吧。

这场比赛过去太久了，那个进球前后的很多细节，我需要翻看录像才能回忆起来。不过,只要看到破门瞬间,以及足球蹿向死角的慢动作,我还是能感觉到自己肾上腺素的飙升。我还能依稀记得,那些在球门之后翘首以盼的面庞,在那样好似时间凝固的瞬间,他们等待着,激动着,为我独闯龙潭的表演瞠目结舌。

说实话,我在比赛开始之前,对于阿根廷球员并没有多少认知。掐指一算,也只知道加布里埃尔·巴蒂斯图塔的名字。

作为刚出道不久的年轻球员,我所熟悉的同行非常有限,所以,关于那些后卫的特点和习惯,我不知道,也不在乎。自信满满的我只有一个念头:把球给我吧,我一定能过掉他们。

在凭借个人突袭为"三狮军团"赢得点球后,我可以感觉到,我没有对阿根廷后卫细致研究,而他们对我的特点也知之甚少。自那之后,只要接到传球,寻找前进的机会,我已然能感受到阿根廷人心中的恐慌。

没有谁能否认,罗伯托·阿亚拉是世界足坛最优秀的后卫之一,但在那一夜,我攻入英格兰队第二个进球时,他的防守站位实在是不知所以。据我推测,大概是几分钟前,我利用突破博得一个点球,他们被我的速度和爆发力吓到了。

说实话,当我在中圈弧接到贝克汉姆的传球时,我最初的想法只是策应一下,把球传给队友。不过,当我抬头观察,发现前方的巨大空当后,一切都发生了变化。

或许是对我的速度有所忌惮,阿根廷后卫们有些信心不足,有人在防守时不断后退,特意留出了缓冲地带。在那一刻,阿根廷中后场防线,就像某个学校操场上的混乱景象——无组织,无纪律。他们无法阻挡我的突破。就算是放慢一点速度,我也能把他们统统过掉。

我心想:这就是送上门的活靶子啊……

一开始,我用余光扫到试图抢球的何塞·查莫特,他离我实在太近了。那是一次花招、一次施压、一次赌博,他希望可以将球直接破坏,

第五章 英阿大战

或者凭借自己的力量将我推开。但无奈，他还是低估了我的爆发力。

我很明白，只要能控好球，查莫特在错误的位置上就无法阻挡我的前进路线。很轻松，我一次本能的外脚背踢球，抢占了有利身位，闪过了他的对抗。这一次，我抬头观察时，我的决断已经非常明确——我的天，我要冲向球门了。

说来有趣，无论何时何地，我都没有感受过什么压力。即便身处全球瞩目的舞台也是一样。毕竟这一路走来，我已经对所有的进球方式熟稔于心，而这样的心理暗示，足以将成王败寇或激动人心的场景，简化为平淡无奇的日常。

我就是一台全自动"进球机器"。

在接近阿根廷球门的同时，我甚至想好了过掉阿亚拉之后的动作——依仗加速的趋势，将他甩下并不是什么难事。我只是有些担心，千万别把球趟大了。当然，如果趟球的力量不够，他又有机会大脚破坏，抑或将我阻挡下来。

那一刻，所谓触球的角度和远近，成了我最后要面对的关卡。为了让临门一脚不那么困难，我必须完成一次各方面都恰到好处的触球。面对这样的决定性瞬间，我们大多依靠本能，去完成最后的决断。一切就是那样发生了。

关于那个进球，很多人都会和我提到斯科尔斯的事情。毕竟，就在我起脚射门的一刹那，他刚好跑到我的身边。说实话，我在整个进攻过程中，并没有想传球给他，这与我是否自私没有任何关系，大家都能看到，我已经进入了那个节奏，只有自己射门这一个选择。如果真要传球的话，我的最后一步趟球就会在阿亚拉的左侧，只有这样的选择，才能给斯科尔斯创造出理想的空间。

而且在那个瞬间，斯科尔斯并没有叫喊着要球，我们都非常清楚，他的位置不适合射门，他也没有做好充足的准备。反倒是我，只要我继续沿着右侧突破，我就可以利用自己的惯用脚，打出门将难以扑救的反角。这是很简单的事情，也是一个顺理成章的动作。

那样的角度，那样的劲射，在平常我已经练习过太多次了。我必须再强调一次，这都得益于我在少年时代经受的各种训练。就算是很难抓到的角度，我也可以把握住机会，一蹴而就。

在与阿根廷门将形成一对一时，我本可以打个穿裆射门，或者低一点的尝试，但这些选择的风险都太大了，很有可能弄巧成拙，就算近角轰门也是如此，毕竟我的运动体态不太合理。相较而言，打出一脚能穿过门将的高球，就是最稳妥的选择。

右脚击球的一瞬间，我就知道，这球进了。

能在世界杯上攻入这样精彩的进球，我势必是心潮澎湃，而这个进球让我难以忘怀的原因，还不只如此。

在我一气呵成地射入进球后，大家都跑过来跟我庆祝，那真是一种近似永恒的感受。但实际上，这只有短短几秒钟而已。我很快抬起头，不止一次地在看台上寻找着熟悉的面孔。而第一个与我眼神交汇的人，就是妈妈。

在可以承载 3 万多人的若弗鲁瓦·吉夏尔球场，我起初对家人的具体位置一无所知。万万没想到，我竟然这么幸运地找到了他们，还是在如此混乱的场景里，这个巧合实在是太妙了。至于在后来迎来点球大战时，我已经很清楚他们坐在哪里了。

作为英格兰人，我很了解这支球队在点球大战都经历过什么。我曾经守在电视机前，目睹过加雷斯·索斯盖特、克里斯·瓦德尔和斯图尔特·皮尔斯的点球噩梦，我几乎可以讲出每一个罚丢过点球的英格兰球员。

大家都明白，当这些球员犯下错误时，无孔不入的英国媒体绝不会善罢甘休。第二天一早，他们的照片就要登上报纸头条，一切便拉开帷幕。那个年代，有些媒体兼有恶劣的品质和报复的心理，就是在他们的煽风点火下，一些球员承担了不合情理的责任，甚至永远没法走出曾经犯下的错误。无论你之前拥有过多么出色的履历，仅仅一个失误，就能让所有事物毁于一旦。

无论正确与否，我在那场点球大战前只有一个想法：我不想成为那个"替罪羊"。

听起来有些自私？我不知道。这会是大家不谋而合的想法吗？你只能去问问别人了。当然，我应该在走向点球点时，抱有更积极的心态。但是，我真的不想成为英格兰足球的又一个"罪人"。

直到助跑主罚的前一刻，我都不知道应该把球踢向哪个方向，这可不是什么有用的点球秘诀。坦白讲，我一点都不喜欢点球，也没在利物浦留下优秀的点球纪录。而我对点球的唯一好感，就是它可以增加我的进球数。

我不喜欢点球的具体原因，大概是因为我从没有好好练习过。首先，这并不是一个多么享受的过程；其次，哪有门将愿意在常规训练之后，再被足球闷上30分钟。

如果你非要跟其他队友一起练点球的话，你的自尊心又成了一道障碍。这么说吧，只要是意外罚丢一个，队友们就会把你当成蠢货。总之，我就是逃避了点球练习，心里一直想着：我是个优秀的射手，在需要的时候，我一定可以射进点球。

假如职业生涯可以重来，我肯定会改掉不练习点球这个错误习惯。即便在接受采访时，我总是会和其他球员一样轻描淡写："我们不需要练啊。"这只是我们的自圆其说。

当然，世界杯赛场的高压氛围，是你无论怎样练习点球都无法模拟的，但其中体验的过程，绝不是没有意义的积累。就好比说，尽管泰格·伍兹无法预知只需要一个1.2米推杆就能拿下大师赛的场景，但这并不妨碍他在日常的训练中，去不断强化1.2米推杆的技艺。这些反反复复的练习，不就是既能精进自己的技术，又能帮助我们巩固在压力之下的心志和肌肉记忆吗？

主罚点球同样适用这样的逻辑。就算点球大战总有不可预知的变量因素（比如门将的表现），但我们总是可以通过更好的主罚技术，去减小这些未知因素带来的影响。然而，大家总是事后才恍然大悟。

在那一天的圣埃蒂安，等待着在点球决战第四轮出场的我，完全没有什么计划和准备。

因为感觉有点紧张，我向第一个罚中的阿兰·希勒搭话："我应该罚哪个角啊？"我需要从别人那里得到一些心理支持。

这个英超历史最佳射手看着我，露出了那种他惯有的、诡异的、尖刻的表情："你就该干吗干吗，罚进就行了。"

没错，这就是阿兰·希勒的说话方式，但这不是我希望得到的答案。

一般情况下，我的射门习惯就是踢向门将的左侧下角，也就是我的右侧。对于一个习惯脚是右脚的球员而言，这个角度不是那么好踢，但也不知道为什么，我算是个例外。

询问阿兰·希勒无果后，我又在中圈里看向爸爸妈妈的方向，用手指比画着方向：左边还是右边啊？老天，我当时究竟在做些什么？

当然，我并不是真的大脑空白，只是有点焦虑，在这种情况下，我只是用半开玩笑的方式，舒缓一下情绪。

我本以为妈妈可以泰然自若，但她早就难以承受，双手掩面了。而爸爸，平常总会激动异常的他，倒是很坚定地目视前方。

阿兰·希勒、保罗·因斯、保罗·默森，终于轮到我了。从中圈弧走向禁区的过程，我的脑子有点乱，回想着英格兰球员主罚的所有点球，阿根廷守门员几乎都判断对了方向。我一时慌乱着想到，难道说他们能从我的助跑中发现破绽？

留存着些许怀疑，我终于做出了最后决定：在助跑过程中，我会尽可能地假装罚向右边，然后在最后一刻调整姿势，把球踢向相反的一侧。这听起来很容易，但实际操作却难度不小。

幸运的是，面对那样的生死时刻，你没有过多时间去考虑主罚之后的结果。站定、助跑、击球……这一次，我成功骗过了门将，球在击中立柱后，弹进了网窝。这基本是一个无解的点球，就算有 5 个门将同时把守，也不一定能扑出这脚射门。

你要问我是故意踢了一个高球吗？当然不是。我只是想骗过门将，然后打出一个半高球。幸运的是，我确实做到了。

看到球进网的时候，我没有开心的感觉，只是觉得如释重负。说起来有些难堪，我不得不承认，当时自己的感受比较自私：感谢上帝，那个要被媒体口诛笔伐的人不是我了。

对于那样的想法，我实在不知道是源于年龄和阅历的限制，还是无论何时都会有的人之常情——这成了我永远无从知晓的疑惑。我就是不想让一次错失点球，毁掉整个人生。就算是球队输球，我也不想成为那个导致失利的倒霉蛋。

不幸的是，英格兰队经历的点球大战，总是有球员因此坠入深渊——大卫·巴蒂和保罗·因斯，他们的射门被阿根廷门将扑了出去。就这样，英格兰队的世界杯之旅结束了，我们没能晋级 8 强。但公平地说，我们在整场比赛都与夺冠热门球队阿根廷踢得势均力敌，即便在很长一段时间，我们都是以十人作战。

好吧，话已至此，我肯定要聊聊大卫·贝克汉姆的红牌事件。

首先要强调，我和大卫一直保持着很好的私人关系。在 1998 年法国世界杯后，我们确实在一段时间内，走上了截然不同的足球道路：我成了英格兰足坛万众瞩目的新宠儿，而他却在舆论炮轰下，成了全民公敌。那个年代，媒体将我们对立起来，显现着自身的冷酷和残忍。大卫真的深受其害。

记得在那场比赛结束时，我们在更衣室并没有对那张红牌说过什么。一场激战之后遗憾落败，大家都非常沮丧。反正，说什么都已经晚了，红牌和出局，都是无法改变的结果。

一段时间后，我听到托尼·斯蒂芬斯的助理说，维多利亚对我的无动于衷有些失望。在她看来，当我在世界杯后成为舆论焦点时，就理应主动站出来，声援一下腹背受敌的大卫。在我的印象中，应该有人这么提议过，但没有人付诸实践。我也考虑过发表自己的看法，希望大家可以放他一马。

只是，具体到当时的情况，我并不觉得这样的领袖行为，应该由一个18岁的年轻球员承担。在利物浦一线队效力的前两个赛季，我就对更衣室内的地位和话语权有了清晰的了解。无论在哪支球队，我相信所有球员都应该在自己的位置上各司其职。假如你要攀升的话，很多事情都要经受改变。这样的江湖道理，自然也适用于英格兰队更衣室。

很显然，就算是在英阿大战攻入了一个漂亮的进球，我也不认为自己在1998年的英格兰队拥有什么显赫地位。

简而言之，我在那一天可没有资格去大摇大摆地和托尼·亚当斯握手致意，并对其送上职业生涯的祝福。这绝对是我做梦都不敢想的事情。同样，面对名气比我更大的大卫·贝克汉姆，我也没有资本去"倚老卖老"："哥们，你要振作起来……"

无论我对他的红牌抱有怎样的看法，对我而言，我在那支英格兰队里只是一个初出茅庐的毛头小子。

当法兰西之夏早已远去时，由于自己的"事后诸葛"和洞察分析，很多感觉似乎都不太一样了。

首先，先让我们回顾一下大卫的动作。这可能并不是百分之百的红牌犯规，尽管他确实是有意为之。与其说是暴力动作，这个背后踢人显得有些幼稚和任性。在我看来，这样的呈现反而让红牌场景变得更遭了。倘若他在场上直接面对面地给了对方一拳，来自舆论的失望感可能还比较容易消解。

所有人都看到了，大卫的这一次抬腿，实在是过于任性，大家都觉得这是毫无必要的动作。有人会说这只是一个冲动之下的错误，但我的感觉是，如果想在世界杯赛场登上王座，你就不能允许这种动作的出现。顶级足球世界的艰难大抵如此，这里没有多少余地留给我们任性。如果想取得一番成就，你就必须把所有的事情做到尽善尽美。

如果没有大卫的这张红牌，我们就能击败阿根廷吗？谁知道呢，但可以确定的是，我们在少打一人的情况下，依然踢得非常好。假如在1/4决赛和半决赛碰到荷兰和巴西，我们是不是也能有机会更进一步呢？没办法，世界杯没有如果。

此时此刻，我在一字一句地写下这些文字，我非常明白，能获得世界杯出场机会，是一名球员莫大的幸运，更别说是很多届了。假如我说大卫拿到的那张红牌，没有让整支英格兰队感到失望，那我一定是在撒谎。

至于他是否活该去面对那些媒体的咒骂？答案当然是否定的。谁会理应去承受身败名裂的痛苦呢？但是，大卫确实让我们失望了，时至今日我仍然对他有些埋怨。

第六章
名誉

1998年世界杯之后，一球成名的我享受到了众星捧月的待遇。这可是我从没见过的景象。甚至，在我们从巴黎飞回卢顿的飞机上，就发生了不少始料未及的情况。当时，一位乘务员突然找到我，让我去一趟驾驶舱。

在起身穿过走廊时，我不知道究竟发生了什么。

原来，机组人员想等到飞机降落后，让我探出驾驶舱的侧面窗户，展示一下英格兰的旗帜。既然如此，那就照做吧，反正之前也没有这样的体验。

如果你现在还能找到当年的录像，你就能看到驾驶舱窗外由两只手挥舞的英格兰旗帜，而承担这个任务的球员就是我。这是一次新奇的经历，也是很美好的时刻，但再一次，我自己的感觉还挺正常的。

在顺利抵达机场并清点行李后，全队互相道别，就地解散。然而，刚结束了大赛处子秀的我，并没有感受到任何轻松，在回到爸妈在哈瓦登的住处后，我马上察觉到未来几周的事态不妙。有太多的记者、摄影师和球迷在我家周围安营扎寨。我们在邻居的帮忙下才冲进了屋里。

谁也没有想到，我们家突然出名了，我得到了前所未有的关注。爸爸、妈妈和大哥们，都是很内敛的人，仅仅几周过去就要面对这样的冲击，他们一时半会还无法适应。

不可避免，我们的日常生活受到了不小的影响。

那一阵儿，就连和爸爸出去打高尔夫球时，我都能听见从旁边树丛中传出的声响。那些摄影师无处不在，他们藏匿于隐秘之处，只为不断地按下快门。

无论何时何地，我跟家人去哪里，通常都会有两三辆记者的车一路追随。碰到这种情况，任何因为受到关注而带来的喜悦感，都会烟消云散，我们只能别无选择地进入一场没有赢家的"猫鼠游戏"。这样的逃离让人感到疲惫。

此外，另一个让我有切身体验的改变，就是我在俱乐部收到的信件越来越多。有一阵儿，我几乎每天都要从俱乐部收到整整4麻袋的书信和邮件，包括了慰问信、签名物件、照片申请、公益问询以及商务邀约。

开始，我还挺有兴趣的，基本都会拆来看看，再给他们回信。久而久之，我拖着疲惫的身子回到家，吃完饭，着急忙慌地在妈妈的帮助下焦头烂额地处理信件，我总会想着："这到底让我如何下手啊？"

即便是今日事今日毕，第二天又有更多的麻袋带回家里。

时间一长，大家的热情倒是减退了一些，面对着依然难以应付的积压信件，我不得不去寻求托尼·斯蒂芬斯的建议。

他的提议很简单，他认为我应该聘任助理，在根据不同需求 完成工作分类后，再逐一进行回复。

那时候，关于签名照片的事情，我一直比较在意。为了让球员省去重复签名的劳动，俱乐部都会在照片上印好球员的复制签名，再把它们寄给球迷。我很想亲力亲为地完成签名，但在约定俗成下，这是不可能发生的事情。

同样在1998年夏天，托尼·斯蒂芬斯积极地行使着我的代理权，作为我的经纪人，他的工作量算得上成倍增加。除了足球方面的事情，他还有商业类别的工作。

首先，他要履行经纪人责任，塑造我的公众形象；其次，他要以此为基础，去寻找一些质量上乘的商业合作。

当然，托尼·斯蒂芬斯做得非常好，就连媒体的专访时间，他都会事无巨细地把控。他知道我的标准高要求严，所以不会对媒体来者不拒。他利用自己的权限，很好地保护了我，我对此非常感激。而且，他总能保证我们的付出可以得到丰厚的回报。基本上，托尼帮助我维系了很好的媒体环境。

在为我打造专属品牌的过程中，托尼的工作无可挑剔，没有受到其他业务线的影响，即便他已经为大卫·贝克汉姆拿下了不少顶级商业合约。他的牵线搭桥都是恰到好处。

在托尼看来，我的市场价值并不逊于大卫·贝克汉姆。特别是法国世界杯之后，很多英国媒体把我与大卫放到了对立面，当大卫遭遇舆论的吐槽时，我的处境则宽松许多。从商业角度看，我应该能得到更多品牌的青睐。事实也的确如此。

在世界杯结束后的几周内，你所能想象的很多优秀公司，都向我抛来了橄榄枝：捷豹、沃尔克斯薯片、茵宝、百事、宝莹、天梭和葡萄适等，这些就是其中代表。一时间，频繁露脸的我几乎成了行走的广告代言人。

对于一个喜欢汽车的18岁男孩而言，捷豹的代言无疑极具吸引力。很长一段时间，捷豹每年都会赠送两台新车给我。说来有趣，大概是还没有出名的时候，我和爸爸曾在高尔夫球场有过这样一段半开玩笑的对话。

"爸爸，对于你为我付出的一切，我应当怎样回报呢？"我开口问道。

"哦，很简单，以后给我买一辆梅赛德斯吧。"

好吧，我确实没能把梅赛德斯的车钥匙交给他，但有段时间，他可是享受了免费的捷豹。由于同时拥有两辆座驾，他还被起了这样的绰号：双捷特里（Terry Two-Jags）。

他很喜欢这个昵称，这不仅是开心的自嘲，也是一种炫耀的资本。曾经，他还要躲避法警的追查，而现在，你瞧瞧，他可是拥有两辆捷豹汽车的富人了。直至今日，我们还会用这个事开开玩笑。

其实，对于托尼为获取广告代言合约给我塑造的公共形象——一个纯洁、温和的居家男人，我并不完全适应。不过，我很感谢他一直坚持于此，他的部分判断也转化为了现实：我的确成了标准的居家男子。

所有事情都有两面性，一方面，我得到了托尼赚取的利益，也理应向他表达感谢。另一方面，对于背负标签前行的过程，我也持有保留意见。毕竟，关于人设中纯洁和温和的部分，算不上很准确的表达。

别误会，作为圈里人，我自然知道托尼的用意。倘若我显露出更多的躁动和粗犷，那些商业代言可能就跟我无缘。现在想想，那种由经纪人打造的人设，势必给我带来了一些困扰，最明显的一点，就是让我看上去是那么枯燥和无聊。这完全不是我在生活中的样子。

很多人都知道，我在私底下就是一个冒险者、捣蛋鬼、总爱搞搞恶作剧的人。以至于连里奥·费迪南德都会念叨着："都这么多年了，我真不知道你要如何消化掉那样的刻板形象。"

没办法，一旦你的公众形象在舆论中定格，你很难做出什么实质性改变。

且不论我在1998年夏天的公众形象究竟如何，事实上，就算在一段时间对那些蔚然成风的吹捧感到新奇，但我还是不能完全消化成为名人的感觉。这样的不适感甚至长久存在。

身为一个接下了不少广告代言的公众人物，我的责任和义务，就是要得到广泛的关注。很显然，我真的不太擅长把自己放在聚光灯之下，但我没有选择的空间，我必须做好这些工作。

那时候，与我相伴的路易丝，也拥有着相似的感受。从相识时的默默无闻，到一夜之间的享誉欧洲，她跟我一样，都别无选择地进入了一个陌生又疯狂的世界。

无须多言，我们已经拥有了更好的物质条件。

与此同时，我所遇到的苦恼和烦闷，同样也成为她的负担。可以说，我们花费了很长时间，去适应这样的人生变化。不同于其他你熟识的球员家属，路易丝就是一个低调内敛、不爱出风头的人。

有一段时间，我们真的越来越厌烦，每个人都要听我聊聊世界杯的事情。我很理解大家的心情，但对于个人而言，在离开圣埃蒂安后，我就开始调整心态，瞄向未来。世界杯是过去时了，我的脑中所想仅仅是下一场比赛，下一个进球。但是，更多人还是停留在法兰西之夏，止步不前。

无论是我和路易丝或者一家人去吃饭，我们都对被困在餐厅里产生了强烈的厌恶感。我们坐在位子上，还没好好吃上一口，我就会注意到从远处投来的目光。紧接着，那些好似熟人的凌厉目光，都会一股脑地投射过来。这种感觉很奇怪，就像是在电视台做了几次采访后，你突然变成了所有人的朋友。

彼时彼刻，你会觉得自己落入十面埋伏。你却无法在每一次都迅速地消失于人海。或许，你只能坐在那里，尽可能地保持风度和礼貌。我无法否认，这样的场景实在让人烦闷。

现在的我，大概是有过之而无不及。如果你在切斯特看到一个刻意弯腰低头走路的人，那应该就是我了。反正，我真的不喜欢在日常生活中被认出来的感觉，名誉这个东西，不是所有人都能驾驭的。

在我看来，杰拉德·霍利尔之所以会在1998/1999赛季来到利物浦，就是由于温格在北伦敦取得成功而产生的连带效应。毕竟，那支夺得冠军的阿森纳让人印象深刻，他们跑得快、跳得高，还很少受伤。他们在1997/1998赛季的加冕实至名归。

然而，不为所动的我们没有迅速改变，大家喝着酒，毫不在意自己的饮食，对于训练也没有任何科学的规划。我并不是要借此抨击时任教练，毕竟在20世纪90年代的英格兰足坛，也就是温格带领阿森纳走向成功之前，绝大多数英格兰球员的习惯都是这样的。

如果说罗伊·埃文斯是标准的老派教练，那杰拉德·霍利尔的到来，无疑让利物浦拥有了开启变革的可能性。只是，在1997/1998赛季开始前，他们在利物浦共同承担主教练职责的场面，还是让人有些纳闷。从我的角度看，俱乐部的任命有点左右为难，在执教利物浦的4年时间，罗伊·埃文斯一直干得不错，特别是1997/1998赛季，我们在3年内第二次拿到了联赛第3名，追平了近7年的最佳战绩。

彼时的利物浦俱乐部高层，正处于抉择的十字路口。他们没有理由开除罗伊·埃文斯，但也觉得杰拉德·霍利尔是不容错过的主帅人选。最终，这两个人并驾齐驱，同时享有了主教练头衔。大家都知道，倘若球队的赛季进程出现波折，其中肯定有一人会就此离任。后来，这样的情况也确实发生了。

很显然，罗伊·埃文斯和杰拉德·霍利尔是完全不同类型的教练。

身为一个拥有出众球商的足球人，罗伊·埃文斯对比赛有着深刻的理解，他习惯在平常的练习中，成为训练场上的主角。

与之正好相反，杰拉德·霍利尔的球员生涯不值一提，却拥有着在各个方面，各个级别运筹帷幄的能力。他拥有把控球队的强烈直觉，能做到的事情，也不只如此。

就算没有依靠球员生涯积攒履历，他在训练课上信心满满，以及布置战术时的恰到好处，都显现着他的经验和能力。我从来没有觉得他的安排有过任何混乱。

顺带一提，就当时的情况而言，主教练是否拥有辉煌的球员履历，是蛮有意思的话题。倘若一位在球员时代拿过欧冠冠军的教练走进了更衣室，他肯定是顺理成章地得到尊重。

比如在皇马任职过多个职位的齐达内。当他第一次走进更衣室时，我实在想不出来，能有哪个球员敢跳出来质疑他。就算不可能一劳永逸，他也拥有着起步前的先天优势。

当然，这并不意味着球员时代没有辉煌履历的教练，就不会得到尊重。但在这样的现实下，他们必须付出更多的努力，去弥补这样的缺失。

在走上教练岗位前，霍利尔的职业是一名学校教师。他没有任何辉煌的球员荣誉，但他的执教风格和能力，依然能得到球员的认可。除了平静沉稳，对待媒体彬彬有礼，霍利尔在初来乍到时就显现了较为严厉的一面。他非常清楚，自己踏入了一个百废待兴的环境，为了让这支球队变得更好，他决意摒弃所有干扰，严格管理球队。

与霍利尔一同来到利物浦的助理教练，名叫帕特里斯·贝尔格斯，这个铁面无私的人，大概从20世纪80年代开始与霍利尔在朗斯队共事了。他们共同进退，相继执教了巴黎圣日耳曼和法国国家队。

尽管刚来到利物浦时的霍利尔，已经算是严苛和强硬的代名词，但贝尔格斯还要更胜一筹。

我很确定贝尔格斯是个正常人，但他真的没有流露过什么情绪。他会不由分说地让那些所谓的超级明星来回来去地跑圈。在精心安排各种身体训练时，他同样是不苟言笑。

不出所料，由霍利尔与贝尔格斯带来的全新制度，在起步阶段就遇到了一些阻力。这件事情其实很正常，大家早都习惯了过去按部就班的生活，并不想轻易尝试新鲜事物。在我的职业生涯中，这样的坚持与反对，几乎贯穿了每一位主教练的任期。

有些人是对贝尔格斯高强度的训练课不满，有些人则抱怨着枯燥无味的食谱，还有人受不了细致严格的队规，比如在热身时禁止球员们互相聊天。不过，随着时间推移，球员们终究适应了霍利尔与贝尔格斯的管理方式。更何况，由量变到质变的过程，让大家看到了这些方法的行之有效。

1998/1999赛季，我在开局阶段最坚定的想法，就是想好好证明自己——那次在圣埃蒂安独闯龙潭的进球，绝对不是我的极限。

我当然知道，我的生活在法国世界杯之后发生了翻天覆地的变化，越是在这样的背景下，我越希望用出众的表现，延续自己的高光状态。我可不想成为那种在外界眼中，匆匆而过，昙花一现的球星。

除此之外，在英超生涯的第三个赛季，我希望能进一步巩固在利物浦球迷心中的位置。几年以前，罗比·福勒就是依仗源源不断的进球，博得了安菲尔德球迷的宠溺，似乎无论他做了什么，利物浦球迷都会无条件地支持他。虽然我的一球成名是发生在英格兰队，但我很有信心，可以在俱乐部层面再接再厉。

1998/1999赛季的季前热身赛，利物浦9战6胜，收获16球，我却只在对阵利兹联时有一球入账。但在赛季全面开启后，斗志满满的我很快找到了进球节奏，一通操作下来，我很难再奢求更好的个人开局了。

由于罗比·福勒遭受十字韧带重伤，埃文斯和霍利尔决定以我和里德尔作为先发搭档。1998年8月16日，赛季第一战，我们在客场2比1击败南安普敦，我和德国人分别收获了进球。

在主场与上赛季冠军阿森纳互交白卷后，我们在圣詹姆斯公园球场4比1横扫了纽卡斯尔联，仅仅用去上半场的半小时时间，我就收获了当赛季的首个帽子戏法。一个多月后，利物浦在安菲尔德5比1击败诺丁汉森林，我轻而易举地在主场奉上了"大四喜"。

可以说，我们在对阵纽卡斯尔联时的顺风顺水，就是那段时间的典型缩影。作为纽卡斯尔联的主教练，曾经的"荷兰三剑客"之一——

鲁德·古利特，一直要求他的球队打出漂亮的攻式足球。但不幸的是，在1998年8月29日下午，利物浦才是以进球主宰比赛的球队。那天，我在上演帽子戏法之后，做出了那个著名的"搓手庆祝"。很多人都问过我，那个动作究竟是什么意思。好吧，那可是来源于一段有趣的背景故事。

很多人都知道，我们作为职业球员，通常能在客场比赛前享有一些福利——每个人都能得到俱乐部提供的两张球票。如果亲朋好友要票的人太多，比如卡拉格，他就只能向队友寻求帮助了。我和卡拉格一直是球队出征客场时的室友，那时候，大概在比赛前三四个小时，我们的酒店房门，就会被那些向他索要球票的人频繁敲响。

在对阵纽卡斯尔联当天，卡拉格爸爸的朋友汤姆，来到了我们的房间。那是1999年8月末，法国世界杯的余温还没有完全消散，所以，他在看到我之后既紧张又兴奋。

我们随便聊了几句，汤姆一直站在这里，老是不由自主地搓着双手。他的样子很有意思，我和卡拉格都哈哈大笑。

临别之际，我特意告诉汤姆："如果今天进球的话，我就为你做一下这个搓手的动作。"

开场仅仅17分钟，我就在圣詹姆斯公园球场先拔头筹，但我却把这件事忘了个干净。又过了一分钟，我梅开二度，还是没想起来。直到卡拉格在庆祝时提醒了一句："我还以为你要搓手呢。"我才想起了自己许给汤姆的承诺："哦，我的天，我忘得一干二净了！"

上半场第32分钟，纽卡斯尔联根本无力阻挡我上演帽子戏法。这一次，我终于微笑着，搓了搓手。

说来有趣，在看到我的动作后，跑来庆祝的保罗·因斯也没有闲着，他并不知道这背后的故事，但还是把简单的搓手庆祝动作玩得不亦乐乎。很少有人知道，那个名叫汤姆的家伙，才是这一切的"幕后大佬"。

现在想想，从比赛第一次触球开始，我就知道今天的状态非常好，但谁又能想到，我在圣詹姆斯公园的发挥，远远超出了自己的预期。

当天负责防守我的纽卡后卫，是英格兰国脚斯图尔特·皮尔斯。我俩之前没有任何恩怨。不过，就在大家准备就绪，即将开球时，他专门向我吼了一句垃圾话："孩子，你今天就小心点儿吧。"

我心想着："这大概就是你被大家叫作'神经病'的原因吧。"但我并没有搭理他。

年纪轻轻的我很清楚，与对手叫嚣，说点垃圾话，真的没什么实际意义。这么多年，我可能只有一次做出了回击。考虑到我经常会受到对方后卫的挑衅，能长久地保持冷静着实不易。

回溯2003年4月，我在默西塞德郡的德比大战中，听到了埃弗顿后卫阿兰·斯塔布斯的"口吐芬芳"。他对我的言语攻击没有特别过激的部分，算是比较常规的"嘴炮"。但在那一天，我确实被他的挑衅激怒了。

所以，在我为利物浦打进一球后拿着球经过他的身边时，我对着斯塔布斯大喊道："来啊，你继续满嘴'喷粪'啊？"你看，在球场上的我，和那些广告里的形象截然不同。

过嘴瘾的感觉当然很爽，但也只有那一次而已。最终，我们在同城德比中拿下了胜利，我与斯塔布斯也没有留下什么恩怨。大家都知道，他是个很可爱的家伙。

言归正传。虽然霍利尔为利物浦带来了新理念和新文化，但所谓一蹴而就的成功，并没有在安菲尔德球场出现。

1998年11月，当我们连续输给莱斯特城、德比郡和利兹联之后，两位主教练同时执教的奇葩模式，终于结束了。在取得123胜、63平、58负的战绩后，罗伊·埃文斯离开了利物浦。

对于罗伊的卸任，我感到非常遗憾，作为年轻队员，我深知第一任主教练带来的影响，是往后任何教练都无法比拟的。在那个青涩稚嫩的年龄，他留下的建议和忠告，将会跨越任期一直与我相伴。罗伊·埃文斯，就是在他的任期内，我才获得了第一次代表利物浦首发出场的机会。无论多少年过去，我会永远对他抱有感恩之心。

第七章
冷战

1998年12月，我第一次获得了"BBC年度最佳体育人"的殊荣。只是，由于在塞尔赫斯特公园球场遭到克里斯·佩里的肘击，我的眼睛变成了"乌眼青"。与那些家喻户晓的明星一起出席盛会，这让坐在格伦·霍德尔身边的我喜上眉梢。对我而言，能得到BBC的提名，就是至高无上的荣耀了，能拿到这个重量级的奖项，真的有些不太真实。另外，很多人可能都不知道，格伦·霍德尔执掌英格兰队的日子，已经进入了倒计时。

就像我说得那样，霍德尔在执教的很多方面，都有着自己的独到见解。从战术角度看，他绝对是我合作过最高水准的英格兰教练。只要有他坐镇，你就会对球队的夺冠抱有信念。唯一遗憾的是，英格兰队在2002年到2006年拥有一批世界顶级球员，我们却没有机会听从霍德尔的指挥了。

当然，任何一种行为处事都有两面性，当霍德尔的精明与敏锐引发出一些古怪行为时，并不是每个人都愿意承受。我很清楚，霍德尔有能力去思考很多非常规的事情，他是个很典型的思考者，一直在涉猎新奇的知识和思维，他的不走寻常路真的非同一般。

艾琳·德鲁里，霍德尔在执教英格兰队期间找来的"外援"。尽管并不是登记在册的官方人员，更不会和球队同框出镜，但英国媒体可是对她穷追猛打。毕竟，只要到队的球员，都会得到霍德尔的建议，让他们抽空找艾琳·德鲁里聊一聊。

首先要声明一点，我对那些形而上的东西没有兴趣，我绝对是坚定的现实主义者。

鉴于艾琳·德鲁里的主要工作，就是集中于对灵魂的拷问和天使的信仰，所以当教练问起我是否愿意与她交流时，我基本都持有反对意见。毕竟在还没落座之前，我就对她的"话疗"深表怀疑。

艾琳·德鲁里与我讨论的事情，并没有改变我的态度，包括她所说的我的肩膀上是否会在某个特定时刻迎来自己的精神敌人。

对于艾琳·德鲁里所相信的东西，我保持了足够的尊重，霍德尔亦是如此。但很显然，这与我的所思所想没有关系。听着她的讲话，我坐在那里有些不太自在，如果不是主教练下达了指令，我应该不会去找她的。

对于英格兰足坛而言，霍德尔的能力毋庸置疑，但对于整体的执教理念和体系，并不是所有人都会买账，一些唱反调的媒体便鸣鼓而攻之。在我的印象中，他的类似行为就遭遇过舆论的嘲笑。

如果将霍德尔的言行，都归咎于艾琳·德鲁里的影响显然是不公平的，我也不可能完全知道，他在那个执教时期的所言所想。但没办法，记者们可不会放过对此大做文章的机会，他们进行了彻底的调查，以白纸黑字的方式进行了呈现。

顺带一提，那些热衷于传播霍德尔怪事并以此为乐的记者，并没有遭到过反击。但是，霍德尔在英格兰队的很多尝试，都在近年成了球队

第七章 冷战

运转的标准流程。

比如，如果现在还有哪支球队不给球员提供心理指导，这家俱乐部就真的落伍了。说来奇怪，都是在球员的心理层面下了功夫，但霍德尔曾经的努力，只是遭到了英国媒体的讥笑。毫不夸张地说，他的理念足以把英格兰足坛的大部分人都甩出了10年到15年。

霍德尔在英格兰队的终曲，直接开启了球员与媒体的冷战。双方的关系几乎难以维系。似乎我们接受的每次采访，都在记者的添油加醋下变成了所谓的恶意攻击。无论我们说什么都会遭到误解。没过多久，球员与媒体的关系日趋恶化，甚至双方都没法再信任彼此。一时间，大家对各种类型的媒体都是避之不及。

当我们的注意力已经不再集中于场内，而是放在与媒体的博弈时，绝对不是好事情。在我们眼中，那时候的新闻发布厅，和狮子的巢穴没有两样。虽然对于参加新闻发布会这件事，我没有多余的负担，但一想到你说出的话，很可能会被歪曲误解就实在让人头疼。只要没被点名出席新闻发布会，我们都会长舒一口气。

在我们变得小心谨慎后，媒体开始抱怨他们的工作愈发难做。他们希望双方可以互相理解。但很显然，他们才是更需要改变现状的一方。

大家都清楚，我们会在某些时候面对一些尖锐的问题，这是很正常的。当每家报纸都想靠着吸引眼球来独揽销量时，"标题党"的出现就不奇怪了，舆论环境也变得越来越糟。不少英国媒体都是搬起石头砸了自己的脚，给球队制造了不少麻烦。幸好，现在的情况已经有所改变，双方都能保持应有的尊重。

再先进的执教理念，也无法改变格伦·霍德尔与英格兰队分道扬镳的事实。1999年2月，在群情激奋的舆论风暴中，他一声不响地离开了，只留下失望的我们。

很多人都觉得，由于过往一些欠妥的言行，格伦·霍德尔可能早就失去了对更衣室的控制。但事实并非如此，就算是最艰难的1998年秋天或者2000年欧预赛的开局阶段，我们的球队内部依然可以保持稳定。

不可否认，在执教英格兰队期间，霍德尔与大卫·贝克汉姆的关系不算和谐。考虑到大卫对于英格兰足坛的象征意义，他可不是敌对理想的人选。

对于这样煽风点火的机会，好事的英国媒体可没有放过，他们又一次炒作，夸大了事实。在此之前，关于霍德尔对我的评价，他们也曾如法炮制。

那一次，在翻开报纸读到霍尔德的言论时，我真的有些困惑不解。很快，霍德尔打来电话："那帮记者又对我的话断章取义了。"他解释道，他原本的意思是迈克尔绝不只是一个机会主义者，但在媒体的曲解下，那一句引语却变成了"迈克尔并不是天生的射手"。

经过一番解释后，我领悟了霍德尔给予的褒奖。他非常确信，不断取得进步的迈克尔·欧文，早就不是那个禁区内的机会主义者，而是有能力突破空间的限制，去完成更多的任务。对此，我深以为然。在1998年法国世界杯的圣埃蒂安之夜，我的表现就是最好的证明。

对于霍德尔的特意致电，我内心深表感激。首先，他打消了可能由误报产生的误会；其次，获悉了来龙去脉的我，也能在之后从容应对前来挑事的媒体，尽量平息事端。

对于足球领域，我将霍德尔视为标准的"战术大师"，在他大胆启用3-5-2阵形时，我总能感觉到这个体系提升了我们的战斗力。而在待人接物方面，我同样对他抱有信任和尊重。在我看来，不止于土生土长的身份，他绝对称得上合格的"三狮军团"主帅。

在格伦·霍德尔卸任后，另一位本土教练凯文·基冈，接过了英格兰队的教鞭。但在他与英足总签约前，还是有一些怪事发生。

鉴于后来几年的浓墨重彩，如果有人还能记得，霍华德·威尔金森曾经在1999年和2000年两次成为英格兰队代理主教练，我感到挺惊讶的。我对他没有任何冒犯的意思，他是一个很好的足球人，当霍德尔的离开留下一片喧嚣时，他的突然空降暂时填补了主教练位置。

但在球员视角中，为威尔金森效力的那段时间算不上美妙，在他的指导和安排下，我们似乎坐上了一台时光机，大家一同回到了遥远的20世纪70年代。

仅仅是平常的训练课，威尔金森的布置就让我们摸不着头脑，他还现场指挥了两场比赛。记得在迎来与法国队的热身赛时，当我们坐在空调大巴车上，等待抵达训练地点时，威尔金森竟然把我们拉到了一块几乎废弃的球场。

"来吧，我们就在这练练定位球。"他说道。

那一刻，我们所有人面面相觑，然后向他投去不解的目光。这样的安排实在太业余了。

"拜托，他是认真的吗？"

在这个问题上，我们绝不是耍大牌抑或摆架子。威尔金身太落伍了，他看起来不知道也不太在意，当时的世界级球队究竟需要哪种级别的训练设施。在后来同法国队的友谊赛中，我们在温布利大球场0比2输掉了比赛，我首发出战了60多分钟，毫无建树。

友谊赛结束后，来去匆匆的威尔金森交出教鞭，一段不尽如人意的代理期画上了句号。从头到尾，没有谁知道他究竟在想些什么，可能连他自己也晕头转向吧。

至少表面看上去，作为正式继任者的凯文·基冈，可以为英格兰队带来更多有用的东西。从舆论的反响看，他算得上是众望所归的人选，我们球员也认为，基冈可以给这个位置赋予无限的能量。

显而易见的是，我们可以从基冈身上感受到很多积极的东西：激情、活力，还有对外的妙语连珠。他总能毫无畏惧地站在话筒和镜头之前。

无须多言，谁能忘记基冈在1995/1996赛季面对天空体育的激情呐喊呢？哪支球队不想拥有这样一个身先士卒的主教练？只是，我跟基冈的共事，并不是"确认过眼神"的长久和谐。

就在基冈接手"三狮军团"时，我遭受了职业生涯的一次重大打击，彼时的我，就像是大海上的泰坦尼克号——一片歌舞升平，却忽略了海平面下的冰山。

毫不夸张地说，1998/1999赛季发生的很多事，直接改变了我的生涯走向。1999年4月12日，利物浦在埃兰路球场与利兹联互交白卷，我不仅没能进球，还不幸撕裂了腿筋。谁都没有想到，那次受伤竟然成了我整个足球生涯的梦魇。

多年以后，我在德国世界杯上弄伤了自己的膝盖，理论上讲，那些伤病不会留下什么后遗症，我基本可以恢复到受伤之前的状况。

相较而言，腘绳肌的伤势就要复杂很多了，特别是在我身上，由这种伤势带来的影响持续不断，难以遏制。这是我在受伤时根本没有预料到的情况。

人类的两条腿，各自由三块腿筋肌肉作为支撑——股二头肌、半膜肌和半腱肌，这三块肌肉组成腘绳肌。在跑步过程中，它们起到的作用和功能截然不同。倒霉的是，我两条腿的肌肉都遭遇过严重的撕裂。

当受伤的情况发生时，所谓的正常发力，会导致受损的腘绳肌发生反冲。我有过那样的感觉，肌肉的一端落在了膝盖后面，另一端则靠近了我的臀部。

现在，这种伤势的治疗都是直接进入手术环节，简单明了。而撕裂或断裂的部分，都会得到检查和修复。

我之所以对此较为了解，因为在2010年为曼联出战联赛杯决赛时，我遭遇了相同的伤势。虽然一度为"红魔"扳平比分，但由于左腿腘绳肌受伤，我在上半场就退出了比赛。对于足球运动员来说，那是一次很严重的伤势，我在后来不得不接受了手术，休养时间大概持续了四五个月。但依据正确的诊断和科学的恢复，我现在左腿上的肌肉已经完好

第七章 冷战

无损。

然而，在略显遥远的1999年，接受手术并不是直接的选择。本应该尽快复位的肌腱，就被留在需要重新连接周围组织的地方。

就这样，在我年仅19岁时，速度出众的我就失去了一条右腿肌肉的支持。人们也许会问，这样左腿正常，右腿重伤的情况，究竟会对球员产生多大的影响呢？

仅仅正常的跑步，区别并不是特别大，甚至在剩余的职业生涯中，我也习惯了缺少三分之一力量的右腿。不管怎样，那时的我只有接受这样的现实，去适应突然出现的"失衡状态"。久而久之，由于要把运动压力集中到其他肌肉群，这样超负荷的方式，可以弥补缺口，却也是又一次受伤的隐患。

对于一个以速度和爆发力为特点的球员来说，左右腿力量的不均衡，终究是长期的大麻烦。

在1999年4月，我对于那次肌肉的伤势，还没有这样详细的了解。回想一下，就是从那时起，我的足球生涯迎来了不可逆的拐点，开始经历着缓慢且痛苦的下滑。每每想起此事，我觉得自己本来能得到截然不同的结果。

在埃兰路球场因伤下场后，我在当地酒店住了一夜。正好英国最顶级的腘绳肌专家待在利兹，我和俱乐部便决定向他寻求帮助。翌日一早，在协助我完成医生的预约后，俱乐部其他人乘坐球队大巴车，提前返程了。通过这位专家的检查，我的伤情已经清晰明了——肌肉撕裂。自此之后，我便开始了静养。

圈外人大概不太清楚，当时的利物浦俱乐部，只有一个队医和一个理疗师。我听说，他们还是兼职工作。对于受伤的球员来说，这可不是什么好事。相比现在的顶级豪门，这些尘封往事都让人不可思议，两三个医生外加五六名理疗师，已然是当下很多俱乐部的标准配置了。

1999年5月初，我悄无声息地前往巴巴多斯，提前开启了自己的假期。基本上，我在那里就是放空静坐，没什么事干。关于伤病的恢复过程，我得到的唯一指示就是静养。

那个年代，足球世界的运动医学还没有太多科学性可言。

休赛期结束前，我特意去了康沃尔，与球队理疗师马克·莱瑟共度了一周。为我的下一阶段的康复期做好准备。莱瑟帮助我完成了一些基本的调理环节，包括轻微的拉伸和下肢的推拿。总体来说，我的恢复还算不错，但距离"满血复活"应该还有几周时间。

说真的，我非常想把自己的动力和状态保持下去。在1998/1999赛季，霍利尔的英超处子季并不算理想，利物浦只拿到第7名，前者还在适应从法国足球到英格兰足球的转变。虽然在赛季末段受伤，我缺席了很多场比赛，在群星云集的该赛季射手榜上，我还是以18球（所有赛事40场23球）与哈塞尔巴因克、德怀特·约克共享了英超金靴的荣誉。如果不是埃兰路球场的飞来横祸，我绝对有机会独享荣誉的。

在1999/2000赛季开启时，霍利尔已经排除干扰，独占了利物浦主帅职位。自然而然，法国人从转会期策略开始，就要让这支球队贴上他的专属标签。

在那个夏季转会窗，利物浦从国内外完成了多笔引援交易，我在结束休假回到球队后，在更衣室看到了很多陌生的面孔。荷兰前锋埃里克·梅耶尔、前马赛球员蒂蒂·卡马拉、从威廉二世签下的萨米·海皮亚，还有出自降级球队布莱克本可能与前者组成中卫搭档的瑞士人斯蒂芬·亨克兹。

我与霍利尔聊过球队的引援计划，在谈到需要的后腰人选时，我提出了建议："教练，迪特马尔·哈曼怎么样？"霍利尔没有很快回应我，他只是眨了眨眼睛，一切尽在不言中。原来我们已经搞定了！现在想想，这样有趣的过程，让我在认识哈曼之前，就与他产生了一种特殊的联系。

哈曼和我拥有很多相同的爱好，比如赛马、高尔夫，还有适时适量

第七章　冷战

的小酌。凭借始终如一的积极态度，他让自己的日常周遭都充满着感染力，而且，他玩得也不错。

对于哈曼在球场上扮演的角色，我有过很多思考。在外人看来，那并不是一个很需要才能的位置，承担的任务似乎也不算很难。但事实上，那可是比赛中最强调纪律性的位置，哈曼依然能尽职尽责。

哈曼并不需要成为场上最快或最具运动能力的球员。他只需要抵挡住前插进攻的诱惑，稳稳地把控至关重要的中场区域。他的任务不会让人兴奋，但必须守住自己的位置，这样的恪尽职守，他总能踢出很好的比赛。我相信很多利物浦球迷都非常认可，能从纽卡斯尔联引进哈曼，绝对是一笔美妙的交易。即便在我离开安菲尔德之后，无论球场内外，哈曼一直都是我非常要好的朋友。

当利物浦的更衣室辞旧迎新时，我却只能在赛季开始时充当因伤休战的看客：1999年8月7日，赛季揭幕战，利物浦在客场2比1击败谢周三，福勒和卡马拉各入一球。

在整个季前备战期，关于我是否可以参与训练的问题，霍利尔和马克·莱瑟的意见存在着分歧。他们的对话大概是这样的——

"迈克尔需要参加全队合练了。"霍利尔说道。

"不行，他的腿还没有准备好。"莱瑟很坚持。

常理来看，作为理疗师的莱瑟说得没错，大家都知道，腘绳肌的伤势基本都需要四五个月的时间休养。而我的康复时间，前后加起来只有两个多月，更不用说，我几乎没有完整的理疗，只在科沃尔进行过很简单的身体恢复。虽然赛季已经开始，但我的身体状况还非常脆弱。

没过多久，关于我能否上场的问题，霍利尔与莱瑟的各执己见无法调和。作为这个僵局的结局，莱瑟最后与俱乐部协商解约，直接离开了利物浦。

在伤病恢复的前前后后，我对于俱乐部的疏忽大意难以理解，放到今天的足球世界，大家真的会被那时发生的事情惊呆。众所周知，在现在的体育医疗体系中，球员与伤病的缠斗，需要一个循序渐进的过程。从找回柔韧性，到增加训练量，绝对不能操之过急。但在那时，很快便参加全队合练的我，并没有做好充足的身体准备。

如此具有时代烙印的行业现象，利物浦并不是个例。我只是很遗憾，自己在当时遭遇了这样的重伤。其实没过几年，只要是腘绳肌受伤的球员，便开始接受手术治疗了。或许，在整个职业生涯中，我本能保持着极具破坏力的超强速度。

很遗憾，这样的假设永远不会发生了。这次烦人的肌肉伤势，成了一系列连锁反应的导火索，直到我在 2013 年宣布退役前都未能改变。道理很简单，我是一位非常依赖爆发力的球员，总是尽可能地去追求极致的速度。正因如此，哪怕我的双腿力量下降了 1% 的强度，随着时间的推移，我都会在其他部位感受到越来越多的损耗：大腿、腹股沟、肌腱、膝盖……

在缺席比赛的日子里，不可能有魔法助力的我专注于恢复，希望能更早地踢上比赛。1999 年 8 月 28 日，利物浦主场 2 比 0 击败阿森纳，福勒和博格各入一球。我在这场豪门对决完成了复出，只是，我的身体状况实在太差了，唯有生疏的感觉。

我自感并不是一个弱小之人（毕竟还年轻，我觉得自己依然能跑得够快），但在 1999/2000 赛季的很多时候，我确实很担心自己脆弱的腿部肌肉。

好在，我的进球能力并没有受到太大影响。在第 7 轮面对莱斯特城独中两元。重建自信后，我经历了一段时间的等待，然后在第 15 轮对阵桑德兰时，贡献了打开僵局的客场进球。待到赛季收官时，利物浦位列积分榜第 4 名，拿到了欧洲联盟杯的资格。

相较于之前两个赛季的高产，我在 1999/2000 赛季只收获了 11 个联赛进球，所有赛事的总数据也仅有 30 场 12 球。

我知道，这都是伤病惹的祸，那个赛季太令人失望了。

第七章 冷战

那年夏天，荷兰和比利时联合承办的欧洲杯来了。我还记得在马不停蹄的备战过程中，我明显感觉到了自信心的缺失。

由于有1998年世界杯和连续两季英超金靴的成绩打底，我还是顺利地入选了凯文·基冈挑选的欧洲杯参赛名单。也许有人会认为，在享受了舆论的吹捧和表扬后，我在英格兰队更衣室的地位应该有所上升。从个人的角度看，事实并非如此。

回想2000年欧洲杯预选赛，英格兰队的初段表现不能让人信服。这也直接导致霍德尔在预选赛期间离开了球队。1999年3月27日，我们在温布利大球场3比1击败了波兰，那是凯文·基冈上任后的首场比赛。

在接连与瑞典、保加利亚和卢森堡交手后，我们前往华沙，迎来了与波兰争夺小组第二名的生死之战。经过90分钟鏖战，我们互交白卷。经过一番复杂的数学计算后，英格兰队以更好的小分战绩力压波兰（英格兰面对波兰1胜1平），获得了出战欧预赛附加赛的资格。

1999年11月，我们迎来了主客场附加赛，此役，不容有失。对手是并不陌生的苏格兰队。两回合结束后，我们以2比1的比分战胜苏格兰，晋级欧洲杯决赛圈的比赛，但全队的表现缺少说服力。可以说，我们只是跌跌撞撞地拿到了门票，再无可取之处。

单从场上的状态看，我在英格兰队的表现算是不辱使命。尽管因为伤病的困扰，我经历了支离破碎的1999/2000赛季，但"三狮军团"的首发位置，我依然有能力胜任。特别是在2000年5月，我还在与巴西队的热身赛中收获了进球，两队在温布利大球场战成了1比1的平局。

然而，事情并没有想象的那么简单，在欧洲杯备战过程中，我明确地感觉到，凯文·基冈希望我能彻底改变自己的踢法。

在锋线人员的安排上，阿兰·希勒依然是凯文·基冈的首选，这是合情合理的。可是在我看来，只要能发挥出全部能力，我的作用可以和他不相上下。

我实在搞不明白，基冈为什么想让我减少在前场对球门的威胁，转而让我充当策应，为其他队友创造更多的空间和机会。尽管在过去几年，我确实丰富了自己的踢法，但类似的辅助角色和技术，终究不是我的强项。况且，我的身体条件也会限制自己的策应能力。

我从来不是那种能压制后卫的角色，我都是瞅准时机和角度，直接闪过对方制造威胁。不同于希勒很习惯跟后卫进行缠斗进而抢占优势，我总是把贴身的对手过掉，这促使他们之后倾向于保持距离。我的踢法确实不算单一，但总有个强项和弱项之分。

基冈的战术布置让我摸不着头脑。由于让我强行做出改变，适应并不擅长的踢法，我在他的训练课上无法享受其中。

事后看来，我有一种被他们针对的感觉，不仅是基冈本人，还有他的助手德里克·法扎克利。如果类似的感觉只是个例，我大概会觉得是性格不合。这在足球圈算不上什么新鲜事。但说起来，史蒂文·杰拉德可是跟我一样，对基冈和德里克·法扎克利有着相似的看法。

我可以负责任地说，就连杰拉德都没有想到会被基冈突然纳入欧洲杯的计划。所有人都知道他的能力和潜力，但他在英格兰队还没有丰富的履历。之于那届赛事，杰拉德本来要在一场比赛担当首发，我记不清对手是谁了，但在比赛之前，他却意外受伤了。

可想而知，杰拉德非常沮丧，我就在休息时间到他的房间，想给予一些安慰。杰拉德的无奈感叹，我也曾经感同身受过："我在奔跑的时候，就感觉大腿、腹股沟或者腘绳肌要拉伤……"他的挫败感，溢于言表。

其实在小时候，杰拉德的个头还没我高，走上足球之路后，他经历了一个快速的身体发育期。或许，就是在这样的成长过程中，他的肌肉还没有适应巨大的变化。如果想慢速长跑的话，他就有可能抽筋。

那时候，杰拉德的周围没有人来嘘寒问暖，也没有加油打气的声音,比如,"别担心,你只需要两周就能恢复了,我们还能去欧洲杯"。

基冈在圈里的口碑并不算差,很擅长激励球员很多人都将他视为出色的教练。我很愿意相信他的能力,但随着时间推移,很多初期的预想,都呈现出截然相反的情况。在他执教英格兰队时,我在比赛中只有糟糕的回忆。至于场外的氛围,他推崇的管理模式倒是比霍德尔轻松不少。

不同于让球队与世隔绝、杜绝干扰,基冈在我们比利时斯帕的基地中,安设了不少休闲娱乐的项目,包括游泳、乒乓球、弹子机,以及一个可供全队分析录像或观看赛马的地下放映室。备战之余,大家在那里结伴玩耍,过得很开心。这完全不同于1998年世界杯备战期的严阵以待。

每逢重大赛事来临,来自舆论的压力总会接踵而至。彼时,英国媒体将矛头指向了队内的赌博氛围,因为知晓了我们平常的赌局,以及小团体总在大巴车上打牌的事情,他们第一次大张旗鼓地报道了此事。

一直以来,我都不太明白媒体对此满腹牢骚的原因。有人说,球员炫耀钱财是不好的示范,还有人说,如果赌博的金额太大,会影响到我们在场上的表现。

他们可能觉得,我们作为球员与其玩牌享乐,不如将更多的精力专注于足球本身。反正,无论是何理由,英格兰队又被推上了进退两难的舆论漩涡。

值得一提的是,关于赌博这件事,我们还有另一个队内传统——自做盘口。1998年世界杯期间,希勒和谢林汉姆就是我们的庄家,在其他球队开始比赛前,我们都会聚到一起随便赌点现金。两年过去,传统延续,但担任庄家的人变成了我和希勒。我们会在每天早上迎来一些队友,他们根据判断和喜好,试试自己的运气:"今天亨利进球,我押个20英镑吧。"

回想法国世界杯时,这样的队内传统让我有些敬畏。不过,我还是很喜欢自家开盘的方式——大概每场比赛，他们都能拿到两三千英镑现金。当然，等到2000年欧洲杯正式跻身为队内庄家时，我就更加乐在其中了。

我记忆犹新的那场比赛，有一支来自斯堪的纳维亚半岛的球队参与其中。在下注过程中，大家齐心协力，想把我和希勒打垮。如果这支北欧球队获胜，我们作为庄家就要输掉几千英镑。

那一天，我们在各自房间关注着比赛的动态，大家都是翘首以盼。最终，他们期待的结果并没有出现，那二十几个人只能嘻嘻哈哈地敲打着我们的房门，要求得到一些赔偿。这样的小趣事真的很有意思。

当媒体得知我们赌博的事情后，他们非常震惊。在我看来，他们无法感受到，我们在异国他乡的孤独和无聊，他们也不关心，这样集体性的看球和玩球，同样是促进团队化学反应的手段之一。那些记者只是一味地放大了消极和负面因素。

对于我们而言，无论是队内做盘抑或其他游戏，都只是让我们在远离亲朋的日子里，找点乐子而已。大家不在乎输掉了多少钱。以我为例，我从十几岁起就热衷各种游戏，但其中的输赢结果，从来都不是我的重点。

另一个被媒体忽略的事实是，我们在这些赌局中的开销，还比不上一个周薪250英镑的打工者不小心在大街上弄丢了20英镑。

我的大哥就是个典型的例子。虽然他的周薪只有300英镑，但在给赛马下注时，他毫不犹豫地就能甩出50英镑，连眼睛都不眨！

我说这些并不是要以此炫耀什么。无论在赌局中输掉多少，大家作为职业球员都不会让自己在欧洲杯的表现受到影响。对于不成功便成仁的足球世界，如果英格兰队在欧洲杯提前打道回府，这些事情一定会被媒体抓住，并且不断放大。倘若能打出好成绩，谁知道一切会不会风平浪静呢？

2000年6月12日，欧洲杯A组第一轮，英格兰队在埃因霍温对上葡萄牙队。直到比赛开始前，基冈都在犹豫是否把我的名字写入首发名单中。最终，他做出了常规选择，将我和阿兰·希勒列为锋线搭档。在我们两球领先被追平进入中场休息时，基冈在更衣室直言不讳地对我发问道。

"你在场上干什么呢？我早跟你强调过了，你要更多地回撤，为队友做更多的策应。"

在我看来，我们在上半场可是打出了不错的进攻，仅仅20分钟战罢，斯科尔斯和麦克马纳曼的进球就让英格兰队两球领先。然而，基冈的想法显然与我相悖，他在众人面前质疑我的发挥，并且直接做出了换人调整——确定加盟利物浦的赫斯基顶替了我的位置。在不得不脱下球衣，换上运动服时，我真的有些无法理解：这到底是什么情况？

下半场伊始，比赛形势急转直下，伴随着努诺·戈麦斯在第59分钟攻入反超进球，我们在开局阶段建立的优势荡然无存。最终，英格兰2比3不敌葡萄牙，小组赛首战即遭败绩。

很少有人知道，那一战最奇特的事情其实是发生在赛后。"别担心，你在下一场小组赛还是首发前锋。"基冈特意找到我，许下了这样的承诺。

而后，关于我在比赛中承担着职责和任务，他又向我解释了一遍——更多控球，更多策应。对于那些杂乱无章的信息，我其实并不买账。我很清楚，如果赫斯基在这场比赛进球了，那我在下一场比赛的命运，只能是充当看客。基冈的亡羊补牢，没有任何意义。

接下来的一周，基冈依然会在训练中将我单独点出，然后进行一些在前场拿球和传球的练习。以我的感觉，这些都是我小时候才会接受的基本训练，反正，这些技术从来不是我拿到两次英超金靴的保证。6月17日，比利时沙勒罗瓦，我们在第二战对阵老冤家德国。又是刚过60分钟，我就被基冈替换下场——只有20岁的杰拉德接替了我的角色。球队1比0击败了德国，因为在基冈的战术体系中举步维艰，我的脑子一团乱，完全找不到应有的节奏。

　　三天之后，小组赛生死之战，对手是难缠的罗马尼亚。上半场结束前，我的压哨破门一度帮助英格兰队逆转比分。进球之后的庆祝，我自然而然望向了替补席，与身在指挥区的基冈四目相对。那一刻，我真的很想做一个捂耳朵的动作，亮明自己的态度。最终我没有这么做，但没过多长时间，我就后悔了。

　　尽管为英格兰队打进了关键进球，但同第二场一样，基冈又在第60分钟将我换下。记忆之中，我在2000年欧洲杯的标志性场景，就是经常关注着替补球员的热身情况。每场小组赛，我都是那个被基冈早早换下的球员。

　　诚然，这些个人插曲由于球队的落败而无足轻重了。因为菲尔·内维尔送出点球，罗马尼亚3比2战胜英格兰，获得了至关重要的3分，与葡萄牙携手出线。而一胜两负的英格兰队，则早早地打道回府，留下了令人失望的结果。

　　对于我的国家队生涯而言，那是一段极其暗淡的时光。

第八章

登峰造极

　　包括弗格森在内的很多圈里人都说过，他们觉得我在生涯初段被过度消耗了。他们认为，正是因为在年轻时踢了太多比赛，身体机能下降得太快，我才会在后来接连不断地遭遇伤病。弗格森甚至表达过，假如我出道时选择了曼联，他对我的使用应当会谨慎不少。

　　听起来，这样的说法只是"马后炮"。毕竟在执教曼联期间，弗格森麾下的一些青年才俊，也曾年纪轻轻时就疲于奔命。

　　众所周知，每个年轻球员的情况是截然不同的，可能并没有多少球员，要像我一样出战每一分钟的国字号赛事，还要代表英格兰U20青年队去马来西亚出战世青赛。或许正因如此，弗格森爵士才会觉得，他把自己的年轻球员保护得更好。

　　那我的想法呢？

　　至少以我的认知看，我不会觉得假如自己少踢一点比赛，那些伤病就相应地减少。这可不是简单的逻辑是非。

　　多年以来，我遭遇的伤病基本都与肌肉有关，甚至脚部骨折和后来的膝盖韧带撕裂，也是由肌肉引发的连锁反应。这大抵是遗传基因的问题，我的肌肉属于容易受伤的类型，一切生而有之。

无论是当过15年职业运动员的父亲，还是我的哥哥，他们都无法规避掉肌肉拉伤的问题。没办法，我们一家人的速度都很快，但也因为这样，大家都会受到肌肉问题的折磨。这就是我们家族的命运。

大哥特里已经49岁了，即使现在，他依然能和一帮二十多岁的小伙子做着循环训练，也不会在短跑冲刺时认输。但就像我一样，肌肉伤势的侵袭，总会时不时地找上门。

综上所说，我心里很明白，无论自己的年龄是多少——18岁、25岁抑或35岁，有些事情注定会发生。

无论只有5次出场，还是高负荷的500次出场，那些容易出现的肌肉问题，或许就是我无法避免的难题。在整个职业生涯中，伴随着一些阴错阳差，我总是反复地迈入同一条河流。

当然，弗格森爵士有一个观点不无道理，从1997年到2000年，利物浦俱乐部确实应该更适度地使用我。

遗憾的是，在那几个赛季，利物浦完全没有像曼联一样的人员配置，当弗格森可以在每周轮换谢林汉姆、安迪·科尔、索尔斯克亚和约克的锋线搭配时，利物浦却只拥有我和福勒的固定配置。回溯那几个赛季，我和他都受到了或大或小的伤病影响。

我们能怎么办呢？

我总是习惯以更积极的角度去看待事情，如果在十八九岁时得到了更好的保护，或许我可以拿到的英超金靴，就不止两个了。

说到另一个假设，假如我在出道前选择了曼联，而不是利物浦，我的生涯轨迹会大相径庭吗？这么说吧，一个赛季只出场5次的"红魔菜鸟"，可能拿到前往法国世界杯的机票吗？没有登场比赛的机会，没有夺人眼球的进球，我怎么可能得到霍德尔的关注。

面对这样的理论假设，弗格森爵士肯定自有他的理论："如果真是

第八章 登峰造极

这样，你一定会在下届世界杯大放异彩。"

在我看来，我并不在乎自己的巅峰期是 18 岁或者 30 岁。或许，我在很小的时候，就做好了一飞冲天的准备。对于这些经历与过往，我无意做出任何改变。

回首 18 岁到 22 岁的荣耀时光，进球、英超金靴，还有至高无上的欧洲金球奖，都是纷至沓来。你怎能将这样的履历归为犯下的错误呢？欧洲金球奖可不是什么错事，我就是凭借于此达到了职业生涯的巅峰。从出道到登顶，整个过程仅仅用了 4 年时间。

总有人吹毛求疵地说："你本可以有一个巅峰期更长的职业生涯。"但我觉得，那大概是我可望而不可即的彼岸。我的认知其实很简单：忘掉不切实际的期望，接受你所拥有的一切。

2000 年夏天，我结束休假返回利物浦时，我的身体状况着实不错，为季前拉练做好了准备。但是，由于在欧洲杯经历了不小的挫折，以及与凯文·基冈相处不快，我的心理层面受到了一些影响。

彼时，霍利尔刚与俱乐部续签了 5 年合约，经过管理层同意后，他为球队带来全新的面孔：加里·麦卡利斯特、尼克·巴姆比和马库斯·巴贝尔。鉴于繁密、高强度的赛程，这支球队需要拥有更深的阵容厚度，以及更强硬的战斗力。

在整个 2000/2001 赛季，除了要激战 38 场英超联赛，我们还必须应付三项杯赛——英格兰足总杯、英格兰联赛杯和欧洲联盟杯。2000年 8 月 19 日，我们在安菲尔德球场 1 比 0 击败布拉德福德城，赫斯基攻入了全场唯一的进球。可能没有多少人能想到，这场艰难的赛季首战，竟然揭开了我们加冕"三冠王"的序幕。

在第 2 轮 0 比 2 不敌阿森纳之后，利物浦在客场 3 比 3 战平南安普敦，我在第 24 和第 64 分钟分别进球。一周后，2000 年 9 月 6 日，利物浦主场 3 比 1 轻松拿下阿斯顿维拉，我收获了该赛季第一个帽子戏法。

只是，伴随着联赛开局的暂告段落，我又要前往英格兰队报到了，等待我们的将是一场在巴黎举行的英格兰对阵法国的国际热身赛。对我来说，欧洲杯的噩梦依然没有结束，当基冈已经无意走换人过场时，我就被他放在了替补席上——安迪·科尔取而代之。我对他的决定不以为意。

终于，在全场第77分钟，基冈安排我上场，换下了斯科尔斯。虽然出场时间并不算多，但我还是抓住机会，在第86分钟为英格兰队扳平了比分。就像之前的欧洲杯一样，我又在进球后，将目光狠狠地投向了站在指挥区的基冈。这次的对视多了几秒，我好好发泄了一下！

无论我的态度如何，基冈终究在一个月后下课了。2000年10月7日，温布利大球场的收官之战，我的好朋友哈曼罚入了一记远程直接任意球，德国队从客场带走了三分。我们的韩日世界杯预选赛征程出师不利，那也成了基冈执教英格兰队的最后一场比赛。我们在国家队的合作不算愉快，我对他的离任也没有什么遗憾。

输给德国队4天后，空降而来的代理主帅霍华德·威尔金森，又一次接过了球队教鞭。在他的带领下，我们出发前往赫尔辛基，即将面对世界杯预选赛的第二个对手——芬兰队。

他的紧急救驾固然值得称赞，但他的迷惑行为依旧古怪。那些过时的训练方法还不算什么，他在挑选球员时的语出惊人，更令人摸不着头脑。如果他不是一位能以资历服众的老帅，那些话真的会被当成喜剧桥段。

在被问到选择希曼还是马丁作为首发门将时，威尔金森说："我会扔个硬币，看看正反……"

在决定给球员调整位置前，他还对赫斯基如是说道："我不认为你知道自己的最佳位置在哪……"

总而言之，赫尔辛基之战真是一团乱麻，在这样一场陷入僵局，需要新鲜血液的鏖战中，我竟然枯坐板凳长达90分钟。目睹着场上的局势，我坐在那里焦急万分，但英格兰队指挥区却没有什么动静。最终，我们与芬兰队互交白卷，霍华德·威尔金森的使命结束了。2001年1月，瑞典人斯文－戈兰·埃里克森走马上任，新篇章正式开始。两次代理经历，两场救急指挥，霍华德·威尔金森的出现总是这么荒诞不经。

2000年12月，利物浦的赛季进程迈入关键阶段。我们在英超排名第五位，还落后领头羊曼联5分；在英格兰联赛杯，凭借在加时赛的连进三球（我在第105分先拔头筹），我们艰难淘汰富勒姆，跻身四强。待到1月中下旬，利物浦就要在两回合的联赛杯半决赛中与水晶宫对决。

与此同时，在欧洲联盟杯的赛场我们同样保持着竞争力，凭借巴姆比的客场破门，本队两回合1比0小胜布加勒斯特快速，与捷克俱乐部利贝雷茨相遇在第二轮。2000年10月26日，首回合较量中，赫斯基的进球帮助利物浦主场击败捷克球队。不过，由于一起意外事件，我缺席了这场比赛。

与利贝雷茨交手的10天前，利物浦在英超客场4比0横扫德比郡，状态上佳的赫斯基贡献了帽子戏法。他的第一个进球，是通过角球头球破网的。在球开出时，我本想包抄前点，但由于禁区里人员过于密集，我在抢位的过程中没能站稳，不小心摔倒了。而我摔倒的位置，正好在德比郡后卫克里斯·里戈特的跑动路线上。那一瞬间，他本想从我的头上跨过去，但偏偏不凑巧，他的膝盖还是顶到了我的后脑。

我两眼一黑，趴在了草皮上。有一个时间段，我的记忆完全空白，全靠别人的帮忙才拼凑了记忆。

在被担架抬出球场后，我和队医和理疗师在更衣室争论起来，我一度觉得自己没有大问题，完全可以重新比赛。要知道，医生可是在我后脑的一个大伤口上，足足缝了13针。

对于头上的伤口，我并不担心，但没办法，头部受到的撞击，让我的现实感模糊起来。经过反复斟酌，我还是在更衣室躺下了。最后，我被救护车送到了附近的医院。

那一天，我能回想起来的伤后场景，就是在医院的慌乱氛围中恢复了意识。通过内心深处的潜意识，我听到了些许周围的声音，在以为这是一个梦境后，又很快地回过神。

"我觉得他很难醒过来了，"有个人这样说道，"他可能就这样过去了。"好吧，以此经历看，真的没有比别人觉得你死了，更能刺激人的事情了。

"我醒啦！我没事了！"冲着那个声音的方向，我突然在病房里大声呼喊着。很快，有人过来查看我的情况，确保我没有后续的异常反应。

我忘了这些事情持续了多长时间，反正，在得到相关方面的同意后，我按时登上了球队的大巴车。我还记得，在回程路上，我毫无征兆地当着所有人的面泪眼汪汪。

我流泪的原因并不是心情不好，有人告诉我，这只是由于我头部受到撞击的部分控制着情绪的反馈。在醒来后，我出现了情绪失控的情况，我在大巴车上一边流着眼泪，一边告诉队友，我真是在悬崖边上走了一圈。

回头想想，突然在球队大巴车上流泪实在有些尴尬，很万幸，这次重伤没有导致更糟糕的情况出现。我也是后来才知道，这次不期而至的意外事件，还夹杂着悲伤的故事。当天的急诊室，与我相隔窗帘的那个人，遭遇了非常严重的摩托车车祸。而我在病床上听到的那些推断，都是医生们在讨论他的情况。最终，那个人的生命就结束在了我旁边的病床上。

后来的几周，我处于远离赛场的休息状态，有几天，我的情绪不太受控，双脚站立也不太稳当。

第八章 登峰造极

2000年11月9日，在联盟杯第二轮次回合，我宣告复出。利物浦在客场3比2战胜利贝雷茨，我在第82分钟的进球锁定了胜局。一个月后，利物浦又以两回合4比2的比分，淘汰了希腊劲旅奥林匹亚科斯，挺进联盟杯第4轮。当2000年画上句号时，利物浦顺风顺水，已经蓄势待发。

从当下的视角看，诸如欧洲联盟杯和影响范围较小的英格兰足总杯，都不再拥有较高的关注度。这样的变化，可能都是源于英超联赛和欧冠联赛的快速扩张。

放在20年前，这两项赛事的情况可是大不一样，特别是欧洲联盟杯，这项赛事的每支球队都是充满能量，大家的态度都非常严肃，包括我们的主教练——杰拉德·霍利尔。

2000/2001赛季伊始，我们能深切地感觉到，霍利尔已经将夺取欧洲联盟杯冠军放在了心愿单的第一位。他的期待不无道理，我们非常擅长淘汰赛的赛制，在攻防两端都可以呈现上佳的水平。

以萨米·海皮亚为例，他是我合作过最被低估的球员之一。在球队中，海皮亚是当仁不让的防守基石，他几乎在每一周都证明着自己的能力。从令人惊讶的稳定控球，到兢兢业业的细节处理，他对于球队的价值毋庸置疑。

相较有些后卫的慌乱解围，会导致自己的失误，且意外地送给对方角球，海皮亚的处理总是恰到好处，他所做的每一件事都是干净利落。说到他唯一不擅长的事情，大概就是奔跑，毕竟，他的速度和爆发力不算很好。正因如此，他的球商可以体现得淋漓尽致，他总能在比赛中做到扬长避短。

作为海皮亚的中卫搭档，斯蒂芬·亨克兹的发挥同样出彩。再加上大部分时间都在出任边后卫的杰米·卡拉格，我们的后防线发挥出了很高的水准，很难被轻易攻破。

当时的球队中，我们每个位置都有多元的人手和球风可供霍利尔选择。作为球队的双箭头，我和赫斯基既能回撤发挥作用，也能在条件允许的情况下，为球队发起快速反击。在后腰位置上，霍利尔的第一选择是哈曼，他的身前并没有所谓的传统边锋，而是多名中前卫——杰米·雷德克纳普、弗拉迪米尔·斯米切尔、丹尼·墨菲或者史蒂文·杰拉德。总而言之，我们在那一年状态正佳，连续在与欧洲豪门的交手中证明这一点。

人们总是问我："你职业生涯最好的比赛是哪一场？"可能很多人觉得，我会选择2001年对阵德国队的帽子戏法，抑或在法国世界杯面对阿根廷的千里走单骑。

但是，我最笃定的选择其实是2001年3月15日联盟杯1/4决赛次回合，利物浦主场与波尔图的比赛。在此前一轮对阵罗马时，我就在客场梅开二度，为利物浦晋级立下头功。可以说，在那个主场迎来波尔图的夜晚，我经历的一切都是完美无缺的，不只关乎比分和胜利。

说起来，我只是在那场至关重要的欧战中，贡献了一个面向KOP看台的头球破门。或许对于观众而言，这算不上惊人的表现，充其量就是帮助球队晋级。

但我非常明白，有些时候，你会在离场时感到自己踢出了一场完美的比赛：无论是触球、策应、传球抑或防守，你的所有发挥都很完美。当然，放眼整个职业生涯，我的高光时刻还有很多。但从每一个方面都进行比较，那场对阵波尔图的胜利，就是我足球生涯的最佳赛事。

待到4月5日与巴塞罗那进行联盟杯半决赛的首回合对决时，情况又变得不同了。虽然从诺坎普球场全身而退，拿到了一场不失球的平局，但整场比赛我们都陷于被动，控球率更是处于下风。我可能最多只有两次触球。

当然，能在逆风球时展现坚韧不拔的意志，同样是那个赛季利物浦的标志。只要有战术需要，我们就可以城池不失，防守固若金汤。半个月后，利物浦在主场凭借麦卡利斯特的点球，1比0击败了巴塞罗那。

2000/2001 赛季的最高潮，已经在酝酿了。

在俱乐部赛事有条不紊地进行时，前拉齐奥主教练斯文－戈兰·埃里克森接过了英格兰队的教鞭。没有隔阂和障碍，我们每个人都很喜欢这个瑞典人。

虽然不是传统的战术大师，更不是工于心计的心理专家，但埃里克森在很多细节方面，都展现了顶级教练的资质。那时候，他将很多战术细则都交给了助理教练史蒂夫·麦克拉伦，而他主要负责的部分，就是分析解读比赛，并且挑选出合理的阵容。

不过，由于国家队与媒体的交恶，对于各位英格兰队球员而言，那是一个环境险恶的特殊时期。

就像我说的那样，当媒体舆论几乎与我们为敌时，很多球员都产生了不愿意入选英格兰队的情绪。现在想想，那真是一个有点恐怖的环境，大家的注意力都不在比赛上。正是在那样的氛围下，有一些球员决定提早结束了自己的英格兰队生涯。

纵然上任伊始就面对举步维艰的舆论环境，埃里克森还是凭借一己之力，为英格兰足坛带来了不少积极的事物。他很明白，只有享受场外愉悦的心情，才能保证场上更好的发挥。自始至终，他带给球队的气氛都很轻松。

在全队集合后，埃里克森最先安排的项目，就是让我们打打高尔夫——这样悠然自得的状态一直持续到赛前两天。除此之外，如果我们想打车去温莎购物，他也不会一概拒绝。当然，一旦需要以强硬的态度进行管理，埃里克森就会表达态度，他从不允许球员肆意妄为。在教练的权威性和球员的自主性之间，埃里克森掌握着非常好的平衡，我相信很多局内人都有同感。

埃里克森的到来，确实为我们带来了更优异的场上发挥。

虽然我感觉他排出的阵形总是有点问题，但你无法否认，英格兰队的战绩一度稳定向好，特别是在他刚上任的那个阶段。2001 年 3 月 24

日，我们在世预赛主场 2 比 1 击败芬兰，那是埃里克森英格兰队生涯的首场正式比赛，我和贝克汉姆分别贡献了进球。

4 天后，我们取得了世预赛两连胜，凭借我、斯科尔斯和安迪·科尔的破门，英格兰在客场 3 比 1 战胜阿尔巴尼亚，走出阴霾。在迎来对阵希腊和德国的关键之战前，大家用两场久违的胜利，做好了充足的准备。

2001 年 2 月 25 日，加的夫千年球场，利物浦在联赛杯决赛以点球大战击败了伯明翰，正式开启了 2000/2001 赛季的夺冠模式。

不得不说，我对于没有被纳入首发名单而感到恼火。我与阿弗萨德、齐格、巴姆比和麦卡利斯特，一同坐到了替补席上。

那个赛季，霍利尔通常都会排出两个主抓反击的前锋：作为球队进攻体系的支点，赫斯基基本都是主教练在锋线的第一选择；而另一个与其搭档的位置，就是我与罗比·福勒的竞争。

说实话，当我第一次在俱乐部看到赫斯基时，我觉得这个大家伙真的很强。

由于在英格兰 U18 出战欧青赛时有过共事，我很早就认识赫斯基了。印象中，我曾在一场比赛中跟意大利球员起了冲突——毛头小子总会年轻气盛，待到比赛结束时，他们很快把我团团围住。就在我有些孤立无援时，赫斯基为我出头，他用自己的身体隔开了那些意大利球员，让我免受以少对多的威胁。我当时就觉得，这个大个子靠得住啊！

在我眼中，尽管心中不乏好斗之意，但赫斯基绝对是个既可爱又绅士的大块头。而且，球场上的他还拥有足够的战斗力，他高大、强壮、控球技术很好。对于那支利物浦队而言，总能制造威胁的赫斯基，是我们进攻体系不可或缺的一员。

与很多前锋大不相同，赫斯基从来不是一个自私的射手。就算拥有很强的进球能力，他依然愿意在前场充当支点，从而为我创造出更多的空间。甚至在本方迎来角球防守时，他也会积极地回防，帮助本队度过后场定位球的危险。

在整个职业生涯中，我跟很多享誉世界的前锋有过合作：希勒、劳尔、福勒等，还有很多很多。必须承认，我最喜欢的搭档就是赫斯基，无论在利物浦或英格兰队都是如此。那几年，我们的配合没有妥协或牺牲，就是自然的相得益彰。相比与福勒，赫斯基就是那种完美的搭档。

尽管偶尔都会受到伤病困扰，但在2000/2001赛季的很多时间，我都能得到霍利尔的认可。不过，在那场联赛杯决赛中，罗比·福勒却脱颖而出，得到了首发登场的机会。我一直都搞不明白，那几天究竟发生了什么。或许，他在决赛前几天面对西汉姆联（2001年2月3日，利物浦3比0西汉姆联）的梅开二度，帮助他获得了来自教练组的信任。

众所周知，登场出战是我始终如一的诉求，特别是这种至关重要的杯赛决赛。我不是要嫉妒福勒得到的机会，况且他也以一个漂亮的进球，回报了霍利尔的信任。

就在全场比赛结束前，伯明翰凭借普瑟的点球，坚韧地扳平了比分。那一刻，我坐在替补席上思绪万千：这不就是为我定制的表演机会吗？

长久以来，我都将自己视为一名大场面球员。纵观职业生涯，我习惯了在万众瞩目的场合打出更优异的表现。似乎越重大的比赛，我的发挥就越出色，这样的例子不胜枚举。有时候，我的心理暗示就是最好的答案，我相信自己可以成为关键先生。

那场联赛杯决赛无疑是又一个大场面的出现：这么说吧，只要让我上场，我一定能在加时赛将利物浦送上王座。

然而，直至120分钟比赛结束时，我都没有得到霍利尔的召唤。最后凭借点球大战的更胜一筹，我们惊险地击败伯明翰，拿到了联赛杯冠军。说实话，由于在比赛中没有出力，我觉得自己在夺冠仪式上的出现尽显尴尬。好在，对于下一个满怀期待的大场面，我没有等待太久。

我相信很多人都觉得，我们在2000/2001赛季足总杯初段的对手都不是很强。2001年2月18日，在欧洲联盟杯击败罗马后，我们回到安菲尔德球场，在足总杯第5轮淘汰了曼城。

相较于近10年的富可敌国和荣耀加身，那时候的曼城只是英超联赛的弱队。2000/2001赛季，他们甚至从英格兰顶级联赛降级了。在主教练乔·罗伊尔离开后，曼城管理层找来了老熟人去重建球队，猜猜是谁？就是从英格兰队下课的凯文·基冈。

接下来，在足总杯第6轮和半决赛中，我们相继以4比2和2比1击败了特兰米尔流浪者和韦康比。我在对阵前者的比赛中攻入了第二球，而赫斯基和福勒包揽了半决赛的两个进球。就这样，我们又一次进军加的夫千年球场，即将迎来与阿森纳的足总杯决战。

可以说，每一个职业足球运动员，都会在脑海中想象过企及完美的巅峰时刻：若干年后，当重新回忆起某场比赛时，我们都想骄傲地说：我在那一天的表现犹如天神下凡。

对我而言，我非常幸运，能在职业生涯拥有两三场这样的高光比赛。毫无疑问，这场与阿森纳跌宕起伏的足总杯决赛就是其中之一。

在那场决赛前，我们并没有被舆论看好，阿森纳的实力和经验都比利物浦更胜一筹。看看他们当时的阵容，无论攻防两端都是人才济济：托尼·亚当斯、帕特里克·维埃拉、罗伯特·皮雷、阿什利·科尔、蒂埃里·亨利等，还有很多精兵强将。

虽然利物浦的状态同样出色，但阿森纳似乎更加游刃有余，拥有更多的储备。对于这场足总杯决赛，我起初也做好了一些特殊的准备。

在足总杯决赛临近时，我穿着茵宝的普通战靴，在英超联赛中不断进球：5月5日，利物浦3比0纽卡斯尔联，我贡献帽子戏法；5月8日，利物浦2比2切尔西，又一次梅开二度。待到最后的冲刺备战，西蒙·马尔什突然带来了一双茵宝为我专属定制的特别版球鞋。在他看来，能在电视机前吸引上千万观众的足总杯决赛，就是宣传自我和代言品牌的最好机会。尤其对于茵宝而言，这肯定算是完美的公关行为，而一如往常，我也希望帮助西蒙·马尔什完成工作。

在前往加的夫之前的训练课上，霍利尔与其助手菲尔·汤普森，都注意到我更换了一双新球鞋。霍利尔直接叫住了我，问道："你这是干吗？"

"教练，这有什么问题吗？这就是我出战足总杯决赛的球鞋。"

"不行，你要换一双。"霍利尔果断地回应道。

"这不归我管啊，是茵宝让我这么做的。"

"反正，你必须穿上之前更熟悉的老战靴。"霍利尔有点生气了。

他真的很固执。那时候，我的状态很好，一直在联赛中顺风顺水。

无奈之下，我只得给茵宝打了电话。

"霍利尔不让我换上那双新鞋，现在怎么办？"

公平地说，茵宝称得上是通情达理。由于无法改变霍利尔的态度，他们另辟蹊径，将其演化成了夺人眼球的大标题："我的教练让我穿旧鞋！"

最终，我证明了自己是服从指挥的球员：我把新鞋放在更衣柜，重新穿上了熟悉的老战靴。

说到那场决赛的前70分钟，是我职业生涯经历过最压抑、最紧迫的时段之一。在加的夫千年球场，阿森纳完全占据了上风，几乎让利物浦疲于奔命。海皮亚在后防线上几乎没有喘息时机，就是我们全队的缩影。

海皮亚作为队长，一如既往地展现了自己的高水平，就算阿森纳不断制造压力，芬兰人依然可以赢得关键的空中争抢，破坏掉势在必得的机会，抑或在门线上力保城门不失。我们扛到了第72分钟，就在距离加时赛已经不算遥远时，阿森纳的瑞典边锋弗雷迪·永贝里杀了出来，打破僵局。

可能很多人都会觉得，死扛大半场却功亏一篑，利物浦在时间所剩无几的情况下无力回天了。好吧，让我告诉你，事实恰恰相反。如同一个拳击手竭尽所能地想要"KO"对手却丧失元气，就在阿森纳进球后，我反而感觉到他们的能量接近枯竭，有点摇摇欲坠了。

全场第83分钟，通过一次前场任意球的乱战，巴贝尔接到麦卡利斯特的传球，将球摆渡下来。就像我预料的那样，我的机会终于来了。转瞬之间，我将球抽入了阿森纳大门的左下角，加的夫千年球场沸腾了。仅仅5分钟后，胜利的天平向我们倾斜了，我很确信：我们就是冠军，我打入了制胜进球。

就像面对阿根廷时的千里走单骑一样，关于那个进球，我要好好看一下回放，才能回忆起所有细节。那个时刻的感觉，我真的可以铭记一生。

那次进攻的源头，其实是我们在后场禁区遭遇阿森纳的围攻，好不容易，帕特里克·博格将球带出危险区，化解了险情。当他犹如四分卫一样审时度势时，我正好在中圈附近，准备启动。

目光锁定，确认眼神，我努力地奔跑加速，向着球的落点冲去。博格的那一脚传球非常完美，球正好落在右后卫李·迪克逊和中后卫托尼·亚当斯的中间地带。我得到了加速追赶的机会并获得带球突破的通道，那一瞬间，我的速度非常快，就像有狮子正在追赶我。

虽然李·迪克逊的位置更深，似乎抢占了一些优势，但我还是拿到球将他甩在身后，开始向着禁区的方向奔袭。

坦白讲，我一直以来都很擅长对付托尼·亚当斯这类的老派中卫。尽管他的身体强壮、球风狡猾，但相较而言，加里·内维尔这样的灵巧型后卫更让我头疼。这个曼联后卫的动作速率非常快，他不仅能及时封堵，还会在拼抢时不断地拉拽着你的球衣，不停地对你进行骚扰。

加里·内维尔，曼联和英格兰队右后卫，就是我们常说的那种"皮膏药式球员"。通常来说，这类球员还包括基翁、卢西奥和普约尔，在比赛中，他们能让前锋不得安宁，几乎形影不离地贴着你。我很讨厌这样的感觉。

当然，你还会碰到一些无所不能的对手，比如，切尔西前队长马塞尔·德塞利。在我眼中，他真是既高大又强壮，速度也非常快。我甚至怀疑过：面对这样的后卫，这怎么能过得去？

有一场比赛，曾经让我印象深刻。总体来说，我不太喜欢跟切尔西交手，我在斯坦福桥球场没有留下过值得铭记的进球瞬间，连较好的结果都很少拿到。

那一天，我做出了很多次尝试，希望能凭借速度过掉德塞利，但事与愿违。面对这个法国人的贴身防守，我无所适从。他真的太强壮、太有侵略性了，在必要的时候几乎形影不离——那些最让我头疼的后卫素质，他竟然全都具备。说真的，我的速度和爆发力实在无法施展，他的身体条件太好了，那根本是一场彻头彻尾的噩梦。

在又一次无功而返后，德塞利正在保护着球滚出底线，要为本队获得球门球。转瞬之间，我突然想到了一个阴招，既然常规方法都没用了，我干脆趁机踢他一脚得了。为什么不呢？虽然不能一蹴而就地击败德塞利，但我还可以给他带来些许的心理影响。

做好得到一张黄牌的准备，我冲着他的大腿后侧就是一脚。

结果，谁能想到呢？经过护腿板和球鞋的撞击，我的小腿上不得不缝了几针。这样的结果实在不可思议，马塞尔·德塞利太可怕了。

言归正传，在那场足总杯决赛中，托尼·亚当斯同样给我制造了不小的麻烦：每次我试图从他身边闪过时，他似乎总能找到最巧妙的方式，去阻挡和干扰我的进攻。

但是，就在全场比赛结束前，我终于得到了那个期待许久的机会，当他仓促地回防时，我已经拉开架势，向着球门快速奔袭。我很笃定：这一次，我不会放过你的。

一刹那，我原本想顺势完成内切，将控球脚转为自己的顺足（右脚）。本能之下，没有时间权衡选择的我意识到，李·迪克逊已经在向中路回防，倘若我向右侧突进，他就能重新回到对抗的战局。在那样的高速攻防中，全力冲刺的我很难改变方向。

于是，留给我的选择只有一个。由于必须继续以反角前进，我被亚当斯压向了角度更小的左侧路线。而我唯一的射门线路，就是用左脚打出个角度刁钻的反角。

通过录像集锦不难看出，在我最后触及皮球时，所谓的射门角度已经很小了，可能只有一条精确的球路是大卫·希曼无法触及的。从小到大，我一直在默默排演这样的重要时刻，机会和目标如约而至。不过，如果你现在带我回到原来的球场，完成 10 次这样的射门，我也就能打进 1 次！

就像 3 年前的圣埃蒂安一样，就在我抬脚触球的时刻，我就知道这球肯定进了。

尽管射门角度真的很小，但我的左脚射门非常完美。就像整个世界突然降速了一样，我注视着被射出的球，径直蹿向了球门右侧的底角。有一瞬的惶恐，我觉得大卫·希曼可以扑出这脚射门，毕竟，他的臂展实在可观，一个侧扑就足以封住球门。最终，来自球网的震动，证明了我一百分的选择。

那真是一种难以描述的感觉，要知道，我可是在自己长久生活的地方——威尔士，攻入了一个英格兰足总杯决赛的制胜进球。

别忘了，这个进球的意义和背景非同小可——制胜球，重压之下，临近终场，没有任何容错的余地，对阵阿森纳，击败大卫·希曼，还是用我的逆足！

破门得分的那一刻，一切都失去了控制。没有提前准备庆祝动作，我就是随心所欲地庆祝着进球——我兴奋地跑向角旗区，为利物浦球迷表演了一个乱七八糟的前空翻。其实，我也不知道为什么这样做，虽然在很久以前，我确实会在家里的后花园偶尔练习一下，对于在足总杯决赛做出这个动作，我可是一点准备都没有。这个突发奇想的前空翻，似乎有些尴尬。无论如何，我都会永远珍视 2001 年足总杯决赛发生的一切。

在多年以来反复回看录像之后，我发现了一件有趣的事情：如果仔细观察的话，你会发现做出扑救动作的大卫·希曼，真的碰到了球。

他在那个瞬间的选位和动作，足够将球扑出底线。但遗憾的是，球就是将将擦着他的左手，蹿入了球门底角。梅开二度，夺得冠军，这原本是一次很好的间歇，但我真的无法保持平静！

而且，这也不是利物浦在 2000/2001 赛季的终点。

仅仅相隔 4 天，我们就要从逆转封王的喜悦中调整出来，大家要前往德国多特蒙德，迎来与阿拉维斯的欧洲联盟杯决赛。

按照传统的眼光看，我们在欧战巅峰舞台上与阿拉维斯相遇，似乎有些令人扫兴。首先，我们刚在一场 8 万人聚焦、戏剧性十足、热度爆棚的足总杯决赛中，逆转了强大的阿森纳。似乎短时间内的任何比赛，都没法与其相提并论。

其次，就算阿拉维斯在 2000/2001 赛季彰显黑马本色（他们可是在第 4 轮淘汰了国际米兰，客场 2 比 0 取胜），这支西班牙球队也总归不是顶级豪门，抑或人气满满的热门俱乐部。当然，这并不意味着我们可以轻视阿拉维斯，大家只是觉得，之前的罗马、巴塞罗那和波尔图是更难搞定的对手。

休息时间转瞬即逝，还来不及思前想后，我们必须切换模式，前往多特蒙德迎来与阿拉维斯的欧洲联盟杯巅峰对决。

在决赛开始一段时间后，胜负结果似乎已经板上钉钉了。

比赛伊始，进球就出现了，巴贝尔在第 3 分钟先拔头筹，杰拉德又在第 16 分钟接到我的助攻，扩大优势。阿拉维斯的阿隆索扳回一球后，我又在一次单刀机会中，为麦卡利斯特创造了点球机会。上半场结束时，利物浦以 3 比 1 的比分暂时领先，夺冠征程显得顺风顺水。我清楚地记得，当我中场休息看着卡拉格、哈曼和丹尼·墨菲时，大家的潜台词似乎都是：我的上帝啊，阿拉维斯踢得太差了！他们是怎么打进决赛的？我甚至愚蠢地认为，胜利和奖杯已然是我们的囊中之物了。

然而，下半场开始，原本一边倒的形势荡然无存，我们在多特蒙德几乎成为陪衬，成就了一场欧战决赛历史上的经典逆转。那个波澜壮阔的45分钟，一切都太疯狂了：进球、红牌、金球、乌龙球……幸运的是，我们终究在加时赛成为最后的胜利者。

相较于电视机前的观众的忐忑不安，我相信利物浦队内的每一个人，都没有怀疑过必胜的结果。当然，在经过波澜起伏的下半场后，我们得到了老天的一些眷顾，才能善始善终。全场第116分钟，利物浦等待的金球时刻终于到来了，伴随着阿拉维斯球员德尔菲·格利送上的乌龙球，我们最终以5比4拿下比赛，历史上第三次夺得了欧洲联盟杯的冠军。

在高强度的欧战赛场登上王座，注定了2001年5月16日是无与伦比的，特别对于主教练和一些外籍球员而言更是如此。不过，作为一个从小看着足总杯长大的英格兰人，我还是坚持认为，足总杯要比欧洲联盟杯具有更重的分量，更何况，我还在加的夫之战包揽了两个进球。

在顺利加冕双冠王后，我们几乎在胜利和荣誉的包围中忘乎所以。不过，鉴于2000/2001赛季英超联赛的复杂形势，如果想力压利兹联拿到欧冠席位，我们需要调整状态，并在赛季收官战中客场击败查尔顿。

对我而言，我知道自己在退役时，一定会回想起那些比赛、那些进球，以及最重要的荣誉——冠军奖杯。相较于那些在比赛中的记忆，我更喜欢有形的东西，那种将奖杯握在手里的感觉。

话虽如此，我们都很清楚这场客战查尔顿的收官大战，重要性不言而喻。我们既希望给2000/2001赛季画上完美的句号，全队也需要一场终结悬念的胜利，确保下赛季的欧冠资格。尽管只有两天时间，大家还是按部就班地准备。

然而，无论是疲劳、自满抑或其他原因，我们在山谷球场拿到了足以带来高额收入的四球大胜，不是那么轻而易举的结果。至少在上半场，查尔顿几乎把我们压制了，他们甚至可以轻而易举地把我们打成漏勺。虽然最近接连拿下奖杯，但霍利尔在中场休息时毫不掩饰地发飙了。

需要强调的是，作为职业球员，我并不需要来自外界的激励。比如有个人来到更衣室，然后叫嚷着："哥几个，加油啊，我们今天必须拿下！"对于这样的场景，我并不感兴趣。

在我的足球生涯中，所谓的金钱和言语，都算不上原动力。相较于更衣室里的演讲，唯有家人、关心我的人、所在的球队和荣誉感，才能给我带来足够的激励。

下半场伊始，凭借罗比·福勒和丹尼·墨菲的进球，我们很快找到应有的节奏，没有给查尔顿更多的机会。第81分钟，我锦上添花的进球让主队无力回天，利物浦以4比0拿到一场大胜。

从足总杯决赛、欧洲联盟杯决赛直至联赛收官，我们熬过了一段繁密的赛程。直到击败查尔顿，锁定欧冠资格后，全队终于有机会好好庆祝一番了。

在赛季结束后的巴士巡游中，我们享受了全城上百万人的欢呼与呐喊，一切都是那么不可思议。彼时，这样的场景让年轻的我真正意识到，我们在场上的挥汗如雨，对于那些花钱看球的利物浦球迷究竟意味着什么。

说到疯狂的派对，霍利尔能让这支球队远离更衣室的饮酒文化，是多么重要的举措。就个人而言，我可没有过度饮酒的嗜好。

那时候，尽管喜欢偶尔喝上几杯，但我非常确信，我需要尽可能地保持最好的身体状态。甚至在全家休假的时候，我都会告诫爸爸和哥哥大量饮酒的危害，以防他们出现脱水的症状。

然而，到了现在这个阶段，我却成了在休假时被妻子嘲笑的对象。

没办法，我总会在中午的酒吧里排着队，等待着畅饮一番。

无论如何，我们终究在漫长的2000/2001赛季，留下了令人难忘的成绩。

在球员数据单上，我以各项赛事24个进球的表现力压赫斯基，成为利物浦队内的最佳射手，其中有16球都产生在英超联赛。更重要的是，我终于在这个赛季避免了伤病的侵扰。

第九章
动力

2001年8月12日，加的夫千年球场，在与曼联的慈善盾决赛中，我们延续了5月的良好状态，以2比1击败曼联夺魁。能在这样的日子找回捧杯的感觉自然很好。我在第16分钟的进球为利物浦的取胜奠定了基础。就这样，利物浦收获了2001年的第4座奖杯。

印象之中，似乎2001年的欧洲超级杯冠军，总会成为那个被遗忘的荣誉。2001年8月24日，我们前往摩纳哥，迎战2000/2001赛季的欧冠王者——拜仁慕尼黑。

长久以来，欧洲超级杯都是一项被忽略的赛事，冠军的含金量没有得到多数人的认可。对此，我倒是持有保留意见。虽然这项赛事都是在每个赛季的起始阶段进行，无论如何，这都是一场关乎上赛季两支欧洲冠军之队的正面较量。

在将4个冠军收入囊中后，我们没有理由放走夺下第5冠的机会。在凭借里瑟、赫斯基和我的进球，利物浦最终以3比2拿下比赛。我很高兴可以当选欧洲超级杯最佳球员，可惜时至今日，那块巨大的金属板，已经在我家的地下室积满灰尘了。没办法，那个东西真的没法挂到墙上！

伴随着各项杯赛决赛的进行，2001/2002赛季英超联赛终于大幕揭开。8月16日，利物浦在安菲尔德球场2比1战胜西汉姆联，我包办了球队的两个进球。与此同时，在欧冠资格赛第3轮中，我们以两回合总比分9比1，轻松淘汰了芬兰哈卡队。首回合做客时，我还上演了赛季首个帽子戏法。

在欧冠小组赛第一阶段，利物浦与博阿维斯塔、多特蒙德和基辅迪纳摩同组竞技。全队的表现都很不错，打出了3胜3平的不败战绩，以12分位列小组头名。我在主场面对博阿维斯塔时，收获了一个进球。

值得一提的是，在2001年10月13日利物浦与利兹联一役的中场休息时，主教练霍利尔突感身体不适。

由于处于养伤状态未能出赛，我是在包厢里关注着事态的发展。彼时，身在更衣室的霍利尔，被紧急送往附近的医院。整个下半场，他都缺席了比赛，其妻子伊莎贝尔也从看台上离开了。没有人知道霍利尔的病情到底有多严重，他的助手菲尔·汤普森临时接过了指挥权。

接下来的一周，一些不好的流言蜚语开始在梅尔伍德基地不胫而走，甚至有人说，他活下去的概率只有50%，与心脏有关的病症导致他的身体情况岌岌可危。

霍利尔的突然患病，给俱乐部的运作蒙上了不小的阴影。在那些行为处事中，他有很多优点，本质是一个好人。这么说吧，如果有别人刻意问起你的生活、妻子和孩子，你很容易分辨出，他们仅仅是刻意为之。但放在霍利尔的身上，你却能感受到他的真诚。不仅如此，当过了一段时间再次聊天时，他都能对你之前的表述如数家珍。

无论霍利尔是否当过老师，抑或对于监督别人的差事信手拈来，他的身上都拥有着一种特质——可以对周围的人产生不小的吸引力。他

第九章 动力

确实非常关心别人。面对那样突如其来的事件，我们情不自禁担心他的情况，就是希望他可以渡过难关，恢复健康。

相较于利物浦的其他队员，我跟霍利尔的关系更亲近。平时，他经常给我打电话，询问我和父母的近况。对于我场外生活的走向，他一直非常关心。对此，我非常敬重霍利尔，也包括他为人的方方面面。

2001年10月末，霍利尔接受了心脏手术，后来有一段时间，我们都很少听到关于他的消息。随着时间的推移，由心脏病带来的危险期终于结束了，但大家都知道，他还需要很长时间的休养，才能重返工作岗位。

在霍利尔离开球队的日子，菲尔·汤普森接过了利物浦的教鞭，我和他相处得很好。毕竟，没有多少人能比他更热爱利物浦了，他也从来不会掩饰自己的热爱，甚至到了狂热的地步。

比起霍利尔的冷静和谨慎，菲尔·汤普森完全站在天平的另一边。他的喜怒哀乐总会显露无遗。简单来说，如果我们赢球了，他肯定欣喜若狂，而一旦球队遭遇失利，他的情绪就会陷入崩溃。在菲尔·汤普森的世界里，根本没有情绪的中间地带。

很多人都会觉得，群龙无首的利物浦将在这段时间彻底失控，事实却并非如此。我们反而得到了更多的鼓舞和动力，全队希望用一场场胜利，为暂时离开的主教练赢得荣耀。大概6周的时间，除了从汤普森口中获取只言片语，我们的更衣室显得非常沉静。

在2001/2002赛季开始前，韩日世界杯预选赛还在进行。2001年6月6日，凭借斯科尔斯和贝克汉姆的进球，英格兰队在客场2比0击败希腊。这场比赛后，我们迎来了埃里克森时代的第一次重大考验——争夺出线权的关键之战，在慕尼黑挑战德国队。2001年9月1日，我们不容有失。

从纸面上看，即便取得一场胜利，我们或许只能排在附加赛区——之前在主场输给德国，客场与芬兰互交白卷，导致我们丢失了不少分数。无论如何，我们需要在慕尼黑获取胜利。

虽然在欧洲超级杯上，我代表利物浦击败了德国豪门拜仁慕尼黑，但在更高规格的国家队层面，与德国队的对抗就是另一回事了。德国队绝对是一支难以被击败的球队，特别在他们的主场，更是难上加难。多少年来，他们甚至从没在主场输掉过世界杯预选赛的比赛。

我还能回想起当时关于德国队的一些事情，特别是在赛前，那个古怪凶狠的门将奥利弗·卡恩，一反常态地表现着他们的信心满满，也像是看低了我们。一般情况下，这样的故作姿态不会对我产生什么影响。但在那时的氛围中，我很想让德国球员看看我的厉害。

那支英格兰队其实很有实力。我们的后防值得信任，进攻端的人员选择也非常充足。在第一循环比赛坐镇温布利大球场时，虽然遇到一些困难，踢得不算顺畅，但直到哈曼攻入那记直接任意球之前，我们一直与德国队处于势均力敌的局面。德国队没有压倒性优势。

作为前锋，我并不在意对方的排兵布阵，就像我之前说的，对方后卫的个人能力，很少会干扰我的表现。我基本都能凭借自己的速度，在对抗中获得优势。

那一天，鲁迪·沃勒尔给德国队排出了3-5-2阵形，3名后卫是林克、诺沃特尼和沃恩斯。如果可以扬长避短，这个阵形确实不好对付。但如果犯下错误且无法纠错的话，这个阵形所留下的大片空间，就会让我们逮到可乘之机。

虽然对德国队的战术打法做出了详细的分析，但拜仁中锋卡斯滕·扬克尔，依然抓住我们的防守盲点，在慕尼黑奥林匹克体育场先拔头筹。德国队1比0领先。好在，我们全队没有陷入慌乱，在全场"加油、加油"的助威声中，大家保持了足够的冷静。

我心想着：一切才刚刚开始……

仅仅6分钟后，我们就扳平了比分。我在第12分钟取得进球，让

第九章 动力

比赛回到均势。很显然，视野开阔的尼克·巴姆比在反越位之后的冷静摆渡，成就了我的一击命中。他是非常优秀的球员，即便是面对奥利弗·卡恩的出击，他毫不贪功，选择了更合理的进攻方式。当我接到他的策应传球时，着急扑抢巴姆比的卡恩已经不在门前，德国队城门大开。

通常情况下，你要在门前面对的问题都是："应该怎么做？"

而在巴姆比传球，球完成反弹后，我面对的已然是一个踢进比踢不进要难的场景。

只要我能在凌空打门时压住球，球进网就不是问题。我应该是踢到了球三分之二的部分，以此避免球飞过横梁。这不算最完美的选择，但在那个瞬间，我必须克服一些风险。回想起来，这大概是我为数不多的几次，故意将触球部位锁定在球上半部分。

就这样，我们扳平了比分。

随着双方回到同一起跑线，我明显地感觉到，德国队的自信心正在丧失。在顶住了他们的开局三板斧后，我们找回了本来的节奏和心态，在英格兰球迷的呐喊助威下，全队展现出应有的实力。

不知不觉中，德国队3-5-2阵形开始暴露出许多弱点：当两个边翼卫前插助攻时，我就可以轻而易举地利用身后空当，威胁他们的禁区。上半场结束前，杰拉德用一脚穿云箭轰开了卡恩把守的球门，凭借他的第一个国家队进球，我们带着2比1的优势回到了更衣室。

身为对于大阵仗怀有强烈心理暗示的大场面球员，我的第二个进球很快到来了。下半场伊始，接到赫斯基的头球摆渡，无人看守的我右脚抽射，英格兰队3比1领先。

尽管卡恩的门前站位还算不错，但我在球弹起且没有太多调整和选择的瞬间，以不太习惯的大力抽射实现了破网。由于角度不算理想，我一边将球压平，一边尽可能加大力量，将球打向了卡恩的左手边。很幸运，虽然卡恩碰到了球，但他的封挡没有改变球的飞行路线。目睹着球滚进网窝，我转过身，高举双手庆祝着自己的第二个进球。

手握两球领先的优势，我们已经越踢越好，而比赛还远远没有结束。

尽管在下半场保持3比1的比分优势，但我们不敢低估在主场作战的德国队。别忘了，他们可是在世界杯预选赛的主场保持不败。

不同于一味地消耗时间，即便是两球领先，我们依然通过准确的传球，给他们制造压力。在落后的慌乱感逐渐增多时，德国队在比赛中开始疲于奔命。

说到我的第三个进球，那就是典型的个人风格了。第66分钟，杰拉德在中圈右翼完成了抢断，就像在利物浦青年队出现了上百次的场景一样，他拿球抬头，观察着我的位置。其实，他可以省去这一步，就是凭借直觉和默契，也足够为我送出一脚精准的传球。

就在杰拉德传球的那一刻，我已经在禁区右侧做好了启动接球的准备。一次由守转攻的配合，一切恰到好处。面对着德国队千疮百孔的后场区域，我快速带球进入禁区，卡恩竭尽所能地找好位置，但他的努力还是无功而返。我对于这种进球方式实在太熟悉了。

根据多年以来领悟的经验，当你在右翼拿球时，大家多会为了用右脚射向远角，去保持以右向左的自然体态。而在我看来，所谓用正脚背的大力射门，不是理想的选择。在我的认知中，一味追求射门力量，总是我的最后选择。

以当时的角度看，如果能将球射向近角，不失为一种不错的尝试。由于有充足的调整空间，如果能将球打出高度，已经算是更好且准确的终结。当然，进攻的角度和门将的站位，往往会影响你射门的质量。这一次，我的决断分毫不差。

作为德国队的一号门将，卡恩没有犯下原则性错误，他保护的角度很大，并且以出击的方式提高着救险的可能。归根结底，这是一个有利于进攻者的位置，在与他进行一对一时，我信心满满，进球手到擒来。

第九章 动力

4比1了，英格兰队三球领先，于是，我做出了招牌的空翻庆祝动作！

伴随着埃米尔·赫斯基在第74分钟锦上添花，将比分定格在5比1，我一时百感交集。毫无疑问，能在德国队主场，面对劲敌上演帽子戏法，这样的欢欣鼓舞不同寻常。时至今日，一种令人挥之不去的感觉，冲淡了原本由胜利带来的快感——我们本该在那个时代赢得更多荣誉。

后来的日子，作为英格兰足球黄金一代的我们，未能企及这样的期盼与愿景。无论如何，那场慕尼黑大捷足以证明我们这一批球员的硬实力。

2001年12月5日，欧冠第二阶段小组赛第二轮，利物浦在奥林匹克体育场挑战罗马。

比赛开始前，我在更衣室里被汤普森叫住，他做了个打电话的手势。

"有个电话找你，"汤普森说道，"你直接去外边接吧。"

"是谁啊？"我问道。

"霍利尔。"

由于更衣室里禁止使用手机，我便拿着电话，走进旁边的房间。电话那端的声音再熟悉不过了，但听起来，霍利尔的语气还有些纤弱。

"你好，迈克尔，"他开口道，"我就想在比赛前跟你通个话。"

"教练，能听到你的声音真是太好了，感谢你的惦记。"

"我有个好消息带给你，"霍利尔接着说道，"希望能好好刺激你一下。"

能在彼时彼刻听到霍利尔的声音，已经是我想到最好的消息了。听闻他的身体情况正在好转，我也能在那个晚上，迈着坚定的步伐走进罗马奥林匹克体育场。

当然，好消息还不止如此。

"先说好，你可不能告诉别人，"霍利尔叮嘱道，"听好了，你被评为欧洲足球先生了，你将获得金球奖了，祝贺你！"

那一刻，我真的不知道能说些什么。

无论消息的内容，抑或事情发生的环境，这一切都太不真实了。我甚至觉得，那一晚与罗马互交白卷的比赛，都失去了时间的概念。

回想当时，我觉得自己能荣膺金球奖还是有点奇怪。尽管在这一年，我不断为英格兰和利物浦贡献进球，捧得了多个奖杯，但相较于过往的自信满满，我觉得自己很难承受这样重量级殊荣。我会情不自禁地想到："我真的是欧洲最好的球员吗？齐达内呢？蒂耶里·亨利呢？"

迈克尔·欧文成为继凯文·基冈之后首位夺得金球奖的英格兰球员——对我而言，这样的事实有些当之有愧。对此，我并没有大肆庆祝，除了面对直系亲属，我都是保持着低调和内敛。我可没有想过，拿着金球奖绕着切斯特来一圈大巴巡游，不可否认，这个奖杯在我的荣誉室里可是非同一般的存在！

直到2002年4月20日奖杯才姗姗来迟，出现在安菲尔德球场，此时我早就从这件事的情绪中走出来了。我知道很多人都觉得，能捧得这样一个久负盛名的奖项，是铭记终生的时刻。对我而言，我对待职业生涯的方式一以贯之——当我在赛前接过这个欧洲足坛最高个人殊荣时，我在思考的首要问题，已经是如何在接下来的比赛中击败德比郡了。

"快把那个奖杯拿走吧，"我大概还记得当时的想法，"我想马上攻破德比郡的大门。"

再一次，我没有躺在荣誉簿上沾沾自喜——没错，那个奖杯确实是对我至高无上的认可，我感到非常开心。但无论怎样，生活还要继续，我必须把目标定在下一个进球、下一个帽子戏法和下一座奖杯上。回溯整个职业生涯，我一直处于不屈不挠、永不满足的状态，我很确信，这就是取得成功的关键。没有适可而止，唯有勇往直前。

第九章 动力

虽然霍利尔迟迟无法回到球队，但在汤普森的运筹帷幄下，利物浦的成绩倒是中规中矩。具体到欧冠第二阶段小组赛，我先拔头筹，却无法阻挡利物浦1比3负于巴塞罗那的败局，在与加拉塔萨雷和罗马的激烈竞争中，我们依然保持着些许优势。

在2002年2月和3月进行完多轮比拼后，我们继续保有跻身欧冠1/4决赛的机会。

在英超方面，利物浦一度在2001年11月排名榜首，但圣诞节到来时，却降到了第4位。

其实，我们本可以在那段时间打出更好的成绩，当病床上的霍利尔扮演幕后操盘手时，全队都是动力满满。不过，在9月到12月一波连续12轮不败后，我们在年末遇到了些许麻烦，先是在客场0比4输给了切尔西，又在主场1比2不敌阿森纳，我们在那段糟糕的时间里掉队了。待到圣诞节到来时，此前在联赛杯被格林斯比淘汰的我们，又在联赛中成了苦苦的追赶者。

岁末年初，2002年近在眼前，尽管球队的战绩有所波动，但从个人角度看，这称得上是无与伦比的一年。不仅有5个团队的冠军奖杯，还有一个欧洲金球奖，你很难奢求在下一年取得更好的成绩了。

在2001年12月29日利物浦1比1战平西汉姆联的比赛中，我在第88分钟的破门，成就了个人利物浦生涯的百球里程碑。大概没有比这更美妙的年度收官了。

那几天，我又接到了霍利尔的电话。

伴随着频繁的通话，我能听得出来，他的声音不再那么虚弱了。我感受到，他对于工作的热情依然高涨，用不了太久他就可以重新站在利物浦的指挥区。在那之前，他仍然是一个联动着我们美好祝愿的能量场，为这支球队带去动力。

"你觉得尼古拉斯·阿内尔卡怎么样？"霍利尔发问道，"我正琢磨要不要把他租过来。"

我曾经说过，霍利尔从不是一个拒绝向球员寻求建议的主教练，特别是那些与他关系亲近的核心球员。除了充分考量我们的意见，他的集思广益也是有的放矢，这自然成了他深得球员尊重的重要原因。

无法否认，作为一名球场内外都有领地意识的前锋，霍利尔的这个引援人选，并不会让我感到兴奋。尤其是像阿内尔卡这样才华横溢、辗转漂泊的前锋，我势必会将他看作制造威胁的竞争者。"你不用担心什么，"霍利尔接着说道，"我只是想给球队增添一个替补。"

理论上，这的确是一笔很精明的引援。

此前，在与汤普森产生分歧并难以与高层就未来事宜达成一致后，罗比·福勒在 2001 年 10 月告别利物浦，加盟了处于上升期的利兹联。

经过人员变动，利物浦的锋线球员只剩下我、贾里·利特曼宁（一年前就加盟球队，但因伤休战许久）和埃米尔·赫斯基。鉴于往后密集的多线赛程，如果能从别队找来一个帮手，我们肯定会举手赞成。2001 年 12 月，利物浦与阿内尔卡签下了租借合约，在霍利尔的建议下，我给法国人打去了电话，向这位新援表示了欢迎。

在很多人眼中，年少成名的阿内尔卡是个谜一样的人，在其职业生涯中，他的很多经历似乎都趋向于此。然而，当旁人对阿内尔卡的惹是生非予以指责时，我却没有发现过他有问题。非要"挑刺"的话，我觉得他有点内向和害羞。

尽管阿内尔卡有一些性格弱点，只要做好调整，他就是能踢出赏心悦目的足球。2002 年年初。阿内尔卡在很多场比赛都踢得很好，特别是 3 月 6 日以三球横扫纽卡斯尔联时，他的发挥真的太棒了。尽管没能进球，但作为前插"三叉戟"（还有我和赫斯基）的一员，他已经做到了一切。

利物浦球迷对于初来乍到的阿内尔卡青睐有加。伴随着他令人兴奋的助力，如虎添翼的利物浦在 2002 年春天打出了 14 轮不败和七连胜的佳绩，那些俯首称臣的对手，包括曼联、利兹联、伊普斯维奇、富勒姆和纽卡斯尔联等。

回得早不如回得巧，适逢利物浦顺风顺水时，霍利尔在3月19日与罗马的欧冠赛前，回到了安菲尔德指挥区。

在一周前与巴塞罗那的较量中，我们在诺坎普球场构筑了稳固的防线，以一场艰难的平局挽回了主场1比3败给"红蓝军团"的面子。

在全队最需要士气的时候，我们打出了一次极尽纪律性和执行力的表现，但必须补充的是，我没能贡献力量。由于大腿有些拉伤，我只是和阿内尔卡并排坐在诺坎普球场的看台上。因为不久前，他代表巴黎圣日耳曼出战了这项赛事，他无法代表利物浦出战。

因为伤势迟迟没有痊愈，我同样错过了利物浦2比0击败罗马的欧冠比赛。我还记得，那是霍利尔的复出之战，一个让人心潮澎湃的夜晚。事后我才知道，直到比赛日下午，正在酒店休息的球队还没有得到任何关于霍利尔复出的确切消息。就是在开球前的几小时，霍利尔才给汤普森打去电话，确认了那个我们等待数月之久的喜讯——"我回来了。"

大家都明白，倘若不能以一场胜利锁定欧冠1/4决赛的资格，那真是白白浪费了一次送给霍利尔大礼的完美机会。

事实证明，大家的努力没有白费，凭借利特曼宁和赫斯基在上下半场的进球，利物浦以2比0的比分击败罗马，成功晋级。半个多月后，欧冠1/4决赛开打时，我们就要在安菲尔德球场迎来实力不容小觑的勒沃库森。

2002年4月3日，欧冠1/4决赛第一回合，凭借萨米·海皮亚在第44分钟的进球，利物浦1比0拿下了比赛。基于对勒沃库森的认知，我们觉得这一个球的领先优势，应该能让我们在一周后的德国客场之旅有所作为。

很可惜，事实并非如此。

4月9日，欧冠1/4决赛次回合，拜耳竞技场。那是一个诸事不顺，完全不属于我们的夜晚。上半场，巴拉克为勒沃库森先拔头筹，但沙维尔第42分钟的进球，一度为利物浦扳平比分。

我必须承认，在那个晚上我浪费了一些唾手可得的机会。反观主场作战的勒沃库森，却凭借巴拉克和贝尔巴托夫的相继破门掌握优势，利物浦的形势骤然变得岌岌可危。第79分钟，利特曼宁的右脚得分，我们以客场进球多的优势，重新看到了晋级的希望。

只是，利物浦还是与翻盘大戏擦肩而过。

仅仅5分钟后，巴斯图尔克与卢西奥的连线，最终勒沃库森以两回合4比2的比分晋级，本应与曼联相遇在欧冠半决赛的我们，只得饮恨出局。时隔17年重回欧冠舞台的利物浦，留下了距离欧冠半决赛这么近却那么远的遗憾。此外，在临近比赛结束时，我还被卢西奥重重踩了一脚，又被伤病找上门。

回溯2001/2002赛季，我们在很多阶段都展现了竞逐英超冠军的能力，但直到赛季收官，我们以几分的差距，落后势如破竹的阿森纳。自2002年2月初开始，阿森纳便一直在联赛保持胜利，待到4月29日以客场2比0击败博尔顿之后，他们的领先优势达到7分，提前两轮终结了冠军悬念。最后13轮联赛，温格的球队保持全胜的战绩。

24胜8平6负，积80分，我们最终在英超积分榜排名第二。这不仅是值得被尊重的成绩，更是一个可以轻松拿到欧冠正赛资格的分数。换作其他赛季，这个积分或许足以让我们拿到冠军。尽管遗憾与奖杯擦肩而过，但我在联赛中攻入18球，各项赛事总计打进28球，表现优异。

一个漫长的赛季结束了，但我的思绪没有停止——韩日世界杯，近在眼前了……

第十章
伤疤

我们对2002年韩日世界杯的备战过程，无异于一场媒体舆论眼中的"马戏表演"。

2001年10月凭借大卫·贝克汉姆的压哨任意球战平希腊，从而获得世界杯的入场券，我们在翌年春天迎来了一些热身赛。2002年4月17日，在安菲尔德球场，英格兰队迎战南美劲旅巴拉圭队。彼时，韩日世界杯的小组抽签已经确定，与英格兰一组的球队是阿根廷、尼日利亚和瑞典。

由于在欧冠对阵拉科鲁尼亚时遭遇跖骨损伤，我们的正牌队长大卫·贝克汉姆不得不因伤缺阵。说真的，大家起初都不知道跖骨在哪儿，更没有人能预测他何时才能重返赛场。当然，等到大家后来遭遇类似的伤病，都感受到跖骨的存在了！

在迎来与巴拉圭队的热身赛前，埃里克森拨通了我的电话。

"迈克尔，我正在考虑让你成为英格兰队长。"他如是告诉我。

"教练，那真的太好了，谢谢你！"

"不过，你得先替我保密，我还没有做出最后的决定。"埃里克森接话道。

尽管真的很想昭告天下，我要在安菲尔德戴上"三狮军团"队长袖标了，鉴于埃里克森的叮嘱，我不得不耐心等待着官方消息的公布。当然，我总归是如愿以偿了。

第一次在英格兰代表队担当队长，自然是莫大的荣耀。作为"三狮军团"的首发前锋，我的好事还不止于此——开场仅仅4分钟，我在面向KOP看台攻入了一球，为主队先拔头筹。半场休息时，意在考察替补队员的埃里克森将我换下，距离韩日世界杯开幕还有一个半月，我的比赛感觉非常好。

由于伤势较为严重，大卫·贝克汉姆的恢复一直在与时间赛跑，事实上，直到我们启程抵达亚洲时，他能否在6月2日的埼玉世界杯球场出战都是个未知数。

我记得当时的媒体，几乎把全部注意力聚焦在贝克汉姆的伤情上，其他都置若罔闻。毫无疑问，他轰破希腊队的那脚任意球，就是我们得以直接跻身世界杯决赛圈的证明。无论球场内外，他都是媒体不会放过的超级红人。

不出所料，当我们跨越千山万水，抵达日本机场时，目光所及的八成横幅，都与大卫有关；而留给我和其他队友的比例大概只有两成。这样的场景真的超乎想象。

这是一个由23名英格兰最优秀球员组成的团队，作为一个整体，我们似乎被外界忽略了。大家的焦点完全集中于受伤的贝克汉姆身上。就算不是每小时的焦点，每天的热点是跑不掉的。

平心而论，作为英格兰队的第一队长，2002年的大卫·贝克汉姆是名副其实的顶级球员。那场"三狮军团"与希腊队的世界杯预选赛就是最好的例证，要知道，那个绝平进球只是其中一部分，他的所有发挥都无与伦比。

第十章 伤疤

我一向对大卫钦佩有加,在那批包括斯科尔斯、吉格斯和维斯·布朗等人的曼联球员中,他并不是最有天资的球员。但就像我反复强调的那样,真的没有任何人能比大卫·贝克汉姆更加勤勉,他穷尽了所有才华和努力。

在很年轻的时候,大卫就有在所有同伴离开训练场后继续加练的习惯,持之以恒地精进自己的小技术。而且,就算速度不是他的强项,他也一直在身体训练方面不遗余力,力争达到最高水平。整个职业生涯,他都保持着很健硕的体态。

回溯整个 2002 年,大卫正处于职业生涯的巅峰期。他兢兢业业、训练有素,造就了世界足坛独一无二的传球技术。无论是运动战送出传中,或者像对阵希腊队时那样罚出精确制导的定位球,他都可以轻而易举完成。

由于防守队员没有充足的时间做出预判,大卫的传球让他们难以招架。对于像我这样的前锋,他的传中质量实在是可遇不可求。

尽管新闻舆论制造的喧嚣过于夸张,但我们都非常清楚,大卫在竞技层面对于英格兰队的重要作用。我们和其他人一样,都盼望着大卫可以在对阵瑞典的比赛中复出。

大家都知道,大卫做到了,他以队长身份,带领我们走进了埼玉世界杯体育场。那个夜晚,也只有他自己知道,他的身体究竟恢复得怎么样。无论如何,大卫坚持到全场第 60 分钟,才被埃里克森换下场。有限的出场时间,也足够让他有所贡献,在上半场大卫利用左侧角球,为坎贝尔送上助攻。但到了下半场比赛,亚历山德松的破门,帮助瑞典队扳平了比分。最终,这场 F 组第一轮的较量以平局收场,而我们与瑞典队的比拼,总是这样难分难解。

几天后,由于瑞典在第 2 轮小组赛 2 比 1 战胜尼日利亚,我们已经没有退路可言。倘若不能在札幌穹顶体育场面对阿根廷拿到积分,我们估计就要接受惨痛的结果,提前打道回府。

对于像我这样经历过 4 年前圣埃蒂安之夜的球员而言，此番与阿根廷队狭路相逢，就是一场不容有失的复仇之战。大家都铭记我们与阿根廷的宿敌关系，包括他们 4 年前在大巴车上的跳舞和嘲讽，以及那张让大卫坐上火山口的红牌。尽管只是一场世界杯小组赛，但重要程度已经不同寻常。

尤其是对大卫·贝克汉姆而言，这一切更是不言而喻。虽然在前后几年时间，我从来没与他直截了当地聊过那场圣埃蒂安之战，但无须多问，他的内心埋藏着对阿根廷深深的怨恨。或许，这不仅关乎那张红牌，也包括后来他遭受的舆论攻击。

说起来，这是一场奇怪的比赛，其中的原因，不仅是札幌穹顶体育场是个新奇、有回声、缺少空气流通的室内环境。

开场不久，我就在禁区内被侵犯了，这是一个很明显的点球。但是，我站住了，没有摔倒在地。作为我心目中世界足坛的最佳裁判，意大利人科里纳却没有做出点球的吹罚，只是冷眼旁观。我心想着：他怎么能漏掉这样的犯规呢？

然后，他从我的身边小跑而过。

"裁判，干吗呢，"我朝着他大喊道，"这绝对是个点球啊！"

科里纳走了过来。

"迈克尔，"意大利裁判瞪着一双大眼睛，"你得知道，如果你没有摔倒的话，我不可能判给你们点球。"

"但他犯规了呀！"我继续抗议着。

"如果他真的把你推倒，情况就不一样了，但我肯定会视具体情况而定。"

很显然，这个世界上最好的足球裁判，并没有提出假摔的建议。他也绝对没有说过，如果我在禁区内倒地的话，就一定会判罚点球。

科里纳只是觉得，如果球员没有在对抗中摔倒，无论是哪个裁判，基本不可能去判定一个事关重大的点球。

第十章 伤疤

10分钟后，科里纳的表述还在脑海中萦绕，我在前场禁区的左侧，获得了拿球的机会。当时，我试图加速摆脱的对象，就是托特纳姆热刺前主帅波切蒂诺。我们一对一时，他伸出左脚将我绊倒在地，科里纳随即吹响了嘴里的哨子。虽然这次碰撞有些轻微，但我的膝盖上还是出现了一道血印。

倒地之后，我回头看着走进禁区的科里纳，好像在问着他："这就是你想要的结果吗？"

如果你要说，我真的没法在那次拼抢中站住吗？答案是否定的。但这一次，我不想再让科里纳找到忽视点球的借口，他也坚决地吹罚了犯规，指向了点球点。

一般来说，这个点球应该是我亲自主罚，但在那样的特殊场合下，没有人可以让大卫放弃那个点球。凭借一脚打向中路的大力低射，他的进球帮助英格兰1比0击败阿根廷，他也从过往的罪人摇身一变成了全英格兰的英雄。在我看来，这样的逻辑让人费解。

我觉得："拜托了，能不能别整这些没用的！"

那样的感觉，就像他罚入点球之后，过往的所有都烟消云散，化干戈为玉帛了。没错，这个进球确实是一种巨大的精神释放，但对于这一球的意义，我们的理解并不相同。

对于贝克汉姆，他应该觉得这个点球足以驱散环绕了4年的阴影。如果这样的积极影响真实存在，我自然会为他感到高兴。我并不希望他的生活一直被过往的精神梦魇所困扰。但对我而言，这只是一场世界杯小组赛的胜利而已。无论如何，这场比场的3分都无法抵消掉4年之前的遗憾，他的点球劲射无法让我心中的怨念消失，我依然要在未来应对圣埃蒂安之夜留下的遗憾。

说实话，我真的很少去回想韩日世界杯的英阿大战。不同于大卫的激情释放，我并没有什么特殊的感觉。

不过，由于假摔和佯装在当下世界足坛受到唾弃，我有时候也会因为那个点球所引发的争论，去回顾一下与当值主裁科里纳的对话。

在英国电信体育台担任嘉宾时，我跟执法过世界杯决赛的顶级名哨霍华德·韦伯进行过多次交流，有时候，他也会重复科里纳对我说过的话。

事实上，如果非要深究的话，大概有90%的球员都能在禁区内被犯规后站稳脚跟，而非让自己摔倒。那种直接把对方撂倒的犯规，真的不太多见。也就是说，大多数制造出点球的抢断犯规，其实都可以被进攻球员扛住或者闪躲过去，但他们都知道，不会这样做的。

对于中立旁观者而言，这些球员的做法可能让人难以接受。但不可否认，要在禁区里博得犯规，绝对是一项专业技能。很多时候，大家都会主动创造身体接触，去诱导后卫做出错误决定。一旦成功，进攻球员就有了摔倒的理由，等待裁判的吹罚。

面对这样的情况，主裁判要不就吹哨子，要不就无动于衷。一些球员在获得单刀机会时，总会先等着守门员的扑救碰到他们，再触球倒地。这就是足球，这些现象都太正常了。

不过，如果是明显的佯装行为，就另当别论。也许你经常看到，有球员在碰撞发生之前抑或根本没有接触时，就屈膝摔倒了。这些行为在足球场上是不能被原谅的，这不是我们应该看到的足球。

回到韩日世界杯的赛场。2002年6月12日，大阪长居体育场，英格兰在小组赛第3轮对阵尼日利亚。不知道是气温、湿度还是状态的原因，我们踢得很一般，没有太多的亮点。反正，那一天的外部条件不算舒适，我们在场上觉得既艰难，又别扭。

最终，我们以一场平局，拿到了出线的必要分数。由于阿根廷在另一场小组赛爆冷不敌瑞典，我们以1分优势力压阿根廷，拿到了进军韩日世界杯16强的资格。彼时，在1/8决赛等待英格兰的球队，正是在A组先后击败乌拉圭和法国的丹麦队。

6月15日，我们与丹麦的8强之战，在新潟体育场进行。开场仅

第十章　伤疤

10 分钟，尚未在本届赛事收获进球的我，遭到了对手的一次侵犯。一瞬间，我甩出了自己的腿，以便凸显对方的犯规而得到任意球。但很不走运，我弄伤了腿筋，抑或只是自己觉得而已。说起来，那一天的情况实在很奇怪，尽管从本能反应来看，那确实是腿筋撕裂的感觉，但相较于过往的经历，好像又不太一样。我甚至不禁开始琢磨：我的腿筋真的受伤了吗？

单是这一点就有些不同寻常。按照以往的经验，要是在比赛中撕裂了腿筋，我的第一个想法肯定是——完了，我要下场了，我别无选择。无论多么想继续比赛，你在受伤之后真的无法转身，甚至有心无力。不过，在这场与丹麦的比赛中，由于心中有数，我心想，既然还能跑步，我就先观望一下。

在接下来的二十多分钟，我一瘸一拐坚持比赛，没有向埃里克森示意换人。虽然没法全速冲刺，但我基本可以在没有痛感的情况下，发挥七成左右的爆发力。

由于比赛还在进行中，我不希望显现出自己有异常，遂在上半场剩余时间，我基本扮演了佯攻角色。在第 22 分钟，我还是抓住了一次机会，收获了韩日世界杯的个人首球，帮助英格兰队取得了两球领先的优势。我如释重负。

进入半场休息时，我告诉队医："我要下场，我没法继续了。"

"怎么了？"

"我的腿筋撕裂了。"

当时，我的想法很简单，既然英格兰队已经 3 比 0 领先了，我就没必要继续出场，以防伤势加重。或许，我们应该着手处理一下伤势。

一般来说，当你的腿筋受伤时，那种损伤都是穿过肌肉纤维，横向扩散。所以，就算不是明显的撕裂长度，但由它带来的损伤和影响依然是很严重的。赛后，当我看到医院拍出来的腿部片子时，一切困惑都有了答案。那张扫描片实在有点恐怖。

我的腿筋撕裂，伤口沿着肌肉呈现出垂直状态。而伤口的长度，也不算很短，肉眼看上去有十几厘米。

现在看来，一处15厘米的肌肉撕裂伤势，并不比1厘米的伤势严重多少。但事实证明，对于这个伤势的处理是否及时，是其中最重要的因素。

在那样的特殊情况下，受伤部位的疼痛程度，就是最核心的问题。虽然从片子上看有点不妙，但我的痛感却没有以前那么强烈。世界杯1/4决赛与巴西的对决近在眼前，我感觉我只能豁出去拼了。

关于如何让我尽快恢复上场的问题，我没有与任何人讨论过，包括埃里克森和队友们。

自从结束与丹麦的1/8决赛后，我就没有参与英格兰队的合练，取而代之的是，我几乎每时每刻都和球队的荷兰理疗师理查德·史密斯待在一起。理查德·史密斯是埃里克森的老帮手了，他们在拉齐奥俱乐部就相识了，当时为了加强英格兰队后勤工作，埃里克森特意将他带到了亚洲。

需要说明的是，我没有任何不切实际的幻想。我很清楚，要在短短几天内完全恢复是根本不可能的，我们只是在寻找较为有效的应急方法，尽可能减轻伤势的影响。毕竟，这可是一场世界杯1/4决赛，我希望竭尽所能出场比赛。

从早到晚，我在理查德·史密斯那里接受了一个又一个两小时疗程。在治疗过程中，史密斯几乎是侧挂在天花板上，铆足了力气给我受伤的腿筋施加更多的压力，他寄希望于延阻神经末梢，以此驱散和减轻由撕裂带来的疼痛。

这样"以毒攻毒"的治疗方式听起来有些粗鲁和残忍——好吧，情况也的确如此。

有时候，当史密斯不遗余力用肘部进行按压时，我真的被疼得泪

第十章　伤疤

流满面。我难以形容那种不适感，那些出现在腿部的瘀青，就是一切的缩影。

尽管治疗过程异常痛苦，结果还不错，我的感觉很好。由于神经反应受到外力影响，我甚至觉得自己根本没有受伤。

那几天，埃里克森知道我的腿出现了些许问题，但他并不完全知晓我究竟为此经历了什么。我只是告诉过他，等到比赛日来临时，我的身体一定会做好准备。

"我们会等你的，"埃里克森一直告诉我，"不过，你必须要参加赛前一天的训练，才能进入我们的名单。"

就这样，我在比赛前日陷入了进退两难的境地：一方面，尽管史密斯的治疗卓有成效，但我总归要对受伤的腿小心翼翼；另一方面，我又不得不在最后一练中尽力表现，以此打消埃里克森的顾虑，重新确认我对球队的贡献。若想两全其美，我必须达成一种微妙的平衡。

在赛前最后一次训练开始前，史密斯来到英格兰队的更衣室，他继续按压着我的那条伤腿，用一个小时的治疗使其麻木，麻木到失去感觉。准备就绪后，我参加了全队的训练课。当时，我的感觉就像是之前与丹麦比赛时一样，可以正常奔跑，最大可以发挥出七成左右的速度。当然，对抗训练并不是正式比赛，我并不需要发挥全力。无论如何，我都觉得这样的情况已经相当不错了。

幸运的是，埃里克森对我的恢复情况感到满意。

比赛前夜，英格兰代表团搬进了小笠山综合运动公园体育场周边的酒店。这个酒店的位置，就在一座高尔夫球场旁边。

比赛日当早，距离全队出发只剩下两小时，我告诉史密斯，我的腿筋依然有些感觉。

"这样吧，我们去高尔夫球场慢跑一会儿。"他回应道。

悄然无声，我们从后门溜进了高尔夫球场，那就像是突然打开的天堂之门，豁然开朗。

"现在的感觉怎么样？"没过几分钟，史密斯又问道，"还能坚持吗？"

"还是挺疼的，但似乎好一些了。"

然后，他让我指着腿部酸疼的地方，平躺下来。

就在世界杯1/4决赛前4小时，雨天之下的我，卧倒在这片高尔夫球场第17条球道上。而与我同在的荷兰理疗师，正用手肘不断地按压我的腿筋。那是一个新奇的场景，我们都成了倒霉的"落汤鸡"。

那一刻，没有人看到我们，而我在那几天为了出场经历的所有事情，大概没有谁能全盘了解。

2002年6月21日，小笠山综合运动公园体育场，英格兰与巴西的1/4决赛如期而至。比赛伊始，我就不断地告诫自己，要像面对丹麦时最后20分钟一样：不要将自己暴露在冲刺的比拼中，就好好地埋伏于禁区，做好进攻的串联。

上半场第23分钟，赫斯基在中圈附近的一脚长传，飞向了前场禁区。巴西队主力中后卫——狡猾、阴险、难缠的卢西奥，也开始转身回追了。

至少在这一天，我的速度没有优势，他应该不太清楚，我因为有伤在身没法全力冲刺。

卢西奥不知道我根本不可能超过他，我也压根没有这样的想法。赛前几小时我还在积水遍布的高尔夫球场接受按摩的事情，他自然是一无所知。在球飞行过程中，卢西奥并没有观察线路，他只是一味地在契合我的脚步。眼见没有可能加速超车，我就半心半意跟在他的身后，等待二点球机会。我可以感觉出来，球下落的速度比他想象得更快，我便顺势放慢了速度。

这种提前判断，大概是前锋的一种本能。我还能清楚地记得，自己在球飞行中的反应：好了，他看不到足球的位置，只是盲目地担心我的速度。我应该有机会拿到二点球。

第十章 伤疤

事实证明，在前插过程中有意放慢速度，让我接下来处理单刀球变得简单了不少。就像我预判那样，球在下落时击中了不知所措的卢西奥，而埋伏于身后的我顺势接球，单刀突袭，一脚推射攻破了巴西队的大门。1 比 0，英格兰队领先了。

对于自己在场上的实际发挥，我不需要掩饰什么。我的身体状况仅仅恢复了一半。通过这个进球，足以平息那些质疑我在备战期过于自私的言论了。

自始至终，我都在做出深思熟虑的决定，这一刻抓住卢西奥的失误破门得分，就是最好的回报。

直至上半场结束前，我们都在控球方面占据优势，掌握着主动权。可是在伤停补时阶段，贝克汉姆在中线附近的一次跳跃闪躲后导致丢失球权，巴西队打出了一次反击——罗纳尔迪尼奥的盘带后传球，里瓦尔多的射门洞穿了希曼的十指关。1 比 1，双方打平。

不出所料，在英格兰队更衣室内，我体验了职业生涯最窒息的中场休息。说真的，就算天气非常炎热，我们在上半场的表现依然很优异。但在半场结束前被巴西队压哨扳平，真是如一记重锤，让人难以消解。

"加油，现在的比分只是 1 比 1！"我记得，埃里克森一直在更衣室鼓励着我们。

只是，口头激励并没有作用。全场第 79 分钟，表现挣扎的我被埃里克森换下。

就这样，我坐在替补席上看完剩余比赛，不客气地说，那是我见过英格兰队最差的表现。即便巴西队因为罗纳尔迪尼奥被罚下，不得不以 10 人作战，但无论是我们的体系、能量抑或其他方面，大家的发挥都一塌糊涂。就算这场比赛永不休止，我们可能都没法收获进球。

无论别人怎么看，我从来不认为罗纳尔迪尼奥的那脚任意球吊射是有意为之的，100 万年也不可能。就算他是响当当的世界级球员，他也不会想着在那么远的地方吊射得分。

相信我,我不会斥责任何人,如同大卫·希曼在1995年欧洲优胜者杯决赛被萨拉戈萨的纳伊姆攻进的那记吊射;我不认为他需要为这一场英巴大战承担全责。

不可避免,希曼遭到英国媒体的围攻,我觉得这样太残忍了。在当时情形下,他预判了罗纳尔迪尼奥会送出一脚传中球。要知道,我们一直习惯门将在定位球时走出来几步,掌控小禁区附近的防守——希曼也是这么做的。这一切都是阴差阳错,就算是用手,你也很难把球放到那个难以触碰的位置。

这个足以让门将无能为力的进球,实在是偶然。当然,最后的结果已经无法改变,无论大家怎样讨论,英格兰队的世界杯之旅戛然而止。

反正,大家都遭到了舆论的指责,包括教练、球员、我……绝不只是希曼而已。

就算过去了这么多年,2002年韩日世界杯依然是我的心结。回想与巴西队的比赛前夜,围坐在餐桌前的我们都心知肚明,如果能继续取胜晋级,我们在半决赛的对手就是土耳其或韩国。

我甚至还对里奥·费迪南德说道:"兄弟,我觉得只要击败巴西,咱们就真要夺冠了。"

对于表现优异的韩国和土耳其,我自然尊重有加,但我觉得如果要在半决赛与他们相遇,英格兰队确实是占优势的一方。

土耳其队的能力并不特别,却奉上了超水平的发挥。韩国队以拼命的姿态,爆冷击败了不少传统豪强。如果一切按照设想的发展,我们或许能在世界杯决赛与德国相遇,别忘了,我们刚在世界杯预选赛以5比1横扫了他们。

我迄今依然笃定地认为,那一批英格兰球员理应在韩日世界杯不辱使命。那真是一届万事俱备的赛事,我们本该成为那个夏天的主角。

第十章 伤疤

相比同情和宽慰，英国媒体更热衷炒作这支球队的赌博事件。我不知道他们究竟是怎么想的。反正，我记得别人说过，有个头版头条就是这样写的：迈克尔·欧文欠了基隆·戴尔 3 万英镑的赌债。

我不否认这个消息的真实性，但我觉得，这种炒作毫无意义。再一次强调，我们作为一群远离亲朋好友的球员，不过是在闲暇之余找点乐子。

就像过往的几届大赛一样，我们会在球队内部设盘、押注，这是缓解无聊和增添乐趣的好方法。很显然，这样的休闲并不会影响大家的竞技状态，但那些媒体总想兴风作浪，把我当成众矢之的。

我说过很多次了，即便是在赌局中输钱了，我也不会受到严重的干扰。就算别人觉得这是不负责任、逃避现实抑或其他什么行为，我都毫不在意。

3 万英镑确实不是小数字，它也不该被视为洪水猛兽，考虑到我当时的收入，这个赌债实在算不上大事。更何况，这可不是我一个晚上的损失，而是经过了整整 6 周的累加。换言之，这 3 万英镑只是最后结算的金额，也不是我们之间唯一交接的支票。

不出所料，新闻媒体又一次将热点聚焦于此，无论我们如何解释，他们固执己见。看起来，他们只是想把英格兰队的球员描述成鲁莽、不计后果的高收入者——一边是可观的薪资令人眼红，一边又暴露着各种缺点让大家失望。

事实上，对于在韩日世界杯饮恨而归这件事，没有人比我们球员更加沮丧。

球迷可以很快回到正轨，而我们却要承载着这样的遗憾，度过余生。

第十一章
决定

随着韩日世界杯宣告结束，2002/2003赛季随即拉开大幕。在开局阶段，我明显有点慢热，除了在9月初面对纽卡斯尔联罚进一个点球，我用了7周的时间，才在英超联赛收获了一个运动战进球。直到2002年9月28日，在客场面对由基冈执教的曼城时，我才凭借一个帽子戏法释放了心中压力。作为前锋，接连不断地取得进球就是我的目标，一旦陷入了进球荒，我的感觉就非常不好。

我不知道谈判的具体情况如何，反正，霍利尔在阿内尔卡的租借合同到期后，并没有把他留下来。对此，我们也不晓得是什么原因。离开安菲尔德球场后，阿内尔卡延续着神秘莫测的行事方式，他在英超联赛的新东家，正是凯文·基冈领衔的曼城。

有出就有进。大概在韩日世界杯之前，霍利尔就着手对攻击线进行调整。凭借先发制人的行动，霍利尔早早就从朗斯队锁定了塞内加尔前锋迪乌夫。而与其一同来到安菲尔德的，还有色当队防守型中场萨里夫·迪奥。

霍利尔的慧眼识珠，一定有水晶球加持。大家都知道，除了东道主韩国外，由迪乌夫和迪奥领衔的塞内加尔就是韩日世界杯的第二大黑马球队。他们在揭幕战打败了法国，又在淘汰赛跻身1/4决赛，他们可能会觉得缺少一些运气，才在8强战输给了并非传统豪强的土耳其队。但是，塞内加尔球员热情和华丽的表现，已经在世界足坛最大的赛事中足够出彩。

非洲足球呈现了凶猛的上升势头。在那个夏天的世界杯征程中，迪乌夫就是塞内加尔队内最耀眼的明星之一。虽然并没有进球（迪奥倒是有所斩获），但他在每场比赛表现出的活力和进取心，显现着霍利尔在引援方面独具慧眼。

从朗斯来到利物浦，迪乌夫很快让红军球迷吃下了定心丸，在安菲尔德球场的联赛首秀中，他就在对阵南安普敦时梅开二度，帮助利物浦拿下了开局两连胜。在那之后，关于大家对这笔签约的认可程度，我就不能认同了。

利物浦在2002/2003赛季不同阶段的表现，有着天壤之别。在干净利落拿下两连胜后，我们进入了三连平的怪圈，接连以3个2比2打平了布莱克本、纽卡斯尔联和伯明翰。

好在，全队的后续发挥都非常好，在势如破竹拿下七连胜后，我们在11月初登上英超积分榜首位，领先上赛季冠军阿森纳的分数也达到4分。

在欧冠赛场，我们的同组对手有瓦伦西亚、莫斯科斯巴达克和巴塞尔，赛程看起来不算艰险。但小组赛第一轮，我们就在客场0比2输给瓦伦西亚，失去了抢占先手的机会。就像2001年联赛杯决赛对阵伯明翰一样，这是一场让我非常恼火的比赛。

长久以来，我都在证明自己是合格的大场面球员，但我实在搞不懂，起初要把我排进首发阵容的霍利尔，为何要把我放在替补席上。要知道，在之前周末与博尔顿的比赛中，霍利尔就以保持体力为由，对锋

第十一章 决定

线做出了轮换调整。当巴罗什先发出场，为利物浦梅开二度时，我只能在整场时间枯坐板凳！

我觉得利物浦对阵瓦伦西亚，是开季迄今最关键的比赛，我难道不应该首发出场吗？

尽管我去办公室里抱怨了一番，但霍利尔派出的前锋搭档，依然是赫斯基和迪乌夫，我的抗议无济于事。那一天，我们在客场被瓦伦西亚上了一课，以0比2的比分铩羽而归。

一周后，利物浦在一场拉锯战中，与来访的巴塞尔打平。欧冠小组赛两轮战罢，利物浦的战绩为一平一负。幸好在后来背靠背与莫斯科斯巴达克的对决中，我们火力全开，攻入8球，干脆利落地拿下两场胜利，我还在客场上演了帽子戏法。凭借两场胜利，利物浦在4轮过后回到了不错的排名，出线形势较为明朗。然而，第5轮主场又负于瓦伦西亚，无路可退的我们必须在末轮客场击败巴塞尔，才能确保一个小组出线的资格。

理论上，这不是那种无法完成的任务，但在2002年11月12日，我们的希望大概只维持了半小时。巴塞尔踢得太好了，我们根本没有还手之力。第2分钟、第22分钟和第29分钟，他们势如破竹，攻入三球，我们直接陷入了绝境。虽然在比赛结束时，丹尼·墨菲、斯米切尔和我的进球，为利物浦拿到了一场平局。很遗憾，这依然无法改变我们告别欧冠战场，只能参加欧洲联盟杯的结局。

至于这场平局是否影响了全队信心，我们真的很难说清。不得不承认，这场欧冠小组赛的收官之战，确实成了利物浦在2002/2003赛季的转折点。从2002年11月到2003年1月初，全队遭遇了长达12场难求一胜的局面，大家状态全无。直到2003年1月18日的圣玛丽球场，我们才在枯燥无味的客场1比0击败南安普敦，终结了持续两个月的煎熬。

总体来说，利物浦的2003年是让人失望的一年，无论英超联赛抑或欧洲赛场，我们都缺乏自信，没有保持具有持续性的表现。最终，利物浦在英超排名第五，落后于曼联、阿森纳、纽卡斯尔联和切尔西；而在熟悉的欧洲联盟杯，我们也未能在惊险淘汰阿纳姆和欧塞尔之后更进一步，在1/4决赛的两回合较量中败给了苏格兰豪门凯尔特人。

利物浦在2002/2003赛季的唯一亮点，就是拿到了英格兰联赛杯冠军。2003年3月2日，我和杰拉德各进一球，曼联甘拜下风。夺冠的甜蜜自然无须赘述，整体看来，那更像一种失败后的安慰。大家都知道，我们本来在英超打出完美的开局，最终却白白浪费。

那个赛季，我的联赛进球为19个，各项赛事总数为28个。在2003年4月26日对阵西布朗时，我达成了职业生涯的英超百球里程碑。很遗憾，就算贡献上佳的进球数据，但我仍然无法撼动蒂埃里·亨利的地位。他当之无愧地荣膺了英超PFA赛季最佳球员的称号。

大概从2003年年初起，我觉得霍利尔比以往任何时候都意识到，我越来越容易受到肌肉伤势的侵袭。这逐渐成了公认的事实。在经历2003/2004赛季不算理想的开局后，利物浦全队齐心协力，希望尽快走出阴霾。

从英超联赛到欧洲联盟杯，我连续为利物浦贡献进球。而在欧洲联盟杯资格赛客场与卢布尔雅那的对决中，我打进一记扳平进球，凭借此球，我超越了名宿伊恩·拉什，以20球创造了利物浦欧战的全新进球纪录。

当年10月，由于在与阿森纳的联赛比赛中扭伤脚踝，我在整个赛季大部分时间都失去了正常的节奏。虽然这个伤势很快痊愈了，但从2003年10月到2004年2月，我依然无法摆脱连续出现的大腿和腿筋伤病状况。

一伤未好，一伤又起。这是令人沮丧的恶性循环。我很想正常比赛，为球队做出贡献，但往往事与愿违。此外，我还逐渐感觉到，霍利尔开始认为我的心理出现了更大问题。对我来说，这样的主观推测有点难以消化。从理性角度看，这不应该有争论性，毕竟你能通过扫描过程，清晰地看到我所遭受的伤势。

我很清楚，足球圈里的人经常会说：伤病不是孤立存在的。当然，来自医生的扫描和拍片，从来不是一个故事的全部。可是我有时候不明白，为什么霍利尔很难接受有事实依据的医学证明，更何况，我还是一个频繁遭遇肌肉伤病的"老伤号"。或许，他只是觉得我太紧张了，太紧绷了，应该从过往的恐惧中解脱出来。这些只是我的事后猜测，我对他的真实想法也没有了解。

或许，因为他从来没踢过职业足球吧，他可能并不知道，腿筋受伤到底是怎样的感觉。大概他和大街上的普通人一样，只会觉得那是一种僵硬或酸疼的感觉，只要咬咬牙，忍耐一下，就能撑过去了。倘若你愿意尝试，我只能祝你好运。

需要说明的是，唯有在精英级别运动环境中长期遭受肌肉损伤，你才能真正体会到，想要恢复原来的竞技水平是多么困难的事情。

有一段时间，只要我的腿筋出现问题，霍利尔就会建议我去找心理医生好好聊聊。出于对他的尊重，我照做了，但我悲观地认为，这没有实际意义。

没错，就是浪费时间。

我去过心理医生的诊疗室，坐下来，跟实在记不起名字的医生四目相对。我相信这些专家可以给很多人提供帮助，我也没有嘲笑他们的意思。从个人角度看，我应该是下意识地抵触他们，可能在所谓的内心深处，我的心志强大到没法给他们留出空间。

"我不太确定是否真能帮到你，"那个心理医生如是说道，"坦白讲，我从没遇到过心理素质这么强大的人。"

听说那个医生绝对是行业顶尖的存在，他与很多世界冠军、奥运冠军和冠军团队都有过合作。这一路走来，我肯定他在工作的初段也遇到过不少难题。

我大概是从潜意识中就拒绝了他的帮助。毕竟，我并不同意霍利尔对我频繁休战的看法，在他看来，我的受伤更多是源于心理问题。

至于另外的原因，就是我不太习惯听从别人的说教，这是一个连自己都不太喜欢的特点。说实话，我也不知道为什么会那样。这么说吧，我本来很想提高高尔夫球技术，但一想到必须浪费一个多小时接受别人指导，我就没有什么兴趣了。我知道，这听起来挺奇怪的。

"你的精神力量很强大啊，"在几次咨询后，那个医生这样说道，"只是，我不太确定能给你带来什么影响。"

我的内心没有太多的问题。凭借时间的沉淀和经验的累积，我已经学会如何理解和相信自己。当然，我非常明白受伤的感觉，再多的心理学知识，都无法改变我的直觉。

长久以来，我都记不清自己为多少打来电话的教练或队友排忧解难了，当腿筋的伤势出现反复时，他们就会来问我："你到底是怎么做到的？怎么恢复的？"

这些陈年往事的共通之处，就是球员觉得没有别人能理解他们。在教练看来，这些伤病归根结底都是球员自己的问题。而作为拥有类似经历的人，我完全感同身受。多数情况下，这都不是心理问题，倘若没有遭受过腿筋或其他肌肉伤势的反复折磨，你就根本无法体会想要恢复健康是一道多么难的关卡。

2003/2004赛季中旬，我与利物浦的合约问题进入了关键阶段，俱乐部和经纪人都做好准备，去迎接一场带有契约性质的"猫鼠游戏"。虽然都是捍卫自身的利益，保证资产的价值，但双方总归处于截然不同的立场。不知不觉，我与利物浦的合约就剩下最后一年了。

面对这种情况，经纪人的主要职责就是好好保护球员，在不为人知

第十一章　决定

的幕后做好大量工作，以此帮助球员获得满意的合约。其实，让球员耗完合同与俱乐部闹翻的情况算不上很多。一般来说，这些不为看客所熟知的博弈，都是酒吧里热门的话题，而球员总是被当作反面典型。

在我看来，这种纷繁复杂的合约谈判，就像一场俱乐部与经纪人对弈的棋局。伴随着球员的原有合约进入倒计时，经纪人都会利用其他俱乐部的问询，作为谈判的杠杆。

同样，心知肚明的俱乐部也有自己的小算盘，在合约所剩无几时，他们依然要保证球员的价值。如此一来，事情就变得复杂了。在球迷的思维中，他们相信俱乐部可以做出公平公正的决断，他们可能永远都不能想象，自家球员才是被逼到死角的那一个。

那个赛季，霍利尔承受了相当大的压力，虽然利物浦磕磕绊绊打进英超前四，确保了一个欧冠资格，但无论引援策略抑或战术打法，他的决断与指挥，引发了不少反对之声。

于是，在2003/2004赛季收官时，没有人能判断霍利尔在利物浦的执教前景究竟是走是留。

事实证明，俱乐部高层没有要挽留他的意思，在2004年5月那个微妙的时期，包括我在内的几位核心球员，都接到了首席执行官里克·帕里打来的电话。没错，俱乐部已经在挑选霍利尔的继任者了，他们想听一听我们对于几位候选人的看法。

我、杰米·卡拉格和史蒂文·杰拉德，我们都接到了这种电话："伙计们，你们怎么看？"

在里克初定的名单上，贝尼特斯·贝尼特斯的名字位列其中，在瓦伦西亚执教期间，西班牙教头取得了不小的成功。仅仅3年，他就在梅斯塔利亚球场拿到了两个西甲冠军。特别是2003/2004赛季，除了以领先巴塞罗那5分优势夺得联赛桂冠，瓦伦西亚还在欧洲联盟杯决赛2比0战胜马赛，历史上第一次获得该项赛事的冠军。毫无疑问，那个夏天的贝尼特斯，是欧洲任何一家豪门球队都希望得到的主帅，唯一的例外，大概就是他的老东家——瓦伦西亚。

尽管在瓦伦西亚取得了前所未有的成功，但贝尼特斯与管理层却在引援事宜上出现了不小的分歧。你可以说，这就是"贝尼特斯风格"的开始。

在2004年6月初，贝尼特斯与瓦伦西亚分道扬镳，进入转会市场。而抢占先机的利物浦，绝不会放过机会。

几周后，所有关于主教练的话题尘埃落定，我则跟随英格兰队前往葡萄牙，准备迎来万众瞩目的欧洲杯。彼时，刚被任命为利物浦主帅的贝尼特斯，决定来到酒店，和我们几个利物浦球员见见面，打个招呼。

还记得，当时我产生了一种不祥的预感：或许，他对我并不是很看好？

说起来，归属埃里克森任期内的2004年欧洲杯，给我留下了一种古怪的印象，这可能是因为，我没过多久就面对了一次职业生涯的重大危机。

起初，似乎一切都挺顺利的。

在本届赛事的准备期，英格兰队将大本营设在葡萄牙阿尔加夫洛堡。球员们带着各自的伴侣，住在酒店周边的别墅里，整支球队基本稳定，一直在大本营的综合中心进行训练，没有出现加斯科因那样的闹剧。在度过较为轻松的一周后，我们集结飞往里斯本，进入最后的冲刺阶段。

大家都知道，葡萄牙欧洲杯见证了韦恩·鲁尼的横空出世。在当届赛事之前，仅仅凭借两三场比赛的高光时刻，他就迅速成为英格兰足坛的新宠。在那支球队中，这个奔放的利物浦人我行我素，队内论资排辈的传统也不放在眼里。

回想我刚进入国家队时，我可不会在训练中耍出穿裆过人，抑或用挑射戏弄门将的事情，即便在那样的环境中，这些插曲也算不上什么

第十一章 决定

大事。

直来直去的鲁尼，自然无所顾忌。我记得在某次射门练习时，鲁尼的首次尝试，就漫不经心地对大卫·詹姆斯玩出了一脚吊射。我心想着：天啊，这个新来的毛头小子……

谁都希望世界足坛可以江山代有才人出，就像曾经备受关注的西奥·沃尔科特和弗朗西斯·杰弗斯一样。但是，在足坛的更新迭代中，真正能兑现天赋的潜力者却极为有限。我和里昂·费迪南德已经算是成功者的代表了，毕竟，他自从出道时就像劳斯莱斯一样耀眼。

当然，2004年的鲁尼真的太棒了，仅仅是第一次与他合练，你就足以认定他是全队最好的球员。当他在场上自由挥洒时，大家甚至不知道是要拍手叫好，开怀大笑，还是对他耳提面命，让他安分一些。

以我的角度看，我肯定是不会像他一样无所顾忌。无可否认，韦恩的街头草根背景，促使他可以依靠直觉做出最好的决断。所有人都明白：这孩子就是个天才。他也确实在2004年欧洲杯证明了自己。

然而，伴随着韦恩以精彩的进球不断成为头条人物，我曾经坚若磐石的自信心，却在逐渐消退。这样的感觉让人心神不宁。要知道，我可是一直将自己的精神力量，视为坚不可摧的存在。不同于过往的欧洲杯，我在到达葡萄牙时的感觉很好，包括在欧洲杯预选赛过程中，我也算踢得不错。

作为当时的头牌前锋，我目睹着韦恩·鲁尼的一往无前，并且跻身英格兰队的主力阵容。在葡萄牙欧洲杯的小组赛第一轮，我们在里斯本迎战法国，上半场第38分钟，兰帕德任意球头球建功，为英格兰队建立领先优势。但在终场结束前，齐达内却为法国队连入两球，上演读秒逆转。我跟韦恩·鲁尼共同首发，也都在下半时被替换下场，赫斯基和瓦塞尔组成了替补锋线。

4天后的科英布拉，英格兰队以3比0轻松拿下了瑞士，鲁尼的梅开二度，都是出自我的助攻。就在那场比赛后，我感觉得到，周围的舆论环境发生了变化。尽管我仍然保有头牌攻击手的身份，但鲁尼所收获的赞誉和褒奖，已经非同寻常。随便拿出一份报纸，你都可以看到送给他的赞美之词。

等到与克罗地亚的第三轮小组赛即将开打时，外围的舆论彻底翻转了。我对于自己的能力和表现，依然保有很强的信心，但我的球队地位已经不再稳固。

突然之间，韦恩·鲁尼当上了球队的头牌，我和瓦塞尔只能充当配角。或许，那就像卫兵换岗之前的第一道曙光，我的心态也谈不上嫉妒。只是，对于25岁的我而言，这样的更新迭代有些为时过早。

我觉得韦恩·鲁尼大概并不知道我的心路历程，目睹着他的横空出世，我就像看到了1998年的自己：一个涉世未深的毛头小子。无忧无虑的他，散发着绝对自我的特质。

只是，没有人能预测到，韦恩·鲁尼在葡萄牙欧洲杯的4次出场，就是其国家队生涯的巅峰时刻。此后10年，韦恩·鲁尼在英格兰队留下了太多伟大的进球和纪录，却未能在后来的国际大赛带领英格兰获得成功，成了其英格兰队生涯的最大缺憾。无论多么顶级的明星，都需要优秀的队友围绕身边，但他确实在几届大赛中表现不佳。言归正传，在葡萄牙欧洲杯的第三场小组赛中，我和韦恩·鲁尼继续联袂首发，他凭借又一个梅开二度，主导了英格兰以4比2击败克罗地亚的胜利。

就像前两场比赛一样，我先发打满90分钟依旧未能破门。作为所谓的头牌前锋，我继续给10号位的韦恩·鲁尼送出助攻。由于长时间没有打破进球荒，我一直处于挣扎状态中，虽然相信自己是英格兰的得分保障，但3场比赛下来，我就是无法打开尘封已久的进球账户。

在小组赛结束后，我第一次切身体会到了迷失自我，那种感觉真的很糟透。我过往强大的心理调节能力，突然出现了问题。曾几何时，我会在走进餐厅时听到队友们的窃窃私语："来了来了，头牌来了。我们

第十一章 决定

需要他的发挥，不然就有麻烦了。"

此外，我也早就习惯了在走出球队大巴车时，听到球迷们此起彼伏的欢呼声："迈克尔，加油！让我们看到你的进球啊！"那一刻，我的责任感和被依靠感油然而生。现在，一切都不同了，当我从座位起身离开球队大巴车时，听到的叫喊声全都是："鲁尼！鲁尼！"我心想着：好吧，上帝，在他们眼中，韦恩·鲁尼才是英格兰队最好的前锋了。

欧洲杯小组赛收官，淘汰赛在即，我们着手准备与东道主葡萄牙的1/4决赛。在一天早上的训练后，我找到了主教练斯文·埃里克森。

"教练，我的父母刚到里斯本，如果方便的话，我能在下午去城里跟他们见个面吗？"

"当然，没问题。"斯文答道。

说起来，当时的斯文·埃里克森，还不知道我的心理已经不堪重负。当天下午，我坐上一辆英足总的专车，去城里跟远道而来的父母会合。其实，我就是想抽出几小时换个环境，和两个不会对我品头论足，而是无条件爱我的人待在一起。

到达城区后，我和父母相约在一家很小的咖啡厅，我们都很放松，就像在家里一样谈天说地。我们的聊天并没有特别的内容，我也没有向他们袒露自己的茫然失措。这大概是我人生中唯一觉得：上帝，我真的很需要父母的出现。大约一小时后，我坐车回到球队下榻的酒店。我不骗你们，就在如释重负，回到房间时，我甚至感觉长高了5厘米。

2004年6月24日，里斯本光明球场，欧洲杯1/4决赛英格兰挑战东道主葡萄牙。经过了赛前调整，我完全摆脱了彷徨感，随着开场哨正式吹响，我已经要火力全开。

开场仅仅3分钟，大卫·詹姆斯的后场大脚，直接蹚过了葡萄牙后卫的头顶。说是有意为之可能言过其实，我就是本能地前插抢占了位置，然后在非常规的半转身动作下，以一脚弹射攻破了东道主的球门。坦白来讲，我之前从来没有攻入过类似的进球。

我难以形容这个进球的重要性。大家都知道韦恩·鲁尼的状态很好，我也期待如此。无论如何，我都希望自己能继续为球队做出贡献，最直接的方法就是破门得分。

从那一刻起，我自感与韦恩·鲁尼组成了名正言顺的搭档，可好景不长，他在上半场第25分钟就遭受了严重的脚伤，只得提前下场。

接下来，斯文·埃里克森面对突发状况做出的调整，着实出人意料。大概没有人能相信，他竟然用达柳斯·瓦塞尔做出了一次对位换人。要知道，我们可是1比0领先呀！在那样的局势下，我们应该换上一名中场球员，比如欧文·哈格里夫斯，以此提高中场的强度。毕竟，葡萄牙在只派出一名前锋的情况下，已经在中场对抗中占据了人数优势。

任何能理解足球的人都会告诉你，一场比赛中，你可以侥幸扛过20分钟、半小时甚至整个半场。但只要大家受限于体能瓶颈，中场方面的形势变化就是最后的分水岭。葡萄牙的确做到了。他们先是在90分钟内扳平比分，又在加时赛率先攻入一球。直到第115分钟，兰帕德的转身破门，为这场跌宕起伏的欧洲杯淘汰赛常规时间画上了句号。

120分钟结束，我们将与东道主进入点球大战。斯文·埃里克森把我们拉到一边，开始决定主罚点球的人选。

"迈克尔，踢吗？"

"好的，教练。"

"兰帕德？"

"没问题。"

达柳斯·瓦塞尔就站在我的旁边。

"达柳斯呢？"

一阵安静。

"达柳斯？"

"不踢。"

第十一章 决定

我笑了。也许我不应该这样，但在那一刻，我不知道还能做些什么。我只是不敢相信自己的耳朵。

"好的，这不是问题。"斯文·埃里克森如是答道，他继续询问下一个球员。

后来，这场点球大战踢到了一球定胜负的突然死亡轮，当达柳斯·瓦塞尔出场时，大家都明白我们凶多吉少了。我预感到他罚不进这个点球，他也确实没能罚进。比赛结束，我们回家了。

我不想让达柳斯·瓦塞尔觉得这是故意针对他。在一场关键之战罚丢点球，本身就是难以消解的难事。你可以去问问大卫·贝克汉姆，他在那一天也犯下了错误。

现在回想起来，当天晚上发生的一切，确实很符合达柳斯·瓦塞尔的性格。他是个很好的孩子，却有些胆小怕事。作为一个速度型前锋，他是球队很重要的球员。在我眼中，达柳斯·瓦塞尔就是那种你经常会遇到的人，他们缺乏自信，也就不喜欢承担太多的责任。公平地说，他在那一晚没有信心的表现，也并不是多么夸张的事情。

且不论达柳斯·瓦塞尔在那时的沉默正确与否。对于前锋来说，需要在涉及半支球队的点球大战中挺身而出，这是职业足球圈的一条潜规则。无论自己是否心甘情愿，你都必须这样做。我也不想罚呀，根本没有人想罚！谁都知道这是费力不讨好的工作，但作为一名负责攻城拔寨的前锋，你唯有担当重任。很遗憾，达柳斯退却了，我不会忘记这件事情。

带着似曾相识的心有不甘，我们离开葡萄牙，告别了 2004 年欧洲杯。东道主葡萄牙一路闯进决赛，却在巅峰对决输给了希腊。等等，希腊拿到了欧洲杯冠军？

尽管对于斯文·埃里克森的战术调整抱有疑问。但我一直坚定地认为，如果我们能够击败葡萄牙，且避免损兵折将的话，带有一些理性和运气眷顾的我们，绝对能在那个夏天问鼎欧洲之巅。可惜，我们又一次与良机擦肩而过。

当我告别葡萄牙欧洲杯回到利物浦时，我的思绪有些混乱。

那是一段很奇怪的时间，在此之前，我几乎没有面对俱乐部换帅的经验。我只是在刚升上一线队的时候经历了罗伊·埃文斯的离开，其他时间都是在霍利尔手下效力。

从瓦伦西亚到利物浦，贝尼特斯显然是带着自己的建队方针而来。起初我就感觉到，有一件事情必然发生——杰拉德肯定在他的计划之内。在贝尼特斯构想中，杰拉德就是那个带领球队前进的核心人物。我觉得这样的想法无可厚非，大家都可以看到杰拉德的天赋和潜力。

至于贝尼特斯对我的看法究竟如何，我实在很难说清。我在他的计划之内吗？他要把我卖走吗？我都一无所知。

可以确定的是，我与利物浦的合同即将在2004年夏天进入最后一年，大家都希望尽快打破这样僵持不下的局面。我希望新教练能告诉我或表现出来，他期待着我继续留在队中。直到最后，我都没有获得这样的表态。

那时候，随着时间推移，我感受到了更多的不安——贝尼特斯根本没想和我讨论合同的问题，更不用说以某种方式予以解决。

就连卡拉格也看出了贝尼特斯不加掩饰的缄默。他在后来回忆道，就是那种无人问津的情况，导致了我的离开。那就像"好吧，贝尼特斯并不在意我，那我走吧"。

深思熟虑之后，我觉得这并非事实的全部。

其实，贝尼特斯就是做他自己，即便在最好的时候，他的态度也会被认为是冷酷无情和固执己见。这么说吧，你很难知道他的真实想法或感受，我可从来没有在一个教练身上看过这样的事。

我也是后来才知道，当杰拉德在2006年足总杯决赛力挽狂澜，帮

第十一章 决定

助利物浦逆转夺冠后，贝尼特斯还是那个样子，没有任何表示。我还半开玩笑地和杰拉德说过："贝尼特斯怎么也得吹捧你一下吧。"但他的回答依然是否定的。在日后的很多场合，哈曼和卡拉格都证实了杰拉德的说法。

反正，在2004年夏天发生的很多状况，从事后看来都能说得通。从加拿大到美国，尽管我在几场季前热身赛中发挥得不错，贝尼特斯显露的反应，多数是无感和冷漠。

2004年7月27日，利物浦在东哈特福德与凯尔特人进行了一场热身赛，这大概是我在"红军"贡献的最佳表现之一：球队以5比1大获全胜，我不仅收获了进球，各方面都踢得很好。至少在这种时刻，所有关于合约的糟心事都飘到九霄云外，我的所有想法就是——我热爱这样的感觉……

赛后，我本来期待着贝尼特斯至少能表扬几句，说点类似"今天踢得很好"的话，就算不是在公开场合，私下交谈也没问题。

然而，我的期望完全落空了，当贝尼特斯找到我谈话时，他真是不寻常，依然在告诫我需要做这个，应该做那个。刚才场上发生的一切，似乎没有任何作用。

我有些摸不着头脑。一周后，利物浦在巨人球场2比1战胜罗马，我在全场第85分钟攻入制胜一球。再一次，贝尼特斯没有给予我任何肯定，我依然不太明白。

紧接着，贝尼特斯出面安排，不再允许我和卡拉格同住一屋（我们当了五六年的室友），我清楚地意识到：大概在未来很长一段时间，我都要面对比较艰难的环境了。

而且，我并不是孤身一人。

对于贝尼特斯新官上任三把火的行为和一系列有争议的变动，似乎队里的每个人都怀有抵触态度。就像在一夜之间，这支球队出现了暗流涌动的氛围。很显然，贝尼特斯并不在意别人的看法，要么听令，要么走人。

现在来看，尽管我对贝尼特斯上任之初的一些行为持有异议和疑问，但就像其他人一样，我还是接受了这样约定俗成的印象：这只是一个初来乍到的新教练，想要尽快留下自己的印记。

在这样的过程中，贝尼特斯就是想方设法地把一些人从安逸的舒适区拉出来，并且坚持到底。或许没有人喜欢那种改变，但久而久之，大家迟早会忘记过去的习惯。

贝尼特斯的行为处事和性格特点，与我离开利物浦的决定没有直接关系。真正促使我下定决心的事件，还是在美国季前拉练即将结束时，那一通由经纪人打来的电话。

当时很重要的一点是，我并没有真正考虑过离开球队。理论上讲，在《博斯曼法案》刚起效用的年代，你所拿到的合约年限越长，就拥有更大的话语权。即便，你在此期间有些状态下滑抑或遭受重伤。总体来说，球员算是掌握着更多主动权。

在那样的时代背景下，我知道托尼·斯蒂芬斯一定希望我能保持耐心，从而拿到价值更高的合同。这就是经纪人的本职工作：他们根据各个方面的情况，去更好地定夺球员的位置。对我而言，钱不是最重要的问题，那段时间，我通过商业广告获得的收入，甚至比俱乐部的薪资都要多很多。

没有人可以否认，利物浦确实在霍利尔的带领下，取得了很大的进步。但是，就在获得阶段性成功后，整支球队却陷入了停滞期，止步不前，以至于在那几个赛季，我们始终无法缩小与争冠球队的积分差距。

时间一长，我有时候就会琢磨，利物浦究竟是不是具备争冠能力的球队？

回头看看，我很理解我们家族的审时度势，似乎有些"这山望着那山高"的意思。或许我心里的某个部分，总是在催生着思考和好奇，希

第十一章 决定

望能体验一下海外生涯的感觉。

在那通突然打来的电话中，托尼·斯蒂芬斯如是说道："皇家马德里很有兴趣和你谈谈。"

那时候，从我脑子里蹦出的第一个想法是：在之前那个夏天，斯蒂芬斯刚促成了大卫·贝克汉姆加盟皇马的重磅交易。

很显然，斯蒂芬斯应该是通过之前的接触，与皇家马德里决策者建立了不错的关系。鉴于他和大卫保持着紧密的联系，我觉得沟通渠道应该是很开放的。

"我觉得可以聊聊，"我告诉斯蒂芬斯，"另外，再看看其他俱乐部吧？"

关于斯蒂芬斯与皇马的接触，我其实不是特别了解。或许，他就像很多顶级经纪人一样，以这样的方式对俱乐部进行旁敲侧击："迈克尔在利物浦的合同只剩一年了啊？"我在那时真的知之甚少，直到现在才算有所了解，尤其是看到了他在序言中写下的文字！

我大概能确定的是，皇家马德里对我的兴趣，来自他们的主席弗洛伦蒂诺·佩雷斯。这完全与皇马的主教练卡马乔无关。

在我获悉的流言蜚语中，有人说皇家马德里在2004年之前就向我暗送秋波了，甚至可以追溯到2002年。我对此倒是深表怀疑。相信我，如果真有此事的话，斯蒂芬斯肯定早就给我打电话了。就像我之前提到的那样，我就是在2004年夏天，才通过斯蒂芬斯与皇马接洽，并且进行了实质性沟通。我对他们说，我还需要更多的时间考虑一下。

诚然，出国踢球所带来的巨大改变，绝不仅影响我的生活，包括我的妻子路易丝和当时年龄很小的女儿嘉玛，也都会受到影响。而且，我们还不得不离开家人和朋友，与他们长时间地分隔两地。

在和斯蒂芬斯通过电话后，我觉得自己很难完全消解。所以，我做的第一件事，就是去找我的知己卡拉格，询问他的看法。

"哥儿们，皇马来找我了，"我这样说道，"你有什么想法？"

"迈克尔，你这是痴心妄想吧，"这就是卡拉格，他以独有的话术回应道，"罗纳尔多、莫伦特斯、劳尔，他们才是皇马球迷的宠儿，你根本没机会的。"

我感觉自己眼前一黑。

"真的吗？"我这样想着。

我敢肯定，卡拉格觉得他说的这些话，就是在帮我的忙。他可能觉得在体验了最初获得赏识的喜悦后，我应该会认可这种判断。恰恰相反，他的直言不讳，反而激起了我要去皇家马德里迎接挑战的欲望。毕竟，在遭受质疑时希望为自己正名，就是人类的本能。

当然，鉴于我跟利物浦的深厚情感，以及我和妻子在英格兰的稳定生活，这绝不是一拍脑袋就能做出的决定。正因如此，在从美国返回英格兰的前后几天，我反反复复地纠结于此。

时间无多，我们必须做出最后的决定了。

但是我依然没有确定的想法。

又是几天过去了，我依然举棋不定，我从没有打算离开利物浦，甚至连所谓的意图都没有。在我看来，我真的很希望能在利物浦终老，度过整个职业生涯。

然而，有一个真实的想法，同样在我脑中挥之不去：假如我真拒绝了皇家马德里，这很可能会成为我一生意难平的遗憾。毕竟，这可是来自"银河战舰"的邀请，如果连这种球队都不想加入，我在足球圈也没有奋斗目标了。

事后来看，我大概有些愚笨地认为，我能像之前的伊恩·拉什一样，在海外球队踢一两年再重新回到利物浦。

有一天，贝尼特斯突然把我叫到了办公室。我甚至没有坐下，他就想从我这里得到确定的消息。

"所以，你真的要去皇马了？"

我迅速地开动脑筋，寻找着答案，并没有很快给出回应。对于当时发生的很多事情，贝尼特斯一清二楚，他就是想要一个认证的事实。

"那你可以告诉我，你真的想要离开利物浦吗？"

那一刻，他直勾地盯着我，希望能得到我的确认。但我就是没有回应。反正，我就在办公室里磨蹭了一会儿。

"好吧，我是觉得如果说'不'的话，我可能会后悔的……至于其他，绝对不包括'我想离开利物浦'的说法。"

无论是对贝尼特斯抑或自己，我都没法坚定地表达想法。因为在内心深处，我确实不想告别利物浦。贝尼特斯似乎想让我做出总结陈词，但我还不想就这样结束在安菲尔德的故事。

第十二章
新篇章

最终，我决定背井离乡，告别利物浦前往西班牙。那片土地以及那家公认为世界上最好的俱乐部，都具有太强的吸引力了。

当相关事宜正式进入程序时，我自然是顺势而为。2004年8月10日，利物浦在欧冠资格赛第三轮首回合较量中，客场挑战奥地利格拉茨AK竞技会。我在看台上观看了整场比赛。彼时，来自皇家马德里的谈判代表，已经着手与利物浦敲定最后的转会协议。

在他们的洽谈中，不可避免地牵扯到一项细则，那就是确保我能在2004/2005赛季代表皇马出战欧冠。这对方方面面都很重要，也让我的转会决定显得愈发真实。

即使到了飞赴马德里的当天，我在去机场的路上依然犹豫不决，思考着是否做出了一个抱憾终身的决定：一方面，我对于即将到来的机会和面临的挑战，感到非常兴奋；另一方面，尽管我与朋友家人都进行了沟通，并且得到大多数人的支持，但整个过程依然令人纠结。如今，现实摆在眼前，我已经没有回头路了，在奔赴机场的路上，我在很长一段时间都是泪眼婆娑。

说来奇怪，初到马德里之后，最先让我感到担心的事情，竟然是每个新球员的例行公事——在伯纳乌球场的亮相仪式！身为万众瞩目的对象，你需要在球场上表演颠球、玩花活，展现令人眼花缭乱的技术。

问题来了，虽然能完成基本的颠球，但我真的不会其他花式技巧！在过往的足球生涯中，我就是一匹不会耍把戏的小马，完全专注于将皮球送入顶角，而不是那些花式足球的玩意儿，比如用脖颈停球，或者环绕式颠球。想想吧，我一定会在亮相日非常紧张，可能会连续掉球，每个人都会觉得我是个"废柴"，甚至我对自己的转会都产生动摇。

该来的总会来的，当我走进伯纳乌迎来亮相仪式时，摄影记者们纷纷按下快门。紧接着，不可避免的环节到来了，随着摄像机纷纷聚焦，我接过了工作人员扔来的球。一时间，有些心慌的我这样想着：来吧，我就随便颠一颠……

希望球迷们能认可我送的礼物，反正，我真是用尽全力将第一个球踢上了观众席！

足球来了一个又一个，我将它们先后送上了看台的四面八方。这看起来挺容易的。只是，我还是无法面对需要耍花活取悦球迷的想法，这是很确定的现实：我从来没有想过以此取悦球迷，但有些球员就另当别论了。

作为一名初来乍到的新援，尤其新东家还是2004年群星云集的皇家马德里，我非常明白，我必须尽早展现自己的实力，以此获得队友的尊重。

说起来，我并不是那种让大家梦寐以求、控球出众、善于助攻并且技巧满分的10号球员。我就是那种依靠速度取胜的中锋。很显然，他们知道我跑得很快，射门很准，实力不错。但我希望让那些皇马的超级巨星们明白，我的能力比他们想象得更加出色。

举个例子，我希望这些厉害的家伙可以意识到，在比赛中就算是狭小的区域内，他们也能放心地把球交给我，而我的能力足以将球控好。不管在哪里踢球，丢失球权都是最让人无法原谅的错误。从我在利物浦出道开始，我就有着一个根深蒂固的认知：如果把球权弄丢了，你就会让全队感到失望。皇家马德里自然不是例外。

带着坚定的想法，我正式开启了皇马生涯。在参加的第一堂训练课中，我就把注意力完全放在了控球上，我希望能证明自己的控球能力，也不想让队友付出更多的体力去弥补我的失误。

此外，我还想让这些大牌新队友们知道，就算在异国他乡遭遇困难，我也拥有着足够强大的心理。有时候，在一些顶级赛事中，球员就是会被逼到角旗区附近的死胡同。

在那种困难情况下，你必须主动出击，控制住球权，即便为了团队利益，那有可能让你的处境更加艰险。但只要显现了无私的勇气，其他优秀球员就会认可你的发挥。

相较充当看客的球迷，这些由队友认可的无形品质，会在球员眼中更加瞩目。简单来说，球迷跟球员的视角是完全不同的，球迷看到的事情仍有局限性。

那时候，除了由建功心切而带来的压力，我在马德里经历的一切，都比我过往的日常平稳许多。

有一说一，皇马的训练课非常轻松，当你跟几个巴西人成为队友时，队内的氛围往往是轻松加愉快。这样的场景让我想起了霍利尔执教前的利物浦。那几年，队里的大牌球员太多了，教练根本不会骂人，大家都是随心所欲。

别觉得我夸大其词，这真的不是开玩笑。一般来说，教练安排的控球训练或者小场地的五打五比赛，都是很正规的训练。但保不齐在某一天，罗伯托·卡洛斯会突发奇想冲上了前锋线，罗纳尔多可能因为前一天多喝了几杯而担当右后卫，他们都会按照自己的想法行事。这就像一种对权威的嘲讽。反正在西班牙，教练所拥有的权力真的远不如其他国家。

对我而言，这种训练氛围所催生的结果，就是我轻而易举在初期的训练中脱颖而出。原因很简单，主教练对超级球星们的要求都很宽松，在训练中付出努力的球员便会涌现出来。而在当时的西班牙足坛，注意到这些细节的可不只有球员和教练。

几乎球队的每一堂训练课，都有文字记者和摄影记者前来观看，并在随后输出汇总大量重要信息的报道。

你可能随便拿起一份报纸，就会看到这样的文字："在昨天的射门训练中，迈克尔·欧文射门94次，得分63次，其中左脚28球，剩下的都来自右脚。"

很显然，媒体在比赛中给你打分是一回事，而在特殊环境下评断你的训练又是另一回事。这无关对错，只是截然不同的做事方式。

在我看来，久负盛名的伯纳乌球场也有些奇怪的地方。很多时候，它是如此巨大、严肃且具有标志意义。但迎来了比赛日，那里就更像一个为人们提供娱乐的剧院。

如果对比一下安菲尔德球场，那里的座位容量只有伯纳乌的一半，但气势上的声势浩大绝对让人震撼。那样的气场足以调动你的比赛情绪。只要在安菲尔德拿到球，伴随着来自KOP看台的怒吼，你甚至会犹豫还要不要送出不算积极的横向传球。那种由现场球迷催生的活力，可以为球员带来更多的能量。

在西班牙整个国家，特别是马德里，球员和球迷的关系是截然不同的。

说到皇家马德里的球迷，除了球门之后的死忠群体之外，大多数

第十二章 新篇章

人对于比赛进程都没有太大的反应。作为球员，你肯定会感受到这样的脱节。

就算这座球场坐进了8万多人，只有在主队进球的时候，你才能体验到浩大的声浪。当然，有一些场次是例外的，比如皇家马德里与巴塞罗那的西班牙国家德比，全场都会陷入狂热。总体来说，皇马球迷在大部分时间都是安静地观望，吃着零食，等待着被取悦的瞬间。

在加盟皇家马德里后，我觉得自己可以在这里发光发热。尽管我的速度和爆发力有所减弱，但依仗皇马"奢侈的"足球风格（我们总能掌握更多的球权），我依然拥有着在每个比赛日做出贡献的能力。

你们都知道，那时的皇家马德里真的很强大。

齐内丁·齐达内不太爱说话，有一部分原因是受限于口语，他的英语和西班牙语跟我的法语水平不相上下。除了偶尔打个招呼以及点头赞许之外，我们没有更多的交流了。

撇开语言障碍不谈，我不太确定齐达内是不是健谈的性格。当全队在更衣室聚集时，有的人在聊天，有的人在打电话，而他就是那种更习惯安坐、聆听和旁观的人。

齐达内跟吉格斯的性格挺相像的。他们言语不多，但总能以自己的方式掌握全局。说起来，如果之前有人问我，这两个人是否会在未来进入教练组或管理层，我的答案都是否定的。事实上，他们都做到了球员到教练的华丽转身，而且没有丝毫犹豫。

无须赘言，齐达内是我在球场上合作过最好的球员，没有之一。他是那种让你觉得，天生就要与足球相伴的球员。在千变万化的比赛中，齐达内总能恰到好处地完美控球，无论左脚或右脚，他都可以自在地拿球。

而且，齐达内的身体条件也很出众。虽然没有变态速度，但他的爆发力却非常出色，仅仅一眨眼的工夫，就能从你的身边突然启动，直接甩出五米的距离。从个人技术的角度看，这个法国中场的能力是完美无缺的，我觉得只有杰拉德算比较接近他。齐达内的控球无疑让人心旷神怡，而杰拉德的技术也不含糊。

至于性格迥异的"外星人"罗纳尔多，他可是我在效力皇家马德里时最喜欢的家伙儿。

罗纳尔多是个很亲切、友善的人，我们时常在训练后待在一起。我们都知道，罗纳尔多就是皇马更衣室里的灵魂和生命，他大笑着，打趣着，根本坐不住，这一点倒是很像保罗·斯科尔斯。他绝不会只是换好衣服，安静等待着训练。那时候，无论主场还是客场，罗纳尔多都会在更衣室中央摆好一个迷你球台。我大多会坐在那里，看着圣提亚哥·索拉里、罗伯托·卡洛斯和其他几个球员玩得不亦乐乎。当然，皇家马德里的更衣室也会存在"等级制度"。

当罗纳尔多踏上球场时，我都混杂着好奇和钦佩的心情，观察着他的行动。还记得在加盟皇马初期的一次训练中，他膝盖的僵硬程度，真的让我惊诧不已。我还记得，当大家一同拉伸股四头肌时，他甚至都不能把膝盖弯曲到90度。众所周知，罗纳尔多接受过两次不算成功的膝盖手术：第一次的效果并不理想，第二次更是为了修复之前留下的隐患。这样的重大打击对他的生涯后期造成了不可逆的伤害。我曾经琢磨过，既然连膝盖都弯不了，他怎么还能加速启动呢？

结果，在调整自己的踢球方式后，罗纳尔多依然可以在球场上奔跑。仔细观察的话，你可以发现他的跑步方式有些拖曳。

同样，当罗纳尔多需要为射门积蓄力量时，由于不能以大摆腿的方式做好准备，他只能用脚趾发力。就算是被自己脆弱的身体所桎梏，罗纳尔多仍然代表皇家马德里出战着顶级赛事。我由衷地钦佩这个巴西人，这一切太不可思议了。

有这样一个误解——我的皇马生涯大多是在替补席上度过的。事

第十二章　新篇章

实上，如果仔细分析数据的话，我在皇马的首发次数还是多于替补的。我不知道为什么会有这种以讹传讹的谣言。

在来到马德里之后，我很快意识到自己要面对激烈的竞争。作为前锋，你必须跟劳尔、罗纳尔多和莫伦特斯竞争上岗。他们的球风截然不同，但都是绝对顶级的存在。

就像我们的队友伊克尔·卡西利亚斯一样，劳尔就是皇家马德里当之无愧的宠儿。他不会有任何差错，占据着铁打的主力位置。通常情况下，如果皇马主打双前锋的话，劳尔和罗纳尔多就会组成锋线的先发搭档。我大概只能排到第三或第四顺位。

当时，这种出场顺位会催生一些我心里的小算盘。身为前锋，你希望得到更多的出场时间，为此，你必须在训练中给教练留下更好的印象。或许没有人会公开承认，在类似情况下，你或多或少希望竞争者们可以发挥失常，尤其是训练赛还互为对手的话。

没有人不希望自己的球队赢球，但从前锋视角看，因为身处非常特别的位置，心里就会有一些关于自私的隐秘角落。首先，你必须做好本职工作，若要想成为顶级前锋，这是必须拥有的认知。如果球队以1比3遭遇败仗，我肯定会为失利而感到沮丧，但假设能在比赛中攻入一球，我也会觉得至少达成了一名前锋的基本任务。

能承认这些想法并不容易，但如果避而不谈，那就是故意欺骗球迷了。这么多年以来，无论走到哪里，我差不多都是一个以自我为中心的球员，当然，也是一名合格的团队球员。这与自私与否无关，更重要的是，我是被推动着去成为最好的球员。

2004/2005赛季的第一轮西甲联赛，皇家马德里客场迎战马洛卡。由于劳尔在上半场的受伤，我幸运地得到了出场机会。当莫伦特斯坐在替补席上时，主教练卡马乔示意我准备登场。我心想着：好吧，我现在就是皇马的第三前锋。

更理想的是，在这场皇马生涯的首秀中，我的助攻帮助罗纳尔多打入了制胜球。别人的坏运气，成就了我的里程碑，足球有时候就是这样的，难以言说。当来之不易的机会出现时，你就必须用双手紧紧地抓住。

我也确实做到了。

那段时间，我在皇马的出场时间得到了保证，实际进球数也比人们记忆中的更多一些。我记得，我还凭借连续多场的破门得分，创下了一项俱乐部历史纪录。从2004年10月19日皇马1比0击败基辅迪纳摩开始，我在欧冠和西甲联赛连续进球，先后攻破了瓦伦西亚、赫塔菲、马拉加和阿尔瓦塞特的大门。在10月26日与莱加内斯的国王杯较量中，我又首发打满全场，并且传射建功。2004/2005赛季的开局阶段，我的状态正佳。

关于职业生涯的第一次西班牙国家德比，我留存着长久深刻的记忆。2004年11月20日，我们前往巴塞罗那，踏入诺坎普球场。可以说，我的人生中从来没有经历过那样剑拔弩张的敌对环境。如果比较的话，我在英格兰经历的所有德比大战，都在西班牙国家德比的气氛笼罩下显得苍白无力。我很快就感受到这两家俱乐部之间无处不在的敌意。

那一天，在我们乘坐大巴车前往诺坎普球场，进入最后3公里时，全队都是靠着窗户的保护，经历了多达20块砖头和50个瓶子的"洗礼"。大巴车的玻璃完全遭到了破坏，差不多有一半的球员都离开了靠窗的座位，聚集到中间的通道。这可不只是嘘声和口哨声，而是实打实的真家伙。

那几年时间，荷兰人里杰卡尔德和巴塞罗那，正显现着创立王朝的统治力。他们的阵容很强大，包括了罗纳尔迪尼奥和埃托奥，还有一个名叫莱奥·梅西的年轻人。当然，在2005年前后，梅西还没有升级为后来的完全体状态。个头矮小的梅西，拥有着娴熟的脚下技术。但在那时，他还不至于得到对手们的"特殊照顾"，"仅仅"是巴塞罗那阵中优秀球员中的一个。

大家应该都记得，那是一个世界足坛悄然变化的时段。我丝毫没有怀疑，梅西和克里斯蒂亚诺·罗纳尔多（C罗）——这两位当下的历史最佳——就是有能力改变足球的天选之人。而且，他们还恰好身处于同一个时代，他们在每周的互相竞争，都会刺激对方迈上更高的台阶。

那么问题来了，梅西和C罗，谁才是更好的一个呢？长久以来，我总是会被别人问起这个难以作答的问题。如果非要选出一个答案的话，我会说：尽管梅西的能力毋庸置疑，但C罗还是更胜一筹。

首先，C罗拥有着更好的身体条件；其次，他带领着一支资质平庸的葡萄牙队，在国家队赛事中夺得了冠军；最后，当梅西的统治只限于西甲联赛时，C罗已经分别在英超、西甲和意甲获得了更大范围的成功。如果换成梅西的话，他能在意大利或英格兰达成同样的成就吗？我们真的无从知晓。

不管怎么说，我们都是在吹毛求疵罢了。每个人都看到了，C罗和梅西就是两个无与伦比的球员，他们所取得的成就和地位，甚至会让我放在自家荣誉室里的金球奖奖杯都更显特别。只要想起他们做到的那些事情，我就会为自己能拿到同一个奖项而感到骄傲。

回到2004/2005赛季。2004年11月20日，皇家马德里在诺坎普球场遭遇了0比3的败局。当我在第55分钟换下大卫·贝克汉姆替补出场时，我们已经两球落后了。我有一次射门击中了门框，那也是我在比赛中唯一的贡献。没办法，那是一场被巴塞罗那完全主导的比赛。

几个月后，当我们在伯纳乌迎来第二循环的国家德比时，一切又不同了。在备战过程中，时任皇家马德里主帅卢森博格，决定改变一下球队的阵形。一般来说，阵形并不是皇马着重考虑的事情，随着赛季的进行，我们的阵形一直没有变化。

大家对于球队的主打阵形，都是了然于胸。此外，皇马在阵容方面同样非常稳定，大概有八九名明星球员都是牢牢坐稳着主力，每周至多出现的人员调整，也就是一两个而已。

但是，就在比赛前一周，卢森博格决定打破这样一成不变的规矩。说来有些意外，我也被牵扯其中——我需要出任的位置，由前锋变成了右边锋或是右中场。对于这样意想不到的安排，我的怀疑可不是一星半点。毕竟，除了小时候踢过几次，我不仅没有在职业层面担任过这个位置，对于相应的职责更是没有多少了解。

"我允许你在比赛中冲上锋线，"卢森博格这样告诉我，"但你必须从右翼开始活动。"

我很熟悉这种大场面对决，也自感不是一个容易紧张的人，这些特质都帮助我能在比赛伊始，就保持足够的冷静。我充分地思考着这个新位置的职责，以及需要在不同阶段完成的任务。

我并不需要担心什么，整场比赛都非常顺利。坐镇主场的皇家马德里活力十足，卢森博格调整的体系起到了重要作用。我们步步紧逼，很好地完成了任务。凭借卢森博格的精妙调整，我们在伯纳乌球场以4比2横扫巴塞罗那。在接到大卫·贝克汉姆的助攻后，我为皇马攻入了锁定胜局的进球。

比赛结束后，我和家人坐在休息室之内，享受着这种特别的时刻。就像在比赛中进球一样闪耀，那个记录着所有进球者的比分牌，同样让人心满意足：齐达内、劳尔、罗纳尔多、罗纳尔迪尼奥、埃托奥，以及迈克尔·欧文。

无论面对怎样的环境，我都不会被外部事物所影响。我也从来不会觉得，自己不属于那里。无论我身处怎样的平台，我都会充满信心，多远都可以达到。我总会找到驱动自我的方法，勇往直前，就像自己所期待得那样。

其实，当我告别利物浦转战马德里时，我的内心留存了很多疑问——这也是我不曾隐瞒的事实。不过，当我看到自己的名字，能跟另外 5 个超级球星并排出现时，我还是会情不自禁感到满足和释怀。这种感觉不是令人眩晕的幸福，而是一种"爽爆了"的痛快释放。没错，就像我在西班牙国家德比攻入了一球，然后回到伯纳乌球场的更衣室。在我看来，这就是我要加盟皇家马德里的理由。

当然，在马德里的日子不是完美无缺的，在家庭生活方面，我们就遇到了一些困难。尽管这听起来有些奇怪甚至悲观，但是，我在抵达西班牙后本能地感觉到，我在这里的日子并不会很长久。有时候，这只是一种先入为主的感觉，而且，我也觉得这和皇家马德里或西班牙的球迷无关，毕竟从一开始，每个人都在竭尽全力地帮助我们。

在开启西班牙之旅前，我们曾经对生活方面有很多期待——海滩、棕榈树和游泳池等。我甚至想过：我们怎么可能不喜欢这样的日子呢。

然而，这一切都是不切实际的幻想，我们在马德里只是循规蹈矩的生活。

2005 年 8 月，当我们在马德里寻找固定住所时，俱乐部先给我们安排了酒店。那是一家商务型酒店。俱乐部拿到了不错的价格优惠，我们也有一个非常好的房间。

我们一家三口住在那里，但我的女儿正处于需要到处玩耍的年龄。仅仅 1 个月的时间，这样的酒店生活就很困难了，可没想到的是，我们在那里住了 1 个月、2 个月，最后生生拖到了 5 个月。

那段时间，我们在马德里的典型一天，就是 7 点起床，下楼吃早餐；然后，我会在早上 8 点离开，坐车去俱乐部训练。

就这样，对于马德里完全陌生的路易丝，被困在那家商业区的酒店里。不会说西班牙语，又要带孩子的她，只能在盛夏时节，等待着我下午 2 点左右从俱乐部回来。我实在没有想到，这一切都那么艰难，几乎在每天训练结束后，我都会在手机上看到十多个未接电话或短信，只是要问问"你是不是在回家路上了"。对于我们一家人来说，这样的生活过于沉重了。

回想在利物浦踢球的日子，我把所有注意力都放在足球之中。在平常的每一天，我都以此作为生活。彼时，我头脑中最重要的决断，就是如何为利物浦打出自己最好的状态？抑或是一周后，还有一个月后……

来到了陌生的马德里，一切都不同了。来到了全新的球队，我尝试着要让所有人高兴。一方面，罗纳尔多会邀请我："训练之后去打一场九洞高尔夫啊……"我肯定需要在某些时候答应这样的邀请，去和队友们打成一片。另一方面，我知道自己的妻女因为没有出行工具而被困在酒店里，所以那些与队友们的聚会，真的会让我产生一些负罪感。

很多时候，我都要在活动结束后飞速赶回酒店，她们往往都会坐在台阶上，翘首以盼地等我回来！

在没有社交活动的日子，经历了一整天训练的我，只希望回到酒店休息。然而，当我前往俱乐部时，家人们可是被闷了很久，她们还想着出去散心。于是，当我结束训练回到酒店时，我忙碌的一天才刚刚开始。

反正，我们去过马德里的动物园和公园，还去玩了旋转木马、吃了冰激凌等。前前后后，我大概去了那个动物园有五十多次，而且都是在酷热的8月。

鉴于西班牙人"明日复明日"的生活态度，等到我们搞定一切，搬进新房时，圣诞节都快到了。但问题是，在忍受了许久令人作呕的酒店日常后，尚未开启正常家庭生活的路易丝，却决定按下暂停键，先返回英国了！

虽然在地理位置上，我们跟贝克汉姆夫妇住得很近，但作为居住于同一个城市的两个英国家庭，大家在社交生活上却没有太多交集。

第十二章 新篇章

路易丝和维多利亚都要照顾孩子,平常总会有些孤独感。所以,她们偶尔会在我和大卫训练时见个面,但交情不算深厚。我们两家人的关系并没有发展到共同做事的地步,大家都会保留着距离感。

这种情况不算让人意外,毕竟当我和大卫在皇家马德里相聚时,我们身上的共同之处,相较于之前更加稀少。我是一名职业球员,一个有家室的男人,除非万不得已,我并不习惯将自己曝光在公众的聚焦下。我对于走在潮流前线没有兴趣,更不喜欢出席高端的社交场合。对此,路易丝跟我保持一致。

而作为各自领域的超级明星,大卫和维多利亚则与我们截然相反。他们会专程飞往伦敦参加首映式,走上星光大道。从社会角度看,他们处于一个截然不同的明星层面。虽然我们经常在球队大巴车上坐到一起,谈天说地,但我从来没有觉得,自己能在大卫的核心朋友圈占据一席之地。

这种保有距离感的人际关系,也适用于他跟那些昔日的曼联队友。只要有需要的话,大卫肯定会和吉格斯、斯科尔斯和内维尔兄弟同框出镜,但回溯他们并肩战斗的日子,他一直是非常特殊的存在。

当其他"红魔"队友在赛后小酌几杯时,大卫经常会坐上飞机,直接赶往类似法国的远方了。尽管大家都过着完全不同的生活,但他们与大卫的感情绝对是双向奔赴。只是,要求严苛的弗格森,曾经对大卫的生活方式感到失望。

仔细回看我的马德里生涯,虽然只有一年时间,但我的直观感受并非如此。可能是由于球场之外的紧张氛围,那一年似乎要比实际时间漫长得多。

在西班牙,每件事情都要花费更长的时间,甚至连收取薪资也是如此。这是我初到马德里的时候,没有意识到的特别之处。我相信在英格兰,以及足球世界的大多数的国家,球员的薪资都是按月支付的。尽管在结算方面，俱乐部还是以周薪作为标准，但在每个月的发薪日到来时，你会发现自己的银行账户上，都是4份周薪的总和。

效力皇家马德里时，我都是每6个月才能提取一次工资，在这期间，我的银行账户并没有任何收入进账。也就是说，在这半年玩乐、训练、生活、吃饭以及游览数十次动物园时，我的工资卡里都是只出不进。

直到12月末，圣诞节到来时，我的银行账户里会突然蹦出来几百万英镑的薪资。没错，这就是马德里的生活方式，多年以来未曾改变。对我而言，这种半年结算方式，还是让人有点心神不宁。

与此同时，另一件在马德里既有趣又郁闷，还让人心生不安的事情，就是一个熟人的出现。

有一天早上的训练前，一位皇马工作人员来到更衣室找到我。

"有个人来看你。"

"哦，是吗？"我问道，"谁来了？"

"保罗·加斯科因。"

一开始，我其实有点紧张，心想："加斯科因怎么来马德里了？"

回想2002年，我当时还是利物浦一员。在从梅尔伍德开车回家的路上，我接到过一个未知号码的来电。本来不想应答的我，按下了那个接听键。

"是迈克尔吗？我是加扎。"加斯科因在电话那头这样问道。

我算是个很容易上当受骗的人，于是便一直怀疑，那个人究竟是不是加斯科因。事实证明，我的担心是多余的，当时效力埃弗顿的他，是来找我帮忙的。

"迈克尔，今天是我女儿的生日，你是她最喜欢的球员。可以让她晚上过来见见你吗？"

尽管这个请求有些奇怪，我还是同意了，我们把见面时间定在了几小时后。于是，我给家人打了一通电话，告诉他们加斯科因晚点会来家

第十二章　新篇章

里一趟，"你们都可以来凑凑热闹"！

当天晚上，加斯科因如约而至，他带来自己所有的家人，敲响了我家的房门。我把他们请进屋里，端上了几杯茶。然后，我在生日礼物上签下了自己的名字，还跟那个女孩拍了一两张照片。

整整6小时后，当他的女儿在沙发上进入梦乡时，我和加斯科因依然在不亦乐乎地打着乒乓球和斯诺克，一直玩到了清晨。尽管一度很想关门送客，但我真的不知道如何摆脱他，他实在是一个令人捧腹开怀的伙伴。这一切都有超乎想象的感觉。

那次深夜聚会的时光，成了美好且遥远的回忆。一转眼，我们见面的地点从英格兰变成了西班牙，当我来到俱乐部接待区时，我真的看到了加斯科因。走近一看，他竟然拿着一双足球鞋。

我没法否认，我的反应有些迟钝，有那么一瞬间我突然想着："什么？难道皇马把他签了吗？"好吧，我终于回过神来，认清现实：无论原来的加斯科因有多么出色，皇家马德里都不可能在2005年跟他扯上关系。

那问题又来了，他是来跟我们一起训练的？

真的吗？这不太可能，俱乐部根本不会同意。

他到底是来干吗的？

很遗憾，我迄今都没有得到一个完整的答案。

我可以说的是，当时的加斯科因，并没有非常稳定的心态。尽管在那样的环境下，见到他是一件很高兴的事情。但是，当我的英雄拿着一双球鞋站在伯纳乌球场接待区时，那样的画面总会让人感到心酸和凄凉。

我们在接待区简单地聊了几句，他的情绪似乎有些激动。我的想法可能是错的，我觉得，他可能只是向接待区的人显摆一下我俩的交情。抑或说，他希望找到我得到特权，然后与我们一同训练？好吧，这些只是凭空猜测而已，我并不知道他到底是怎么想的。在返回更衣室报到前，我让加斯科因稍等一会儿，我完事就赶过来。但是，加斯科因就在这一段时间离开了伯纳乌，没有留下任何口信。

自那之后，我们还在一些场合碰到过，但都没有再提起那天发生的事情。关于那天的前前后后，我从来没得到过任何肯定的答案。

第十三章
失控

在西班牙的那一年，我几乎每隔两周就能接到格雷姆·索内斯从英格兰打来的电话。不可否认，获得关注的感觉真不错，尤其对方还是在职业足球圈有头有脸的人物。但我并不清楚，他是否了解我在马德里的具体情况。

能在异国他乡了解到自己在祖国获得了不少表扬，我感到很欣慰。况且，当时的家庭氛围已经有些紧张了，我们都非常想念英格兰的生活。

现在想想，我觉得索内斯的坚持不懈，就是一种豪赌。他可能会觉得，由于2006年德国世界杯近在眼前，我一定会想在俱乐部获得更稳定的出场时间，进而寻求转会。这样的假设算得上合情合理，毕竟在效力皇马的2004/2005赛季，我的出场率刚刚超过50%。

久而久之，索内斯在通话时的表达变得愈发直接："迈克尔，我知道你上周没有首发，要不你考虑考虑，来我们纽卡斯尔联吧？"

依我在之后积攒的生活和经商经验看，我不认为自己刻意引导了索内斯。但如果能重来一遍，我应该会在他第一次拨通电话时处理得更好。

那时候，我并没有把自己的想法直截了当地说出来，"如果回到英超，我只会为利物浦效力"，我只是模棱两可地回答道："只要时机合适，我会回去的。"若要说出职业生涯存在什么遗憾的话，我的这个表达，应该算是很重要的一个。

或许，就是这种模糊不清的态度，让索内斯看到了些许希望。作为英格兰足球圈的名宿，索内斯可是名副其实的"老油条"，对于谈判时的筹码和博弈，他心知肚明。索内斯所获悉的引援可能性，大抵超出了我的实际想法。简单说吧，我可能只是不喜欢给对方带来消极的回应。

我与索内斯没有太多的私交，我非常尊重他，他不仅是一位经验丰富的主教练，更是利物浦历史上最伟大的球员之一。鉴于这种过往，我不可能在谈话中突然打断他，再不留分寸地拒绝道："对不起，我没有兴趣为你效力。"我就是想表现得礼貌一些。

大家都知道，当2004/2005赛季结束前，我确实决定重回英格兰效力。当然，在马德里的大部分时间，我都是乐在其中。我在皇家马德里踢得不错，也非常享受那里的人、俱乐部和整个国家。只是，作为一个漂泊在外的家庭，我们一家三口都非常想家。在精神上，我们早就身在曹营心在汉，但在合同上，我还要等待最终的结果。

2004/2005赛季大幕落下时，关于我重回利物浦的打算，逐渐在媒体上发酵。我打算飞回利物浦，先与老东家进行沟通，很多媒体也得到了风声。但他们究竟如何搞到的消息，我并不清楚。

在记者们的围追堵截下，我不可能大摇大摆地走进梅尔伍德基地。经过一番思量，我们决定在一个中立地点碰面，那就是布鲁诺·谢鲁在利物浦的住处。

在我还没有回国时，布鲁诺·谢鲁的妻子对我的妹妹莱斯莉照应有加。大家的关系很好，我们就顺势安排了一次规避掉媒体的私人会面，

第十三章 失控

地点就在他家。包括我、拉法·贝尼特斯、里克·帕里和托尼·斯蒂芬斯，都参与其中。

一开始，大家都待在屋子里，就像朋友聚会一样轻松聊天。当里克和托尼起身去餐厅单独说话时，我就和贝尼特斯留在了休息室。我们谈论着足球，他们则商讨着条款。

在我看来，我们的交流都很顺利。贝尼特斯表达了希望我重返利物浦的意愿，唯一的问题，就是利物浦打算开出的个人待遇，要低于我在一年前离开时的标准。

很重要的一点是，当托尼反复向我确认细节时，我都觉得薪资并不是问题。反正，我就是想重新成为利物浦球员，去找回熟悉的一切。这与钱没有任何关系。无论做出多少让步，我都非常愿意。至于转会费的问题，就留给皇家马德里与利物浦协商了。

然而，事情并没有想象的那般顺利，当初我给索内斯留下的外交辞令，让我付出了不小的代价。

2005/2006赛季西甲联赛开始前（英超已经先行开始了）的一天，皇家马德里主席弗洛伦蒂诺趁着我们备战期间，敲开了我酒店的房门。

"纽卡斯尔联开出了1600万镑的报价，"他如是对我说，"要转会还是留队，你自己决定吧。"

基于之前所有的情况，继续在皇马效力，并不是我更倾向的选择。这一年的时间，我的孤独感与日俱增，路易丝也无法忍受远离亲朋好友的日子。

"但是，我想去的地方是利物浦。"我确定地说道。

不可否认的一点是，2005年那个伟大的伊斯坦布尔奇迹，对我产生了很大的影响。当很多前队友举起欧冠冠军奖杯时，我会为他们感到开心，但从个人角度看，我也有一些遗憾，甚至有嫉妒的情绪。我知道这听起来有些奇怪，但这就是我真实的感受。这么说吧，如果利物浦是在我离队5年后才夺得欧冠冠军，那种感觉就大不相同了。但仅仅第一年就搞定了？这有点让人难以接受。

弗洛伦蒂诺对我说：“这是不可能的，除非利物浦可以匹配纽卡斯尔联的报价。”

那一刻，我感受到了内心刺痛的感觉，那两个由弗洛伦蒂诺提供的选项，都不是我的心之所向。

事后看来，皇家马德里在那个夏天的立场不难理解。足球是一门生意。那些认为球员才是老大的幼稚球迷应该好好看看，这根本是一个骑虎难下的两难局面。

足球圈的真相不难探究，我们球员也只是打工人而已。无论你在平常多么尽职尽责，老板依然会为了最大化俱乐部的利益，将你任意摆布。对此，我们必须接受现实。

我觉得一些球迷，特别是那些对俱乐部盲从的球迷需要意识到，球员所身处的世界，绝非可以高枕无忧。有时候，我们会遇到很多艰难的局面，但这些背后的故事，并没有多少人能够知晓。

回溯当时的情况，我知道皇家马德里想将我卖出后，希望从塞维利亚买进塞尔吉奥·拉莫斯。对此，我觉得只要能有较为合适的报价，我就能在与弗洛伦蒂诺的商谈中占有一些主动。但我很明白，利物浦理论上的800万英镑报价，距离1600万英镑相距甚远。

我需要让利物浦拿出更接近皇马要求的价格，以此给我与弗洛伦蒂诺讨价还价的机会。如果利物浦可以提高报价到1200万英镑，我就能在这个牌桌上有所斡旋了。

只要能达到这个标准，我手中的筹码就很稳当了。毕竟，我知道皇马需要卖出我才能筹集接下来的引援资金。我会告诉皇马："要么去利物浦，要么就耗着。"我甚至可以冒险在马德里继续待上一年，这绝对是一个我不想放走的机会。

情况很简单，我对马德里和纽卡斯尔都没有兴趣，只想回到熟悉的利物浦。于是，我拨通了利物浦方面主要负责人里克·帕里的电话，但他却有些不知所措。

我需要听到一些来自利物浦的确定消息。

"迈克尔，我们没法把报价提到1200万英镑，之前，我们把你卖走时只得到了800万英镑。所以，我们给皇马的开价不可能超过1000万英镑。"里克·帕里这样说道。

他的回答让我目瞪口呆。

我觉得，这大概就是最终结果了。

虽然在那一瞬间，我感觉心中就像被插进了一把匕首，非常难受。但现在来看，我也很理解利物浦的立场。在转会接洽过程中，利物浦已经做出了让步，他们的出价已然高过了我离开时的转会费。

更何况在多年之后，我觉得里克·帕里也是通过那件事，让我得到了很多成长。听到利物浦不会提高报价的消息，那种感觉就像希望复合的前任，获悉了对方不再爱你的现实。至少，所有事情都画上了句号，被拒绝的人可以继续向前了。

往好处想的话，里克·帕里有话直说的方式，消除了我的很多疑问，也带来了清晰的认知。如果利物浦只愿意出到1000万英镑，我真的没有任何筹码。更何况，我连皇马都否接受1200万英镑的报价都不太确定，反正，我永远不会晓得了。

很多事情都在暗流涌动，我的经纪人提出建议，他觉得加盟纽卡斯尔联不失为合适的选择。但是，我自己还是心有疑虑。

那时候，我不能回避一个明显的事实，纽卡斯尔联并不算是英超的顶级豪门。如果要转投纽卡的话，那就意味着事业的倒退。

依我来看，我在世界上最好的俱乐部之一——皇家马德里踢得不错，而我要面对的现实是，这个希望引进我的英超球队，不仅在近几十年没有任何冠军入账，往往是在开季四五轮之后，就要沦落到降级区。

如果真要去到那里，我基本等同于自降身价。尽管纽卡斯尔联球迷肯定无法接受这样的论调，但这或多或少就是我的直观感受。当然，纽卡斯尔联也存在一些吸引我的地方，生活不可能总是黑白的——这并不是什么一语双关。

首先，我觉得自己跟阿兰·希勒保持着不错的关系，他在得知索内斯与我取得联系后，还在说服我尽快来到圣詹姆斯公园球场，来延续我们在英格兰队的默契配合。

我明白希勒的想法。如果能在一家球迷忠诚度媲美利物浦的俱乐部成为英雄，我自然很喜欢这种感觉。我再重申一遍：金钱从来不是我考虑的首要因素。

托尼·斯蒂芬斯告诉我，如果想在与纽卡的合约中占据有利位置，我们可以在这份4年的合约中，增加一个与利物浦有关的买断条款。如此一来，每年我都拥有重回利物浦的可能，而相应的买断价格，则会以每年400万英镑的幅度递减。

这个提议引起了我的注意。我觉得要是去纽卡待上一年再回到利物浦，也不是很坏的选择。就像我说过的那样，足球有时候就是一场生意，而经纪人存在的意义，就是从球员的立场做出合理的决断。

当然，这也可能是我唯一的选择了。

随着纽卡与皇马在转会费上达成一致，我特意飞回英国，在纽卡斯尔附近的纳菲尔德医院进行了体检。距离夏季转会窗的截止日，仅仅剩下一两天了。

为了与我尽快签下合同，纽卡斯尔联派出了主席弗雷迪·谢泼德和首席执行官直接去到我家。跟随他们一同前来的俱乐部摄影师，将要拍下我身穿纽卡球衣的第一张照片。时间所剩无几，所有事情都在慌忙地提速。

2005年8月初的一个下午，纽卡斯尔联的车队准备就绪，即将在翌日早晨南下登门。我提醒自己："等到明天，一切就尘埃落定了。"

第十三章 失控

  我对这个转会决定愈发有些胆怯。当天晚上,我坐在沙发上待着,又在屋子里忐忑不安地来回踱步。而在我身边的还有父母、妻子、税务顾问和茵宝公司的西蒙·马什。

  西蒙·马什自始至终就不希望我加盟纽卡斯尔联。单从商业角度看,我就是茵宝公司的门面担当,如果效力一家没有欧战资格的俱乐部,我给茵宝带来的商业回馈势必会受到影响。

  在纽卡跟皇马谈妥前,西蒙甚至给利物浦打过电话,提出以租借形式引进我,暂时规避掉几百万英镑的差价。只是,利物浦俱乐部没有接受,谁也不知道究竟是为什么。

  那一夜,坐在亲信同僚们中间,我们搞了一次投票,包括路易丝、我的父母、经纪人和税务顾问,都觉得我转投纽卡斯尔联是个很好的职业选择。遗憾的是,我不是赞成者中的一员,我与西蒙·马什保持着相同的立场。

  尽管我口头答应了纽卡斯尔联,而且合约上的条款还标明了我有很多机会离开,但只要我回到家面对冰冷的现实,就没法无视那个脑海里回响的声音:"你不至于只能为纽卡效力。"我强烈地感觉到,自己依然是欧冠级别的球员。

  面对着可能出现大反转的尴尬,我在上床睡觉时真是内心忐忑,难以平复。毕竟,我生活中很多重要的人,都在那时与我产生了分歧。

  那是一个不太平的夜晚。大概在凌晨3点多,我辗转反侧了一会儿,还是决定给托尼·斯蒂芬斯打个电话。

  "托尼,我不行了,我总觉得哪里不对劲。"我这样告诉他。然后,他说出了一段让我长久铭记的回答。

  "迈克尔,我明白你的意思,我可以让他们取消签约,但由此引发的后果,真的会导致我名誉扫地。我之所以向他们保证,就是因为你给了我确定的答案。我觉得你正在犯下一个大错。"

  似乎是为了再强调一次,他接着说道:"这件事真的非同小可"。

如果我一切向"钱"看的话，纽卡斯尔的慷慨无人能比，他们给我开出的周薪达到 12 万英镑，在旁人看来，这个条件无可挑剔。我相信在当时的英超联赛，可能仅有安德烈·舍普琴科和弗兰克·兰帕德能拿到这个级别的高薪了。此外，纽卡斯尔联还要在圣詹姆斯公园球场给我留出私人包厢，以及配齐工作人员的新住处。

但是，作为谈判中的强势一方，我觉得不是所有事都能用金钱解决。对我而言，这不是待遇的问题，我从利物浦加盟皇马时就没有拿到更高的薪水。我总是更在意事业本身。

跟托尼·斯蒂芬斯打完电话后，我回到床上睡了过去。早上 8 点多，我睁开眼睛，那时的我依然坚持，我不会成为纽卡斯尔联的球员。与此同时，纽卡高层的车队已经在赶来的路上，我只得再次拿起了电话。

"托尼，告诉他们回去吧，我不会签约的。"我说。

那一刻，我没想过要回到皇家马德里，在没有任何思量和考虑的情况下，我就是不想与纽卡斯尔联签约。

或许我潜意识认为，自己是被迷惑了，应该能有其他俱乐部找上门来。但残酷的现实是，没有任何潜在的下家出现。

事已至此，我知道自己惹恼了托尼，他的声音已经说明一切。而他力所能及的事情，就是接连不断地重复、强调和承诺着，那些在合同中有利于我的条款。

早上 9 点 30 分，纽卡高层的车队到了。当他们在路上奔波时，我有过放弃的念头。但他们真正出现时，我已经接受了发生的一切。纽卡球迷肯定不会喜欢这段陈年往事，但我要说的是，我希望在本书里呈现出鲜为人知的真相。

我觉得应该实话实说。说起来，我只是对事不对人，并不是要针对纽卡斯尔联。换言之，只要不是利物浦开出的合同，我总能找到拒绝效

第十三章　失控

力的理由。

一切覆水难收，这桩不算理想的转会无法逆转了。他们给了我一件纽卡球衣，然后让摄影师到我家的后花园按下了快门。这是我身穿纽卡球衣拍下的第一张照片。终于结束了。

好吧，那就这样吧。

说起来有些打脸，当我第一次来到纽卡斯尔联俱乐部时，以俱乐部历史标王身份感受的激情呐喊，开始抵消我之前的犹豫不决。

签约翌日，俱乐部将我送到了圣詹姆斯公园球场，那里聚集了2万多兴高采烈等待着我出现的球迷。我感觉自己就像一个超级英雄。我到队的时候，纽卡斯尔联正在准备下一场比赛——距离在英超联赛与富勒姆的对决，只剩下10天的时间了。一切都是迫在眉睫，却足够让人兴奋。

随着比赛日的临近，我感受到了许久没有背负过的期待感。我希望向球迷证明，自己的能力绝对配得上纽卡斯尔联的支出。后来，我感觉到，尽管从皇马到纽卡不是梦想中的转会，但圣詹姆斯公园球场还是蕴含着积极向上的潜力。

2005年9月10日，2005/2006赛季英超第5轮，纽卡斯尔联主场1比1战平富勒姆。在纽卡生涯的处子秀中，我没能收获进球。但在接下来3比0横扫布莱克本一役，我与阿兰·希勒都在下半场破门得分，帮助球队客场带走胜利。此后，我又再接再厉，在客场对阵西布罗姆维奇和西汉姆时打进了5个进球。我重新感受到被需要的感觉，而且沉迷其中。我的状态很好，感觉都要起飞了。

与此同时，能看到路易丝喜笑颜开同样让我开心。毕竟，在西班牙度过的一年时间，她整个人的状态都没有很好。起初，纽卡斯尔联给我们全家提供了一套位于郊区的豪华住宅，但我记不清具体位置了，大概是谢泼德的资产吧。俱乐部告诉我，他们将为所有的事情埋单，这样的慷慨大方着实让我惊讶。

虽然我可以把自己当成一个深林中的伪乡绅人士,但路易丝对于这种环境,并不是很感兴趣。我们不得不承认,这栋房子很漂亮,却让人有些不寒而栗——各种动物标本从四面八方的墙上望着我们,着实是最让人讨厌的事情之一。我们根本没法舒服地住下去,路易丝也没法独自待在那里。

于是,在等待新住处的那几周,我和路易丝搬到了阿兰·希勒的家里。我白天去俱乐部训练时,路易丝就要跟着房产经纪人,寻觅着我们心仪的地方。你看,我和阿兰·希勒的关系确实很好。

从小到大,我都将阿兰·希勒视为自己钦佩的球员。在10岁到16岁的成长期,我就是看着他,无所不能地在左侧、右侧和中路突破得分。

我们在英格兰队成了锋线搭档,发展出了不错的友谊。我和阿兰·希勒都喜欢高尔夫和赛马,他甚至在我的马厩里养了几匹赛马。在2005年,我们相处得非常好,我在纽卡斯尔也过得很舒服。

由于不想给热情款待的阿兰增添更多的麻烦,我们没过多久就从他家搬走,住进了一家酒店。直到后来,路易丝确定了新房子,我们才结束了漂泊不定的生活。那个新租处确实有点远,距离达拉斯霍尔村足足有16公里,需要沿着一条通往荒野的小路一直走下去。

那个房子还挺大的,周围有几个稍微小点的宅邸,其中一栋属于英格兰前国脚史蒂夫·斯通。那时候,嘉玛基本到了该上学的年纪,我们又养着狗,这一栋房子还是挺合适的。而我内心中的想法依然是:只要在这里住上一年,我就能回到利物浦了。

那个房子吸引我的地方,还包括拥有一片宽阔的空地。我立即想到了,这大概是为直升机所用的完美地点。如果有需要,我们完全可以试

第十三章 失控

试直升机，用它代步出行。

实话实说，当我同意撰写这本自传时，我知道有一些问题是无法回避的。那架该死的直升机就是其中之一！很多年以来，这架直升机都是纽卡斯尔联球迷攻击我的主要原因之一。

事后来看，无论坐着直升机晃来晃去，或者在圣诞节将它停到俱乐部训练基地，都不是很合适的行为，就像我曾经执意要回应旁人的激将法一样。

大家都说这太好笑了，我就堂而皇之地把直升机停在那片人工草皮训练场的中圈里边。我觉得自己像个白痴，这根本不是我的行事风格。

其实，我对直升机的想法很单纯，只是想让路易丝、嘉玛和父母能更方便地来家里串门和看球，尽量保持原来家里的日常关系。这完全是出于家庭因素的考量。

我绝不是要在努力工作的球迷面前炫富，也不像有人猜测的那样完全不想住在纽卡斯尔。这些流言蜚语确实存在，但事实并不是这样。我很爱纽卡斯尔和那里的人，直至今日，我还在那里拥有一套固定的房产。有一段时间，我将那套房产租给了法国球员本·阿尔法，直到他离开球队。

直升机肯定是有实用价值的。由于思念家人和朋友，我们才从西班牙回到英格兰，而在与纽卡斯尔联签约前，我还向托尼·斯蒂芬斯抱怨过，家人们每周从利物浦往返东北部一两次的话，简直太折腾了。托尼说："如果嫌麻烦的话，为什么不买一架直升机啊？"我转念一想，他说得挺有道理。

后来，我的确这样做了，直升机为我们带来了不少方便，只要情况允许，我们可以在任何时间乘坐它前往目的地。

如果平常有闲暇时间，我都会提前24小时给飞行员马克打电话，腾出一天半时间回家看看，尤其是2年后，路易丝已经带着要上学的嘉玛搬回去了，我需要更频繁的通勤。这趟短途旅程大概需要45分钟，一路向东飞向纽卡斯尔时，我们多会顺风而行。

说来有趣，这架直升机的使用者可不止我和家人，包括很多纽卡斯尔联的队友，都会很开心地向我借用。但这些事情从来没有登上媒体头条，也没有引发球迷的愤怒。

那时候，阿兰·希勒就会借用直升机载上朋友，一年去洛蒙德湖打几次高尔夫球。大家都是为了图个方便。基隆·戴尔曾经坐着它回家，尼基·巴特也搭过"顺风机"。我通常都是把它停放在巴特家附近的那个小型飞机场。

当我听到外界议论纷纷"哇哦，迈克尔·欧文竟然收了一架直升机"时，我们总会和尼基·巴特打趣说，怎么他就躲过了舆论攻击呢。我很爱尼基·巴特，但很少有人知道，他在飞机里的时间可是和我差不多。

如果没有那架直升机的话，我不知道自己会经历怎样的事情。归根结底，这只是其中的一个小插曲，当一切顺风顺水时，类似的场外事情不会博得关注。反之，一旦我的纽卡生涯不尽如人意，这架直升机就成了外界利用的工具，我也难免遭到攻击。这就是我想表达意思。

2005年圣诞节到来时，我与"喜鹊"（纽卡斯尔联）都保持着不错的状态。我连续取得进球，纽卡斯尔联的排名水涨船高。顺带一提，我很喜欢主教练索内斯，他的运筹帷幄充满了魔法。

在我与纽卡斯尔联签约之后，我很快意识到，索内斯就是我青睐的那种教练。他很严厉，也很会判断球员的性格，绝不会忍受别人的愚蠢行为。更好的是，索内斯与我默契十足，通常在训练后的理疗环节，他都愿意在医疗室里和我分享一些球员时代的峥嵘岁月。

出于很多原因，足球俱乐部的医疗室，往往会成为大家社交活动的中心。纽卡斯尔联也不例外。反正，你总能看见五六个球员聚在那里。一般来说，我们在训练之后都会冲个澡，然后去餐厅转转。等到准备离开时，大家就会习惯性地去医疗室看看，顺手拿一些消炎药之类的东西。

在医疗室里，那种类似母亲联谊会的场景，大抵会涉及索内斯、迪恩·桑德斯和队医伊恩·麦金尼斯。迪恩是个很棒的人，伊恩也是个了不起的家伙。我很喜欢加入他们，浪费点时间，讲几个笑话，再听着索内斯讲一讲过去的事情。

大家都知道，职业足球圈内的人员、比赛和环境，总会随着时间发生改变。但是，我还是非常喜欢索内斯这样老派的执教方法。他真的像舆论说得那么可怕吗？可能有吧，只是，我并没有亲眼看到。回想起来，我唯一感受过类似的场景，应该是纽卡斯尔联客场与威根竞技的比赛。那一天，索内斯对我们在上半场的发挥忍无可忍，他在中场休息时把一大堆盘子都砸到了墙上。无须多言，大家都小心翼翼了。

我觉得自己和索内斯之间，算是保持了一种相互、不言而喻的尊重感。或许，只有在足球世界达到过顶峰的人，才能默契分享这种感觉。我很喜欢索内斯，他对我也一样。在纽卡斯尔的前几个月，这样的和谐共处让我的生活平稳前进。

2005年12月31日，新年前夕，在纽卡斯尔联客场挑战托特纳姆热刺之前，一切都顺风顺水。但就在那一天，我与热刺门将保罗·罗宾逊发生了碰撞，刹那间，我的世界崩塌了。

现在想想，鉴于罗宾逊封死了角度，我的机会微乎其微，本可以抓住他保证安全。我告诫过自己：迈克尔，不要冒险，千万不要受伤……

只是，在他触球的瞬间，我率先拿到了球，就很自然地有了闪念：

我能在这里进球吗？

或许，这就是我的射手本能吧，在那样的情形下，我唯一能想到的终结方式就是吊门。他已经在我跟前，我不可能再晃过他了。就这样，我觉得自己还可以在这个回合破门得分，于是用脚趾尽力把球挑出去，但他的身子直接压到了我的右脚上。我记得，那应该是他的膝盖。

我立刻出现了一种碎裂的感觉，嗯，我的脚踝骨折了！与此同时，那一脚射门偏离了球门，也可能被热刺球员直接解围了。接下来，我听到主裁判吹响的中场哨音，伴随着我一瘸一拐的步伐，大家都很清楚，包括纽卡斯尔联的队医，我脚部的伤情肯定很严重。

当我挣扎着回到客队更衣室，脱下球鞋时，那只脚的一侧已经完全肿了。还来不及反应，我已经穿上了保护靴，通过后来的X光片显示，我的第五跖骨骨折了。

大家都能预想到，这个伤势至少导致我休战两个月之久。在纽卡开始复苏，我连续进球的背景下，这种遭遇真是一场灾难。

尽管这个伤势算是"动力杀手"，但对于受伤本身，我还是可以合理地看待。

在此之前，我从未遭受过骨折的伤势。我的骨头并非脆弱抑或容易折断，这就是一个概率事件，放在任何人身上都有可能发生。

再有，我确实在代表纽卡斯尔联的比赛中做到了拼尽全力，就算存在受伤的风险，我也全力以赴地追求破门。这只是一个例子而已。在我的认知中，我从未因此受到过球迷的批评。

因为距离德国世界杯还有5个多月，我没有想过自己会因伤错过世界杯。实际上，在那个年初的时间点，我唯一思考的事情就是尽快恢复健康，重新代表纽卡斯尔联出场比赛。如果顺利，我预计应该能在3月份伤愈复出。

彼时，在与专家约翰·霍奇金森研究了伤情后，我们被告知了两个可供挑选的治疗方案：一个是我们要用钢钉固定，用5厘米长的金属片将撕裂的部分重新接合；另一个就是主动静养，等待我受伤的地方自行愈合。

具体到后一种方案，虽然身体受到的影响较小，但是没有人可以准确判断出，我的休养时间究竟会持续多久。所谓的静养速度，就是取决于两个断裂的部分需要多长时间钙化并且重新连接。其中的过程充满了变数。

约翰对我说："我没法确切地告诉你究竟要休息2个月还是4个月。"

所以，尽管修复手术存在未知风险，还会带来烦恼、痛苦和潜在的感染可能，但无论如何，这个治疗方案至少能提供比较明确的康复时间——需要3个多月。我们用不着毫无头绪地瞎猜了。

在与俱乐部商讨后，我们决定采用更稳妥的治疗方案，就是修复手术。后来的很长一段时间，我每两周去一趟曼彻斯特，接受X光检查，以此确定伤势的恢复程度。

在术后的第六周，我本应该达到一个可以轻松慢跑的阶段。但问题是，我的身体感觉还不是很舒服，我清晰意识到，要想从跖骨骨折中康复过来，绝对是一项艰巨的挑战。

人的脚骨天生都是非常灵活的，第五跖骨（脚外侧）更是如此。但手术后，由于内嵌的金属片对骨头进行了固定，我们可以感受到那种僵硬感，以及以前没有过的不适感。

这种痛感不同寻常，我不得不在跑步中停下来再思考，这可不太对劲。所有医学专家都表示，手术之后的疼痛并不罕见，我感受到了些许异样，但还是一直坚持着。

一天，我在圣詹姆斯公园球场参加球队的公开训练课。因为刚复出不久，我就是以半步幅度进行慢跑，然后在队友进行强度训练之前，和他们做了做热身活动。凌空颠球接力一直是我们的主打项目，如果有人在过程中掉球的话，他就要接受大家的惩罚，比如弹耳朵。

结果，我成了那个倒霉的人，可是我觉得这根本不应该算我的失误，而是那个传球太差了！然后，正当大家逐渐向我靠拢，准备实施惩罚时，我下意识地迈出了两三步，依然在抗议着这次裁断："伙计们，这不应该算我的啊！"

然而，就在那一瞬间，我觉得自己的脚被什么东西重重地撞了一下。那种感觉和之前受伤时一样。我很快意识到：我又伤了！

我告诉一旁的队医："麻烦了，我这只脚又要完蛋了。"

翌日，我们去曼彻斯特接受检查，让人惊讶的是，我的脚似乎没异样。我们能从 X 光片上看到的只有一个微小的缝隙。

这次训练中的异样，并没有造成旧伤复发，但它还是显现了不好的征兆。我们都有些心神不宁。鉴于赛季收官在即和德国世界杯的临近，我迫切地想要知道，自己究竟什么时候才能满血复活。

"听着，你的伤势是可以养好的，"医生终于说话了，"但你看看这里，你可能又要休息 3 个多月了。"

这绝对不是我想听到的答案，这样一来，我可能真要错过德国世界杯了。

与上次一样，除了静养，我们还有另一种治疗选择。医生可以取出现有的钢钉，然后在原来的位置植入新的，为骨头表面提供更多的抓力，缓和断裂的程度。

医生说，如果选择这个方案，我大概能在 8 周后回到球场。掐指一算，我应该能赶上 2005/2006 赛季最后几场比赛。

出于周全考虑，我觉得应该给埃里克森打个电话，让他了解一下情况。一直以来，我在英格兰队踢得都很好，我可不想让他觉得，我是故意避而不谈，秘密地进行了手术。

第十三章 失控

　　于是，我给埃里克森拨去了电话，向他解释事情的来龙去脉，也说明伤势可能会对英格兰队造成的影响。对于第二次手术的方案，他也表示认可。他对我说："迈克尔，只要你能恢复健康，世界杯前的热身赛都会等着你的。"

　　我的想法很简单：我一定可以做到。

　　纽卡斯尔联俱乐部非常关心我的情况，他们同意了治疗方案，希望我可以得到最好的结果。在2006年2月末，我接受了短时间内的第二次手术，又是长达6周的时间，我的脚与石膏纠缠在了一起。

　　在此期间，由于一系列糟糕的结果，索内斯从纽卡斯尔联下课了，他的继任者是格伦·罗德尔，刚退役不久的阿兰·希勒成了他的助手。纽卡斯尔联的主帅职位，就是如在水深火热之中。

　　从康复进程看，第二次手术后的疗养非常顺利，直到2006年4月29日，当赛季英超的倒数第二轮，我才在纽卡斯尔联与伯明翰的比赛中替补出场，完成复出。

　　虽然我还没有恢复到百分之百的身体状态，手术后的脚部和腿部肌肉依然感到不适且缺乏训练——毕竟我可是度过了整整12周的石膏包裹期。至少，我终于能在球场上自由奔跑了。即便是微小的恩惠，我也心存感激。好在，我又能踢球了。

第十四章
混乱的信号

　　不出所料，波折不断的 2006 年德国世界杯，最终成了我唯一想要删除记忆的重大赛事。

　　在世界杯前最重要的半年，我绝大部分时间都在养伤中度过，就算在老特拉福德出战了对阵匈牙利和牙买加的热身赛，大家也明显看出来，我两条腿的肌肉力量呈现截然不同的状况。

　　尽管在面对牙买加时贡献了进球，但是远不及我的最佳水准。时间紧迫，我已经没有更多的比赛机会去找回最佳状态了。

　　就比赛本身而言，我的表现没有太大改观。德国世界杯小组赛首战，英格兰在法兰克福 1 比 0 小胜巴拉圭，我在 56 分钟出场表现平平淡淡。次战，我们在纽伦堡 2 比 0 击败了特立尼达和多巴哥，虽然，此役遇到了不少麻烦，但克劳奇和杰拉德的连续进球，还是确保了两连胜的到来。取得两球领先后，埃里克森在第 58 分钟用韦恩·鲁尼将我替换下场。

　　两战下来，我已经无法感受到自己过往的敏锐性。长时间的因伤缺阵，加上仓促而不完整的恢复过程，我觉得自己没有能力应付世界杯级别赛事，更难以贡献理想的发挥。我很高兴可以回到绿茵场，但我的身体还没有做好准备。

2006年6月20日，英格兰队在科隆迎来了小组赛第三个对手瑞典队。在莱茵能源体育场，开场仅仅4分钟，我的世界杯之旅就提早画下了句号。

关于那次重伤的前后，我的记忆非常清晰。自从接受完脚部手术后，我大概在复出后的一个月时间，送出了上千次传球。我需要在世界杯揭幕前找到传球的肌肉记忆，再向正确的方向发力。为了加快恢复，我特意在日常进行了梯绳训练。

回到受伤的那一天。出于某种原因，当我在瑞典球员的防守下，要将皮球从边路传向中路时，有那么一瞬间，我的大脑和两腿完全失去了神经信号。我根本不知道应该做些什么。

那像一个慢动作，我当时就想：我的脚在飘了……

即使到了今天，我也没法解释这一切。回头再看，我经常会在内心深处斟酌，我是否会对那个动作感到懊恼。

我是突然改变主意了？对此，我并不清楚。

无论如何，我确实在传球那一瞬间断片了，当我的身体和腿呈现相反的运动姿态时，我的受伤在所难免。

每个人都会告诉你，膝盖十字韧带的伤势，是世界上最痛苦的伤病之一。对我而言，在感到受伤那一瞬间，我没有置身戏剧性的场景，我就是感觉的膝盖被敲了一下，很像有人在旁边打了个响指。没有那么痛苦，但我还是能感觉到，膝盖那里有个坚固的地方断掉了。

我知道：这下完蛋了。

在队医赶过来之后，我告诉他："我的膝盖出事了。"

随后，我被抬上了担架，送进英格兰队更衣室。当队医抬起我的膝

第十四章 混乱的信号

盖诊断时,他的初步判断证实了我的猜测(尽管我对膝盖的结构一无所知)——我受伤的地方,就是十字韧带。

虽然经过仪器扫描才能完全确认伤情,但是在任何有经验的队医来看,只要通过身体不稳定的状态,就能判断出球员的大概伤情。比赛还在继续,路易丝和我的父母从看台来到更衣室,查看我的伤势。他们意识到,这次受伤绝不是简单的事情。记忆中,我应该是在酒店里待了两天,才被带上飞回英格兰的飞机。我的德国世界杯就这样戛然而止,所谓的至暗时刻近在眼前。

作为一个自认为无私的人,我真诚地认为我们的感受都是普通人的正常反应。只要你回到熟悉的家里,很多感觉就不太一样了,你会在乎比赛,但你不会认为球场上的一切就是生死攸关的事情。

通常情况下,如果是队内的核心球员遭遇重伤,俱乐部总会想方设法地让球员尽快回国,更加细致地评估伤势,商讨相应的治疗方案。如果有需要的话,还会尽早决定手术的时间。

那时,我也确实经历了类似过程。回到纽卡斯尔后,我接受了很多医学专家的会诊,对于未来的职业生涯,一个正确的决定显得至关重要。从俱乐部角度看,纽卡斯尔联也算尽心尽力,他们希望保护好队内的重要资产。反正,在27岁的节点,我可是从来没有想过,这一次十字韧带的受伤将会结束我的职业生涯。尽管情况很糟糕,我依然坚信自己可以回到球场。

随着诊断的不断推进,我在心理层面也算接受了至少要缺席6个月到8个月比赛的事实。如是看来,那些遥不可及的恢复目标,着实让人感到沮丧,但这终究是一种可控的存在。就像以前一样,我依然能过滤掉很多消极的想法,尽量保持平稳的心态。

在考虑了所有潜在医生人选后,我们觉得来自科罗拉多小镇韦尔的理查德·斯特德曼医生,就是最好的人选。无论如何征询意见,他都是公认最好的膝部专家,除了要在家乡为受伤的滑雪者而忙碌,帕特里克·博格、罗纳尔多和杰米·雷德克纳普等球员,也都接受过他的治疗。

2006年7月末,我从英格兰飞往科罗拉多,深入了解了十字韧带手术的繁杂治疗过程。不久,我在斯特德曼医生的引导下逐渐明白,十字韧带的修复工作,就像是复杂的木工工作。

打开伤处,观察伤口,再评估韧带的损伤程度。他们需要找出最好的方法,帮助你恢复健康。或许我的描述过于简化了,但在我的认知中,十字韧带手术基本就是这个样子。

如同运动医学的大多数领域一样,十字韧带手术在多年以来经历了很大改变。过去,专家们已经试验过用各种人造制品替换膝关节的肌腱。他们认为,这些材料非常坚固,可以最大限度地模拟真实的人体构成,但是在运用过程中,一些隐患和问题也随之而来。

所以,那时最常使用的方案,就是摘取部分腘绳肌或髌骨中间三分之一的肌腱。在手术过程中,髌骨肌腱的一部分将被切除,用来缓解十字韧带的损伤。对于手术细节,那些敏感的人还是不要细看了。我可能又一次把极度复杂的治疗过程简化了,但在那时,我听到的描述大抵如此。

很显然,这个过程意味着,一个接受完十字韧带手术的人可不只需要恢复膝盖,还有供体部分,同样需要长时间恢复,才能企及更好的状态。毕竟,如果是被取走了三分之一的膝盖肌腱,抑或一部分腿筋,这些受到影响的部分,都要搭配特定的疗养计划。

彼时,我过往腘绳肌(亦称腿筋)的受伤史,成了一个精确治疗方案中的重要因素。而我不需要担心的事情,就是在那条伤痕累累的腿上,把一根腿筋从屁股附近的某个地方弄掉。那里已经没有可操作的空间了。

所以,我本来期待着从麻醉中醒来后,能听到我膝盖的另一部分,已经被用来修复十字韧带的好消息。然而，事实并非如此。

经过3小时的手术后，我逐渐苏醒过来，斯特德曼医生与我四目相对。他说："嘿，迈克尔，我有一些好消息，也有一些坏消息。"

我昏昏沉沉地答道："好吧，到底发生了什么？"

"是这样的，我其实还没有修复你的十字韧带"。他说道。

斯特德曼医生对此解释道：在手术中观察我的膝盖时，他发现我的半月板（基本是膝盖软骨的表面）出现了一些损伤，这是此前检查中无法看到的。斯特德曼医生说："我需要先对你的半月板进行手术，待到3个月后，再会重新准备一次十字韧带的修复手术。"

听到这里，我心想着："医生，这根本没有好消息吧，全是糟糕透顶的事情……"

从康复角度看，这两种伤势的情况截然不同：半月板需要静置支撑，而十字韧带的恢复要求更多的活动和伸展。所以，我的休养时间不可避免地要从6个月增加到整整9个月。幸运的是，在斯特德曼医生看来，我膝盖的状态还算不错，没有关节炎症或劳损，比他治疗过的大多数运动员都要好。

或许，这就是所谓的好消息吧。

斯特德曼医生表示，他毫不怀疑地认为，我之前的脚踝伤势以及右腿肌肉的连续异样，就是引发十字韧带断裂的主要原因。换言之，看似没有直接关系的跖骨骨折，就是一系列后续反应的催化剂。就这样，我踏上了漫长的养伤之路，在伤口缝合、装上支架后，我回到家开始了3个月的休养。

3个月后，我重新来到科罗拉多韦尔，按照预先设定的时间，完成了膝盖的十字韧带手术。斯特德曼医生后来告诉我：起初，他本来想用我的膝盖骨肌腱修复那条韧带。后来，有些情况导致他临时改变了主意，在出乎意料的情况下，他决定用更坚固的组织完成这次复杂的手术。

斯特德曼医生说："整个手术非常顺利，不过，我应该让你知道，我们最后决定用了第三方捐赠的器官。"

"好的，没问题。"我起初没有把他的话放在心上，直到几天后，斯特德曼医生邀请我去他位于韦尔滑雪坡道脚下的家中吃饭，我才恍然大悟。

席间，他向我解释道，之前提到的他人捐赠的跟腱，其实是来自一个离世者。

"那是一起摩托车的交通事故。"他坦言道。

突然间听到这个消息，可能会让人感到些许不适，但我觉得这是正常的情况，没有问题。随着我们深入的交流，我也很清楚，就算是完成手术，开始构建新组织和细胞，但我的身体依然存在着与移植部分出现排异现象的可能。

谢天谢地，类似的异常情况并没有出现，斯特德曼医生的决定实在英明——他没有削弱我身体任何部位的功能，就达成了手术的效果。在整个足球生涯中，我遇到过成百上千个做过十字韧带手术的人，说实话，所谓完全成功的案例少之又少。

虽然多数人都能恢复到之前相近的竞技水平，但大概有九成的球员，都要做好必要的后续工作——有人要在激烈的比赛后用冰敷消肿，有人每周都会缺席一天训练，有人需要长期服用止痛药，否则，永远不能在人工草皮上踢球了。这都是我们要付出的代价。

就我而言，那次十字韧带的修复，没有对我的职业生涯造成太大的影响。是的，我的绝对速度变慢了，其中的原因，可不仅仅是膝盖手术。随着时间的推移，我的年龄越来越大，相应的肌肉损伤也愈发明显。当我伤愈复出的时候，除了膝盖上的伤疤存留许久，我甚至都感受不到自己经受过十字韧带手术的考验。我没有疼痛，没有肿胀，就算当下也能在任何一天，在人工草皮球场上踢满整个90分钟。

仅就膝盖情况看，我现在的生活很完美，没有什么事情是受限于膝盖而不能完成的。我非常感谢斯特德曼医生，以及那位愿意将器官捐给医学事业的善良逝者。

现在来看，那一段在2006/2007赛季纽卡斯尔联的术后恢复期，就是很多球迷对我发出不满之声的起点。此后，整个事情就变味了。

我在纽卡最初遭遇的伤病，引发了一系列连锁反应。为了能在新年之际取得进球，我曾将自己置身于危险境地。更让人为难的是，由于我在英格兰队中重伤，纽卡斯尔联与英足总的矛盾也随之公开。我逐渐感觉到，所谓的舆论已经在我与纽卡球迷之间制造了裂痕。

从过去到现在，我从来不认为自己做错了什么：我没有故意弄伤脚踝，也不想体验十字韧带断裂。

我坚定地认为，无论是哪一方的过错，我的伤病都在无形中放大了一些本来不算重要的小事。最简单的例子，就是那架直升机。我很确定，如果不是长期因伤休战，没有人会因此不满。

我能真切地感受到，很多微不足道的小事都成了别人攻击我的武器。或许，这都是出自那些花钱买票要看我踢球的球迷，他们的心中一定怀有怨气。

当纽卡斯尔联和英足总还在为球员受伤的保险范围争论不休时，我已经别无选择，必须更加专注于膝盖术后的恢复过程，以便更快地穿回纽卡球衣。

顺带一提，由于我在德国世界杯的意外受伤，就算那个特别条款的回购价有了下降（当时约为1200万英镑），利物浦也没有考虑为我出价。

在长期养伤情况下，我无法为俱乐部带来任何竞技价值。所以，尽管出场机会不会太多，我还是要在纽卡斯尔联再待上一个赛季。鉴于我当时的糟糕情况，这些都是可以接受的事情。

作为纽卡斯尔联花费了1600万镑买来的明星球员，我的伤势和恢复情况，都处于俱乐部的密切观察中。当时，在格伦·罗德尔的管理下，纽卡斯尔联队内拥有两名队医，分别是保罗·菲里斯和德里克·赖特。

我不想让自己听起来像个搞特权的混蛋，毕竟，俱乐部一线队还有另外25名球员，他们一直处于赛季征战状态，同样需要队医的关照和监控。出于自己的特殊情况，我肯定更需要在长达9个月的时间，得到专人24小时的关照。对于俱乐部的两名队医，我没有任何不尊重的意思，在我看来，他们难以同时兼顾两边繁重的工作。

在漫长的恢复过程中，我的首要目标就是能够像平常人一样自由活动膝盖。而我遵循的指示，都来自一张罗列了所有练习动作的A4纸，我会躺在角落里，花费时间逐步完成练习动作。

这种身体练习并不需要太多监督，可我总是不禁想到，我在养伤阶段有太多的时间都得自食其力。我要再强调一次，这绝对不是对俱乐部的抱怨或批评。受限于那时特定的发展时期，我相信现在的俱乐部会做得越来越好。

作为普通人，时间长了就爱偷懒或者寻找捷径，就是我很多弱点中的一项。这次术后恢复同样如此。如果是理疗师要求我做10组8次的小抬腿，我大多先躺上一个多小时。然后，随着有人走进屋子，我开始与他们谈天说地。直到一整天都悄然逝去，别说是10组了，我可能就做了4组而已。

没办法，这种练习真的让我感到无聊，我非常需要有人一直在旁边督促我，激励我。时至今日，就算有人告诉我："你应该减肥了。"我也很难付诸实践，更何况还没有说服力的理由。总之，我必须感知更多的动力，唯有那种切实的结果，才能激发我继续向前。

第十四章　混乱的信号

幸运的是，我很早就认识到了这种性格缺陷。所有人都有缺点，但很多人都不愿意坦然面对。除了要得到依靠，我也需要主动创造环境，帮助自己获得术后恢复的必要能量。作为广受赞誉且精于人际关系的教练，格伦·罗德尔也注意到了我的特殊情况。

"迈克尔，你的腿怎么样了？"一天下午，格伦问道。

"教练，坦白说，我的恢复不算很好。"

"也许我可以给你一些建议。"格伦告诉我。

此前在西汉姆联俱乐部任职时，格伦结识了一位名叫约翰·格林的理疗师。在阿兰·帕杜入主球队后，前者不幸成了被解雇的工作人员之一。此后，约翰·格林就成了专攻膝伤恢复的自由理疗师。

"你可是纽卡斯尔联的重要球员，"格伦接着说道，"迈克尔，你需要那种一对一的看护。无论对你还是大家而言，你都要好好休养，尽快复出。"基于之前提到的所有情况，我很同意格伦的建议：我应该单独聘请一名理疗师。

我其实很喜欢俱乐部的两名队医德里克·怀特和保罗·费里斯，但在表达聘任新人的意愿时，我还是无法确定二人的态度。我已经解释过，我需要一位私人理疗师的照应，才能尽快恢复状态，这并不是对他们工作能力的否定。而且，他们和俱乐部的其他人都知道，我会对这笔开销完全负责。

时至今日，这种一对一的医疗护理，在职业俱乐部层面已是习以为常。曾经有人说过，如果是瓜迪奥拉麾下的某个球员受伤了需要手术，他们就会尽快办妥各种手续，很快飞往西班牙。大家都知道，球员会在那里得到最好的治疗，西班牙就是他们信任的地方。

不过，这样的个人决定，会让俱乐部的队医怎么想呢？他们很可能觉得自己被低估了。我很尊重德里克·怀特和保罗·费里斯的业务能力，但我不得不这么做。

最终，我很难过地告诉他们："伙计们，这与你们的工作能力没有任何关系。"在得到格伦支持后，我订制的恢复方案也得到了俱乐部董事会的通过。尽管，有些人还是抱有疑虑，担心这种特殊待遇会引发更多的后续问题。

或许有人会说："如果迈克尔·欧文能有私人理疗师，那其他人呢？"我能明白，俱乐部并不希望在此之后，队内的每个人都有这种特殊要求。

那时候，如果是队内的外籍球员受伤了，他们大多希望回到自己的祖国接受检查。有一些愤世嫉俗的球员会觉得，那些人名义上是回国养伤，说穿了不就是休假疗养吗？诸如纽卡的埃姆雷和巴巴亚罗，他们就是在受伤后离开英格兰，回到了自己的国家。

无论如何，我的要求征得了同意，格伦非常高兴，我的内心也深受鼓舞。终于要有一个人寸步不离地跟在身边，给我的每一个动作计数了。

尽管约翰·格林住在千里之外的伦敦，但在2006年圣诞节前后，他还是来到纽卡斯尔，与我度过了漫长的4个多月。从早到晚，我都会抓紧时间练习，努力康复。有时候，他会在我家住下，就连我的食谱也逃不过他的监督。那几个月，我与约翰过着如同僧侣般的生活。

经过坚持不懈的努力，我的身体状况变得非常好，肌肉分明，如同"野兽"一般。我并不是那种喜欢脱掉上衣展示肌肉的人，但是，在那段时间，我强壮有力的身材足以让人印象深刻。

在每天下午4点左右，也就是约翰·格林结束工作准备回家时，格伦·罗德尔经常过来探班。我们总是在那里，挥汗如雨地训练。无论天气是阴晴雨雪，我们都会在那里，格伦也是一样。

说起来，只要看到格伦的身影，我的兴致就会变得很高，内心也会得到很大的激励。我甚至会觉得自己动力满满，足以创造马拉松或者百米短跑的世界纪录了。那绝对是我身体状态最好的时候，从上身到下肢都非常强壮。

另外,我和约翰基本每周都要去一次曼彻斯特,那里的一家健身中心配备了对膝盖恢复很有帮助的水中跑步机。在不用负重的特殊环境下,我可以在机器上进行锻炼。

巧合的是,因为在之前的比赛中受伤了,纽卡斯尔联的英格兰球员基隆·代尔更早地来到这家健身中心。我觉得,他也有几天是和我们同时出现的。

无论对错,从职业生涯开始,基隆·代尔就被媒体贴上了一个到处拈花惹草的标签。那时候,追随利物浦队内的"辣仔时代",纽卡也有一批这样的球员,记者自然也是趋之若鹜。

我不知道基隆·代尔究竟都做过什么,反正,那只是他在19岁或20岁的状况,与所谓的球员身份没有太多关系。基隆是个很好的人,他在球场上很有才华,但很遗憾,并不是所有球员都能在公平的环境下稳定成长。

看热闹不嫌事大的英国媒体,总是要给基隆贴上一些负面的刻板印象,比如到处炫富,并且时常嘲弄他。我很喜欢基隆在英格兰队的状态,而在那时的曼彻斯特道达尔健身中心,我也接触到了他的另一面。

一天,当我在健身房挥汗如雨地训练时,有个陌生人走了过来。

"我能和你说件事吗?"他开口道,"有一天基隆过来了,你还在游泳池里。"

"好啊。"我回答道,我很想知道他接下来会说点什么。

"我有个身患残疾的儿子,他就是在这里的泳池进行锻炼。有一天,基隆正好看到了我们,他就找到我攀谈了一会儿。基隆真的非常关心我们,他还详细了解了我和儿子的情况。"

"第二天,基隆又来了,他拿着支票本,直接给我们写好了一张2万美元的支票。他说:'我想让你们带着孩子去迪士尼玩一玩,但有一个条件，我希望你不要跟任何人提起这件事。'"

那一刻，我的脑海中蹦出了两个想法。首先，基隆从来没有与我分享过这件私事，这足以体现他拥有优秀的品格。在我看来，大肆吹嘘球星的慈善活动和助人为乐本来就没必要。

其次，对于那些一贯认为球员都是暴发户、性格傲慢和自以为是的人来说，基隆在私下的所作所为，恰恰证明了人好行善的球员们都是如何被舆论歪曲形象的。这么说吧，不要相信你在媒体上看到的任何信息。

至于公众们能看到的信息，就是英超球员在圣诞节到来时，去医院里与孩童们握手的照片。

这种公开的慈善活动没有问题，也绝对合情合理，据我所知，这只是很多球员全年行善的微小部分。他们做了很多好事，但大多没有舆论宣传，更没有引起媒体关注。

我可以轻松地说出很多队友的名字，比如杰拉德和卡拉格，他们都为慈善事业做出了很多贡献。同样，我也为此付出过很多努力。对于基隆·代尔的故事，我真的深受触动，我永远不会忘记，那个热泪盈眶和我分享这一切的陌生男人。

我想，如果大家都知道就好了。

在整个强化康复进程中，我听到最好的消息就是开刀的地方没有任何肿胀或疼痛。这自然要归功于那场高质量的手术和约翰·格林制订的恢复计划，以及我在康复中坚持完成的身体练习，尤其是深蹲。这对膝盖的恢复过程真的非常重要。

约翰·格林是名副其实的专家，他就是我在那时最需要的人。此外，格伦·罗德尔也是一位足够优秀的主教练，他非常了解我的心理活动。

我一直觉得格伦·罗德尔是个很好的人。只是，尽管在2006年带队拿下了国际托托杯的冠军，成为自1969年以来第一位收获重要冠军的纽卡斯尔联主帅，但他在这支球队的执教时间，却未能延续更久。

2007年4月初，当我的康复宣告收官时，我已经迫不及待地回到球场了。

与此同时，通过与约翰·格林的交流，格伦·罗德尔已经很清楚，一个伤愈复出完成升级的迈克尔·欧文，可以为他的球队带来什么。约翰·格林应该告诉过他了："等到迈克尔满血复活的时候，你就不要犹豫了。他不需要坐在替补席上重新适应，他已经完全准备好了。"

为了让我找回比赛状态，纽卡斯尔联专门安排了一场不公开售票的热身赛，对手是格雷特纳。我的感觉不错，打进了一个漂亮的进球，还为锋线搭档肖拉·阿梅奥比送上了助攻。我在60分钟后被替换下场，感觉一切都太美妙了。

我感觉已经为代表一线队出战做好了所有准备。我尽力调整状态，非常希望能在赛季收官前披挂上阵。

然而，计划总是赶不上变化……

2007年4月末，纽卡斯尔联即将在英超倒数第3轮，客场挑战雷丁队。比赛前，天空体育照例将摄像机放进了圣詹姆斯公园球场。乍看起来，这不是非同寻常的操作，在之前的每个周五，作为英超联赛持权方的天空体育，都会来到俱乐部采访主教练，并且播出一段5分钟左右的训练画面。

从我的角度而言，我在训练时可以感觉到，自己将被列入比赛的首发名单。在身体状态很好的背景下，我基本不可能缺席这轮赛事。

不过，当弗雷迪·谢波德听说天空体育要在训练场拍摄我训练的画面时，他肯定惊慌失措了。只要我在训练场的照片被媒体公开，我与正式比赛的久别重逢，肯定会让英格兰足坛热闹非凡。

说起来，这种往事让我想起了在效力纽卡斯尔联时，那个最棘手也是最有争议的问题：俱乐部为我的伤病而准备的保险。

在我与膝伤缠斗时，我听到一些纽卡球迷的抱怨，他们觉得我收取着高薪，却无法代表球队出场。以此延伸的话，他们还觉得自己为俱乐部付出的钱财，都被我白白浪费了。如果事情真是这样，我倒是能理解他们的立场，毕竟，很多纽卡球迷都是普通的工薪阶层，他们为每个赛季购买的季票付出了很多。

当然，己所不欲，勿施于人，我不能将自己的薪资争议，强迫这些球迷理解。那不是我的风格，我对纽卡球迷也一直尊重有加。在养伤期间，我还听到另一种说法：有人觉得我应该在报纸上多写写个人专栏，以此与球迷保持紧密联系。事实上，纽卡斯尔联俱乐部从来没有推进过相关事宜，我的全部注意力都放在日常恢复训练，而不是舆论宣传。

随着时间推移，我的复出日越来越近。然而，弗雷迪·谢泼德并不这么觉得，他不太希望我在2007年4月出场比赛。原因很简单，只要我穿上球衣重返球场，俱乐部就没法得到那些工资保险金了。

只要我继续因伤缺战，弗雷迪·谢泼德就能在整个夏天都得到相关的保险金。所有数额加起来，那还真是挺大一笔钱。

由于俱乐部刚安排了一场热身赛，也让我参加了全队训练，我觉得格伦·罗德尔应该不知道弗雷迪·谢泼德的省钱计策。对于我的回归，他是非常高兴的。

然而，就在我即将入场被天空体育拍到的5分钟前，格伦突然把我叫到他的办公室。他说："主席发话了，你今天不能参与球队的训练。"

你可以想象，在经历太多困难和挫折后，我听到这个指令会是怎样的感觉。起初，我只能接受因伤休战的现实，算好不得不缺席比赛的时间，经历着缺阵的煎熬。我的目标很明确，就是重新代表纽卡斯尔联出场比赛。每过一天，复出的日子就更近一些。

当那个出现在日记和脑海里的日期愈发接近时，你大概会愈发兴奋，完全没法保持耐心。每个人都告诉过我："你应该高兴，你马上就能复出了。"我的情绪却恰恰相反。我有些冲动了，因为我只想着尽快体验那种如冲刺撞线过后重新比赛的感觉。

但是，就在那天，所有的计划都被打乱了，当有个人拒绝让我参加训练时，我彻底失去了应有的冷静。

我开始想着："如果今天不训练，周末的比赛就没戏了吧？"

我可不想这样。

"我必须参加，"我向格伦回应道，"主席不能阻止我的复出。"

"没办法，这是他说的……"格伦接着说道。

我知道，格伦身为主教练也是无可奈何。

"那你给他打电话。"

格伦随即拨通弗雷迪·谢泼德的号码，把电话交给了我。

"你好，主席，我听主教练说了，你不让我参加今天的训练。这是真的吗？"一个问句出去，我尽量保持着冷静。

"没错，"他倒是毫不避讳地承认了，"是这样的，记者们都会在场。如果你在这个阶段复出，我们就会失去一大笔赔偿金。"

"你的意思是，我这个赛季都不能踢了？"我感觉自己的心跳都加快了。

"是的，你不能，否则我们就要在整个夏天缴纳你的全额工资，还必须放弃保险公司的赔偿。"

那一刻，我真的非常愤怒，可是换个角度，我也大概可以理解弗雷迪·谢泼德的做法。不论你怎样看待所谓的保险，这些情况都是时常发生的事情。

不过，从法理和道义上看，我不觉得弗雷迪·谢泼德的要求是合理的。这无关我的自私与否，我只是想继续踢球而已。"好吧，你现在就滚吧，"我说道，"过去几个月，我从来都没这么拼命过，可是到了现在，我竟然听到了放屁一般的指示。"

接下来，我隐约记得的就是弗雷迪·谢泼德在电话那一边的大喊大叫。

"你给我听好了,"弗雷迪·谢泼德直接大吼道,"你来到这家俱乐部,赚走的钱已经够多了。所以,我今天就是想让你躲在卫生间里,好好待个5分钟,听明白没有。"

重重压力之下,弗雷迪·谢泼德的心情确实很糟糕。而且,他的表达也不算准确,原本说的只有一天,其实是暗示了2006/2007赛季最后3轮的所有时间。

回想那几天,我们达成了一个不成文的协议:如果天空体育的摄像机不在场,我就可以参加全队合练。反之,我就不能公开出现。

大家都明白,我的手里可是握有重要筹码,一旦我向媒体放风:"是老板不让我复出的。"这势必会成为纽卡斯尔联俱乐部的公关灾难。弗雷迪·谢泼德也不得不做出妥协。

我并没有像他建议的那样,躲到俱乐部的卫生间里。

反正,那份遥远的官方比赛报告可以告诉你,在2007年4月30日,纽卡斯尔联0比1不敌雷丁一役,我在因伤长时间缺阵后,久违的首发并踢满了90分钟。我打入了一个进球,却不幸被主裁判吹掉了。

无论经历怎样的波折,有一点是板上钉钉的,我复出之后的身体状态非常好。此前几年,我从来没有将注意力放在强硬的身体对抗上,但在那时我能感觉到,我的上半身甚至能将对手弹开。突然之间,我喜欢上了这种与对手平行撞击的感觉!

拥有前所未有的身体状态,我回到纽卡斯尔联的主力阵容。一番博弈之后,纽卡高层也决定在夏天正常发钱。在我看来,这一切都是理所当然的事情,无论是本赛季的揭幕战还是收官之战,只要我出场比赛了,相应的保险赔付就应当结束。他们理应照章办事。

当然,整个事件的来龙去脉,纽卡斯尔联的球迷基本一无所知。至少在基本认知层面,关于由保险单催生的乱象,当时我作为一位球员并不适合表达什么。而在那样的舆论环境下,我就不得不忍受大量来自纽卡球迷的严厉指责，他们心生怨气，恰恰是因为没有了解事情的全貌。

很不巧的是，屋漏偏逢连夜雨……

2006/2007赛季英超联赛的收官战，纽卡斯尔联客场1比1战平了沃特福德。那时候，随着霉运和特殊情况的不断累加，我与纽卡球迷的关系愈发紧张。

从养伤期间开始，我就感受到纽卡球迷的怨气。于是为了扭转乾坤，我的想法非常明确：我必须尽快复出，然后为球队贡献更好的表现……

回想在纽卡斯尔联的第一个赛季，我和球迷的关系还挺好的。我不希望他们就此淡忘了我的进球和优异表现，将过往的美妙时光抛到脑后。在我首发出场迎来与雷丁的复出之战时，我得到了部分纽卡球迷的起立鼓掌。尽管有一些人持有保留意见，但整体情况还算尽在掌握。

话说回来，我觉得不需要向别人证明任何事情。我拥有足够优秀的成绩，也贡献了很多高光时刻。就算周遭环境不算理想，我的强大心脏也足以为自己过滤出这种回应：很抱歉，我消失了这么久，你很长时间都没有看到我了。但是，你不需要担心，在我因伤休战的时候，俱乐部并不用承担我的工资。

然而，就在2007年5月13日纽卡斯尔联客场对阵沃特福德时，一切风云突变。

比赛开始没多久，我在一次回合中全速冲刺，在转身想要往相反方向移动时，我并没有看到队友马蒂·帕蒂森的身影。我俩直接撞了个满怀，他的肩膀正好打在我的下巴上，我在球场上失去了意识。

后来，我在牧师路球场更衣室内醒过来，随后的一些事情都实属正常。但在这其中，并不包括时任英格兰队主教练史蒂夫·麦克拉伦的突然现身。他近在咫尺地出现在我的视线中。本来，麦克拉伦来到牧师路球场，希望看一下我的状态如何。在我遭遇突发事件后，他赶忙从看台来到更衣室，还一直试图与意识混乱的我进行对话。

"迈克尔，你还好吗？"我似乎隐约地听到了。

"史蒂夫，是你吗？"我反问道，"哎，我的伤势如何？"那样的感觉还挺奇怪的，而且，我并不觉得这次突发情况有多么严重。

当天晚上回家后，我打开电视，通过BBC的王牌节目《当日比赛》，回看了纽卡斯尔联与沃特福德的比赛集锦。眼看着自己被马蒂·帕蒂森击倒，我却在电视背景音里，听到了来自纽卡斯尔联拥趸的怨声。在我被担架抬出场时，他们就在看台上高唱着："大家的钱都被他浪费了……"

他们这种不加掩饰的行为，改变了我的很多认知。一直以来，我都不屑于那些关于球员、教练或球迷的刻板印象，但经过那次意外事件后，我算是彻底看清楚了，纽卡斯尔联的球迷什么都不懂。

从那时开始，我的固执与偏执逐渐显现出来。我无意去讨好任何球迷。相反，我决意用一种些许愤恨的方式进行反击：对于一些烦人的纽卡球迷，我不需要证明自己。

我的记忆力一直挺好的。尽管在初来乍到时，我与圣詹姆斯公园球场产生过美好的回忆，但经过在牧师路球场的洗礼，我们的关系不可逆转地遭到了破坏。

这本来是一段你情我愿的爱情，如果你愿意这么打比方的话，但那次事件发生后，我与纽卡斯尔联的蜜月期已然画上了句号。

第十五章
尊重

在2006/2007赛季大幕落下前，格伦·罗德尔下课了。那一天，他突然被叫到俱乐部董事会召开紧急会议，随后就传出了双方达成解约协议的消息。

说实话，我觉得他在"背锅"，在2006年2月到2007年5月的任期内，格伦可是亲历了队内重大球员伤病潮，连同我在内的很多关键球员，都是高挂免战牌。有些人觉得，他在纽卡的执教不只是运气不佳，甚至连执教能力都被低估了。

现在想想，当你考虑到董事会层面的暗流涌动时，格伦的离开只是他们欲盖弥彰。作为一名来去匆匆的主教练，他被当成替罪羊。董事会必须有所行动，才能尽量平息球迷的不满。

2007年6月，萨姆·阿勒代斯接过了纽卡斯尔联的教鞭。需要强调的是，我对于阿勒代斯没有任何私人意见，只是从业务角度看，他并不适合我。而且，仅仅是看了一堂他的日常训练课，我就基本确定这个观点了。

阿勒代斯和其他一些圈内人，总会将他在2005/2006赛季带领博尔顿闯入欧战视为一项重大成就。这是他执教生涯不得忽视的成绩。但是别忘了，那支博尔顿可是拥有着不少精兵强将：耶罗、伊万·坎波、尤里·德约卡夫……我随便一想就能说出很多名字。

尽管年纪有些大了，但见多识广的阿勒代斯依然想让你相信：他并不是循规蹈矩的人，而是那种与时俱进，希望被看作思想家的主教练。

在某种程度上，阿勒代斯确实是紧跟时代，在俱乐部的预算之内，他总能为俱乐部签下不少专业人士，比如俱乐部理疗师、运动专家、按摩师和瑜伽师等。他善于获取到更多的帮助。

阿勒代斯的一线队训练内容，没有太多特别的东西，简单来说，我们就是在进行11对11的实战对抗。

训练中，他会要求我们把球踢到对方边后卫的区域，再去追赶和逼抢，直至赢得一个边线球。但是，如果在中场丢失了球权，那就是阿勒代斯最忌惮的噩梦。

对于那支全新的纽卡斯尔联而言，漂亮的传球和跑位就不用想了，这都是阿勒代斯几乎不能忍受的细节。他根本不屑于这些技战术风格，就是坚持自己直接粗暴的直线式踢法。

就我而言，我对于阿勒代斯技战术最恼火的部分，就是那个"P.O.M.O"（最佳机会的位置）概念。第一次听说这个自造词时，我心想："这到底是个什么鬼东西。"

而且，没过多久我还发现，在进行全场11对11分组对抗时，只要我们的配合跑偏了，他就立刻大声叫停。随之而来，就是那块倒霉的战术板。

我们只得干巴巴地站在原地。

阿勒代斯先是滔滔不绝讲出各种数据和百分比，他会直接告诉前锋球员，我们在禁区内的哪个位置可以获得最好的得分机会。

第十五章 尊重

我对这些计算而来的数字并不感兴趣。我的进球从来不是基于这种信息分析,而是更多依靠本能和直觉。所以,我很不喜欢被他这样指指点点:想要进球,你就站在那里……

很显然,我与阿勒代斯没有太理想的化学反应,在球迷反馈中,我也没有听到太多关于他的深刻印象。

阿勒代斯对我的评价应该也不会太高,毕竟,他从来没有和我有过一对一交流。我对此倒是基本无感,不会受到影响。

其实,这种共事体验,没什么可惊讶的。只要看过他的执教履历,你就能轻易地发现,无论何时何地,他都不会购买像我这种球员。能够获得阿勒代斯青睐的个体,都是一成不变的类型,与我踢球的风格毫不相干。

而且,在阿勒代斯执教期间,纽卡斯尔联的客场征程也让我感到不适——我无法认同他组织球队的方式。那时候,只要从纽卡斯尔启程伦敦,我们通常会在比赛前一天坐上火车,在下午四五点钟抵达下榻酒店。

晚上7点前后,全队都会下楼吃晚饭,但阿勒代斯和他的教练组成员却成了例外。他们会精心打扮一番,然后出现在某家高级餐厅。至少对我而言,这种特殊安排有些奇怪,在我效力过的每家俱乐部,大家都会尽量在一起吃饭,以此提高全队的士气和凝聚力。如果阿勒代斯觉得心安理得,我也无意针对和反驳,但是这样的建队文化,真的不适合我。

在2007/2008赛季,除了阿勒代斯在纽卡走马上任,俱乐部的高层配置和我的生活,都发生了很大变化。

身为时任俱乐部老板,弗雷迪·谢泼德决意从纽卡斯尔联撤出,他开启了一些谈判,计划将剩余股份出售给伦敦商业大亨迈克·阿什利。

在很多人眼中，阿什利是一个颇具争议的人物，而在我的纽卡生涯里，我几乎与他没有任何直接交流。

虽然曾与弗雷迪·谢泼德产生过分歧，但我都是对事不对人，不牵扯到任何私人恩怨。总体来说，弗雷迪·谢泼德是一个坦率且直爽的俱乐部主席。

在某种程度上，我很钦佩他为纽卡斯尔联俱乐部的付出，另一方面，我也为他与球迷在一起时发生很多状况表示同情。

在2006/2007赛季结束时，我与纽卡签订的回归利物浦的条款到期了（协议身价已经下跌至800万英镑）。老球迷应该都记得，谢泼德公开说过这样的话："我会亲自把迈克尔·欧文送回利物浦。"

这算得上是英格兰足坛的金句了，我倒是没有因此被困扰太久。在怒火中烧的5分钟过去后，我没有与谢泼德互泼脏水，对他恶意中伤，只是苦笑地想了想："谢泼德，真有你的，你完全抢走了风头，让我承担后果……"

虽然谢泼德的言论让我有点不高兴，但我感觉不会从那时起就应该讨厌纽卡斯尔联的方方面面。

毕竟，我在纽卡接连进球广受好评时，谢泼德没有说三道四。一旦球迷将注意力放在他身上，他就有可能通过一些夸张的表达积攒人气，尽可能地转移球迷的焦点，就像他当时所做的那样。

我很清楚谢泼德那句话的真实用意，所以，大家也应该对足球圈人士的言论保有一定空间的观望。当然，这并非关乎我个人，谢泼德只是想安抚纽卡球迷。你可以想象，这足够在球迷群体中催生更澎湃的煽动效果了，他们会觉得："谢泼德，干得好，你真棒！"

所以，我要是给予回击并没有任何好处。大家都知道，报纸上的头版头条总会被忘掉，转而变成第二天炸鱼薯条的包装纸。有时候，最好的策略就是保护尊严，无可奉告。

问题是，类似的情况在纽卡斯尔联这种俱乐部并不罕见，他们大多

第十五章 尊重

拥有地球上最死忠的球迷。

作为纽卡斯尔联俱乐部最有名的拥趸之一，弗雷迪·谢泼德的行为与认知，与大多数俱乐部的普通球迷别无二致。相较实际情况，他们就是觉得自己球队的规模要大出10%，比其他球队强出10%。说起来，这就好比我和自家孩子的关系：我相信他们能在所有事情上都成为世界一流，可是在别人眼中，他们都只是普通人罢了。

这样的盲目自信，似乎特别适用于纽卡斯尔联队。纽卡的球迷很多，球场很大，也只有在这两个方面，纽卡可以被称为大俱乐部。从更长久的历史看，纽卡斯尔联没有在球场之内取得太多的成功，他们在很长一段时间都处于平庸状态。

总而言之，弗雷迪·谢泼德的雄心壮志，与俱乐部的现实处境并不相符。他只是领导着一家充其量排在联赛前十名的俱乐部。更现实地说，纽卡斯尔联就是经常要为保级而战。

如我所说，谢泼德的时代结束了，迈克·阿什利作为新老板接管了纽卡斯尔联。而与他一同管理董事会的新任俱乐部主席名叫克里斯·莫特，有人说他以前是个律师。

随着新掌门的到来，圣詹姆斯公园球场似乎被许诺了更光明的未来。大家都议论着，迈克·阿什利绝对是个有钱人。

纸面上看，一切皆有可能，在媒体大肆宣传中，焦头烂额的纽卡球迷似乎看到了希望。有人说，阿什利的入驻意味着大牌球员和欧战门票的到来，纽卡斯尔联肯定会进入一个美好的时代。

在足球生涯经历变化时，我的私人生活同样在2007年夏天迎来了些许的改变。最主要的一点是，我们在郊外的房子租约到期了，需要找到新的落脚点。

此前两年，我与路易丝、嘉玛一直享受着静谧的乡村生活，相对来说，如果能住在一个有更多人陪伴和聊天的地方，也是挺好的选择。更何况，从乡下开车到训练基地的路程太远了，我真是被搞得越来越烦。

2007年9月，嘉玛要上小学了，我们的儿子詹姆斯还太小。经过一年里的多次讨论，路易丝最终同意将我们的一个想法付诸实践：她带着孩子们回到我们原本的家，这样嘉玛就能享受熟悉的环境了。

尽管这听起来有些极端，但这个重大决定肯定是合理的。鉴于我可能在一年后将离开纽卡斯尔，嘉玛没有理由继续在陌生的异乡生活。

在效力纽卡的两年时间，路易丝对我给予了极大的支持，由于直升机还能用，她依然能在优先照看孩子之余，时常来到纽卡支持我。

那个夏天，我的朋友斯科特·帕克由纽卡斯尔联转会到西汉姆联，我顺道接手了他在达拉斯庄园中心地带的房产。彼时，那里算是最受球员欢迎的高级地段之一。

从任何角度看，这个新住处都是很理想的选择，不仅缩短了训练的通勤时间，我还能在周围看到一些友好的面孔，并且悠闲地聊上几句。包括阿兰·希勒、史蒂夫·哈珀、肖·吉文和斯蒂芬·卡尔在内的多个纽卡球员，都住在那片区域。此外，我的新房子边上还开了加油站，以及一家步行就能走到的中餐馆，所有事情都非常方便。综上所述，这个地方的软硬条件都非常优秀。

在路易丝搬回南方后，爸爸决定来到纽卡斯尔，和我一起住在达拉斯庄园。我不知道妈妈对此有何看法，或许，一周能有几天给彼此留出空间，她也挺高兴的。事实还真是这样！

很多时候，妈妈会飞到纽卡看主场比赛，一家人团聚几天。而在假期来临时，我又会和爸爸回到家里。对于大家而言，这样的安排是行之有效的，而爸爸能在平常过来陪我，也是极好的事情。

说起来，由于拥有很多共同的兴趣爱好，我和爸爸很快进入了一种兄弟式相处状态，而不是传统意义上的父子关系。在周中的时间，基本都是他负责我们的餐食，我不会做饭。在他犯懒的时候，我们偶尔去当地的餐厅享受一顿。

第十五章 尊重

每天早上，如果我去俱乐部训练了，他就去买份报纸、逛逛超市、去酒吧喝上几杯。等到我结束一天的日程，给他发个信息，再回家和他一起关注紧张激烈的赛马比赛。

大概每隔一段时间，我们就会主动换个聚点，这样能更好地躲避围观球迷的注意。对于几个常去的酒吧，以及那种老派的生活方式，爸爸都非常喜欢。其实，很多邻居都知道我搬到了达拉斯庄园，但没有人特意打扰我们。我们顺利地与社区融为一体，得到了当地居民的接纳。这种感觉真的很棒。

那两年，除了和爸爸一同闲逛、放松，我还在住处周围看到过很多俱乐部的队友。差不多每隔两周，阿兰·希勒就会组织一次队内的牌局。

作为纽卡斯尔联队长，阿兰·希勒会邀请我和一大帮队友参与其中，而聚会地点就是庞蒂兰一家名叫钻石客栈的酒吧。基本上，我们大多在二层的私人包间玩上一宿，最后再去市中心的餐厅大快朵颐。反正，当时的生活真是太有意思了。

这一套休闲娱乐方式持续了两年多，直到我离开纽卡斯尔联才宣告结束。有些人曾经堂而皇之地批评："迈克尔·欧文总是没法比赛，不负责任，不喜欢纽卡队友，也不愿意为球队出力。"但看起来，这些陈年往事足够让他们打脸了。我在纽卡斯尔的生活与球迷的想象大相径庭。就算你们不可能在周五晚上的比赛时间看到我在诺桑伯兰德路的夜店里跳舞，但我在纽卡斯尔过得非常享受。

另外，在那段如同单身生活的日子里，除了常规在家吃饭，不会喝酒的我只得在餐厅里随便吃点。爸爸并不在意热量问题。这不算他的错，我也不想为此责怪他。但是，身为职业球员，我本应该严格地遵守科学的食谱，并且在训练中更加努力。

那段时间，我们过得非常开心，以至于当我此时落笔回顾时，自己的脸上依然洋溢着微笑。

整个2007/2008赛季，我对于阿勒代斯的执教方法不屑一顾。此外，还有一个事实现在我必须坦承：在他执教球队的8个月时间，我一点一点失去了对自己的尊重。这不是值得骄傲的事情。

但这是我无法回避的事实。

那时候，接连不断的伤病问题，让我先后体验了腹股沟拉伤、疝气手术以及其他前沿疗法。那也是我真正意义上的第一次，开始觉得自己可能不再是世界足坛的顶级球员了。置身于那种至暗时刻，你经常会扪心自问：你究竟还能在球场上做些什么呢？

2008年1月，在阿勒代斯从纽卡斯尔联下课前，我的比赛风格已经发生了变化。虽然，这不是一个完全出自主观的决定。

从1997年踏入职业足坛以来，我的球风一直都是自己掌握的。除非，主教练提出的特别要求，比如执教英格兰队的凯文·基冈，或者是教练组需要我为球队提供一些截然不同的帮助，比如过往的皇家马德里时期。

如果想以一己之力改变比赛或者全速冲刺，我知道自己应该做些什么。当然，如果有教练让我回撤拿球控球，做一些串联球队的工作，我也同样可以完成。尽管有时候，面对这些以团队为重的指示，我的内心还不是那么情愿。

但是，这种情况在2007年发生了改变，我的身体和思想都发出了明确的信号。没错，就是那些没完没了的伤病，有严重的，也有轻微的，它们的存在将我带向了一个陌生的阶段。我已经不是曾经的自己。虽然，我依然可以加速奔跑，但绝对速度已经比前几年慢得太多，每当需要全力冲刺的时候，我的脑海中就会怀疑自己。曾几何时，从皇家马德里来到纽卡斯尔联的我，自感比这里的球员都强出一截，现在，我觉得自己退化成一个让人陌生的球员。

考虑到我多年以来坚韧的性格，这样的突变会导致不安。我可不想

第十五章 尊重

认为：迈克尔，你成为真废人的那一天，已经到来了。

只是，我的确体验到愈发苍老的感觉。更糟糕的是，我不记得自己做过什么努力，以此消除掉这种心理落差。或许我也知道，那些无法根治的生理伤病，已经彻底影响了我的心态。我真的受伤了，这并不是说我是一个糟糕的职业球员。但是，当时的我又能怎么办呢？

其实，28岁的年龄还算不上很老，我从来没觉得，也不希望自己的职业生涯就在这里结束。更何况，我还要供养一个年轻的家庭。

尽管我不是阿勒代斯的球迷，但对于更衣室的情谊、纽卡斯尔的生活节奏和自由的状态，我都是乐在其中的。与球迷们的想法完全相反，虽然在对职业生涯走向感到些许担心，但我还算保持着积极的心态。

现在想想，凯文·基冈在 2008 年 1 月末接手纽卡斯尔联的决定，可是给我了很大的刺激。

尽管那时，在听到他要接手纽卡的消息时，我一度觉得自己要完蛋了。

考虑到之前在英格兰队的合作不算愉快，我们大概也没法在纽卡斯尔联共存。那天，我和爸爸待在家里，准备迎来与斯托克城的杯赛比赛，电视里的新闻突然宣布了基冈将会现场观赛的消息。

这可真是一个大惊喜。即便，纽卡斯尔联在主场 4 比 1 击败斯托克城，我还为球队先拔头筹，但在基冈督战下，我依然有些心神不宁。顺带一提，我在自己的第一本书也对他提过意见，都不算好迹象。

很显然，在直抒胸臆地表达我在英格兰队对他的不满时，我并没有设想过那会改变什么，更没有预料到我与凯文·基冈竟然会再次合作。我只是不喜欢他的执教风格，毕竟，那对我的英格兰队生涯产生了不小的影响。

但谁能想到，出现在圣詹姆斯公园球场的凯文·基冈，却让我的印象完全颠覆了：这根本就是另外一个人。起初，他在执教各个方面都表现得很好，做到了一个教练所有的分内事：积极、热情、同理心和包容心。他拥有着使我相信他的一切素质。

我心想："好吧，这算是一种释然，让我们看看接下来会发生什么吧……"

最终，纽卡斯尔联的确取得了不小的进步，但是，在重整旗鼓过程中，我们可是花费了不少时间。在初来乍到时，基冈为纽卡更衣室注入了不少活力，但我不认为他是那种具有创新性的战术大师。在他执教的前八场比赛，球队依然难求一胜，还分别被阿斯顿维拉和曼联以4比1、5比1重锤。

且不深究这些不尽如人意的结果，那段时间对于新上任的教练组而言非常重要。毕竟基冈是赛季中上任的新帅，传统意义上的过渡期肯定在所难免。在对阵维拉的比赛中，基冈甚至看到一个助理教练在临场调度时差点摔倒。眼见球队遭遇瓶颈，他很快做出了调整。

在纽卡斯尔联，俱乐部的人员更替非常频繁，而且一贯如此。作为职业球员，我们不知道这些人事变动的具体细节。基冈的任命完全来自俱乐部管理层，主要负责人包括足球总监丹尼斯·怀斯、技术协调员杰夫·维特雷，以及主管引援的副主席托尼·希门尼斯。

我并不清楚他们细分的工作角色和内容，应该说，从老板迈克·阿什利、董事总经理德雷克·利安比亚斯到其他高管，我都没怎么和他们直接沟通过。从球员角度看，所谓上下级关系从来不是那么重要的事情。

2008年3月末，在管理层人事变动逐渐平息后，基冈才逐渐将一些积极的影响兑现在球场之内。谢天谢地，他没有杯赛的打扰和保级的隐忧，而在之前那段艰难的时间，你甚至能感觉到圣詹姆斯公园球场中球迷的焦躁不安。

其实我早就能感受到，关于基冈在纽卡斯尔联的第二次执教生涯，

第十五章 尊重

不少人都持有严重怀疑。

说来奇怪，就在2008年3月17日客场1比1战平伯明翰后，整支球队的状况却突然变好起来。

那场比赛，我在下半场56分钟扳平比分，为纽卡斯尔联从圣安德鲁球场带回一分。自那之后，维杜卡、马丁斯和我就组成了"喜鹊"锋线搭档，我们以2比0击败富勒姆、4比1拿下托特纳姆热刺、3比0主场横扫雷丁，收获了一波三连胜。直到5月5日被切尔西2比0击败，纽卡斯尔联的6场不败才画上句号。在此期间，我连续三场破门得分，还在主场面对桑德兰时包办两球，一人主导了胜利。

随着纽卡斯尔联的战绩飘红，你能真切地感受到，俱乐部的氛围发生了微妙变化。这里又变得生机勃勃了。虽然只是我多年前的一点点感受，很显然，每天大家都是很开心地投入训练。

值得一提的是，基冈似乎完全忘记了我们之前共事的不愉快，我在第一本书里写过的东西，他从来没有提过。在英格兰代表队时，基冈并不知道如何使用我，但到了纽卡斯尔联时期，他却做得很好，甚至，他还让我戴上了纽卡斯尔联的队长袖标。

基冈其实是个很有趣的人。作为球队主教练，他没有任何遮遮掩掩，在教练组搭档特里·麦克德莫特的滑稽配合下，他总会努力地加入更衣室的搞笑表演中。提到基冈在纽卡斯尔联的执教时期，我们有一个亲历的故事足以作为缩影，以至于，每每看到或听到他的名字时，我都会忍俊不禁。

在纽卡斯尔联效力时，我与前曼联队员尼基·巴特成了很好的朋友，他还是我直升机的主要乘客。那段时间，他在圣詹姆斯公园球场的表现也很不错。

尼基·巴特身上有很多独有的特质，我最欣赏的一点，就是他心甘情愿地为球队不断牺牲自己。如果你陷入死胡同般的窘境，迫切地需要得到帮助，尼基·巴特总是那个冲在前面的人，就算有可能成为替罪羊他也毫不在意。

即使在球场上遇到困难，尼基·巴特依然能够从容不迫，他会一丝不苟地为队友做任何事。一次又一次，巴特在比赛中展现了自己的无私，并且显现一些容易被球迷忽略，却被队友们异常看重的朴实品质。自始至终，尼基·巴特都是个无可挑剔的人。无论是人品抑或职业属性，如果我在别人眼中，可以企及尼基·巴特之于我的所有印象，我肯定非常自豪。

基冈和麦克德莫特自然知道，我和尼基的关系非常好。有一天，当全队结束训练后，基冈就向我提出挑战，他和麦克德莫特要用网式头球对决一下我与巴特。

"我们来个二对二吧，"基冈说道，"赢家就可以到处吹牛。"这个无厘头的挑战真的让我们大笑不止。

"老大，别怪我们，"我接着说道，"麦克德莫特都快走不动路了，他看着跟一百岁老头似的。"

"我们能吊打你俩。"基冈还是这么嘴硬。

随后，我和巴特单独商量了一下，对细节问题进行了认真的评估。

"尼基，你都看到了，"我开口道，"无论过往多么辉煌，他现在就是个年近百岁的老大爷"。

巴特说道："对，你说得没错。要不这样吧，如果要玩，就赌个100英镑。"

第二天，当基冈没完没了地挑起话茬时，我们提出了一场关乎100英镑的赌局。

我们告诉他："如果没有现金赌注，我们是不会浪费时间的。所以，来点刺激的，顺便再找点吃瓜群众……"

"我们真的随便赢。"基冈又重复了一遍。

他们一点都没有临阵退缩的意思，基冈更是站在那里傻笑，等着我们接受这个趣味挑战。说实话，他们坚定的信心让我和巴特感到不安，

第十五章 尊重

就像是明摆着要戏弄你。我和巴特只得再找个没人的角落，商议一下如何是好。

"哥们，我们是不是忘了什么事情？"我不解地问道。

"听好了，从身体条件上看，他们是不可能打败我们的。"

"是啊，"我当然同意了，"看看他们的年龄和移动能力，我们不可能输的。麦克德莫特都得踩着滑板车才能在场上活动了。"

思前想后，我们觉得他俩只是"纸老虎"，于是就与基冈一言为定。

"好了，大家说好了，每个人押上100英镑。"我和巴特重申了条件。

终于，这场好事多磨的对决如期上演，很多人都聚集到室内的人工场地上。然而，我却遭遇了罕有的难堪时刻。

这看起来就像在开玩笑：基冈在场地后侧随意地跑动着，基本没费力气，就把所有的球顶回来了。不仅如此，他与麦克德莫特配合得很好，几乎救回来的每个球，都是正好蹭过了球网，然后落地得分。

至于麦克德莫特的职责，就是专注球网附近的区域：有时候，他会低头做个假动作；有时候，又会让皮球将将擦过他的头顶。他的另一项花招，就是把足球顶到与视线完全相反的方向。

反正不管他们怎么做，足球总是落在我们无能为力的地方。基冈真是指哪儿打哪儿，麦克德莫特则是稳定如山。他们不仅赢得了比赛，简直是摧毁了我和巴特的配合。可以说，我这辈子都没在足球场上遭遇如此惨痛的失利，在先拿21分为赢的赛制中，这个结果可不是偶然的。

翌日，当我和巴特来到俱乐部时，都刻意保持低调。一想到基冈的嘲讽，就真是不想碰到他们，尽管那都是比较善意的玩笑。那段时间，只要我们走进球队食堂，基冈和麦克德莫特都会在所有人面前大呼小叫，让我们每天都承受难堪。

"准备好100英镑了吗？"基冈总是问个不停。

"我们得付钱了。"巴特对我说道。

当然，愿赌服输是很正常的事情，但我还是觉得，我得给他们玩点花样。

我首先想到，这件事需要爸爸的帮忙。

"爸爸，如果我给你200英镑，你能不能去几个银行转转，把它都兑换成1便士？""好吧，交给我来办。"他毫不犹豫地答应了。

"行吧，钱明天就给你。"我们随即向基冈和麦克德莫特保证。

又过了一天，我们照例出现在俱乐部。我们结束训练时，基冈还在那边与几个球员做收尾练习。我和巴特一溜烟出了训练场，与我爸爸在停车场见了面。

不知道你们有没有感受过，装着价值200英镑的一便士大包，到底有多重？不开玩笑，我和巴特真是来回来去折腾了好几次，在互相掩护下，才把所有一便士都放到基冈办公室。那真是太沉了。

来到基冈的屋子后，我们直接清理了他的办公桌，紧接着，这个桌子就被0.6米高的一便士完全堆满了。

我们赶紧撤退，躲到走廊尽头的更衣室，静等开心一刻的到来。没过一会儿，基冈推门走进办公室，眼见堆积如山的一便士，他先是笑得前仰后合，但马上就要找人算账。察觉情况不妙，我和巴特冲出更衣室，赶紧跑了。这个恶搞实在是太逗了，后来，我们让所有人都到办公室欣赏了这次行为艺术。

在激励团队精神方面，带领纽卡斯尔联重整旗鼓的基冈起到了很大的作用。尤其，他还把队长袖标交给了我。在我看来，正是因为他的出现，我才重新爱上了足球。

2007/2008赛季结束时，纽卡斯尔联只拿到11场胜利，43个积分，排在英超第12位。这不是令人兴奋的消息，但总归比上赛季进步了一名。要知道，就在2008年1月到2月，即便是这个中游排名，看起来

第十五章 尊重

都是我们难以企及的目标。

随着赛季收官,我开始静下心来思考,相较之前的英格兰队生涯,基冈究竟为纽卡斯尔联更衣室带来了什么影响。或许有这样一个很简单的结论:基冈更适合在俱乐部工作。我曾经读过他在自传里的表达,感觉这个推测应该八九不离十。

依我的经验看,基冈就是要与球员、媒体和董事会切磋过招,在战壕中不断茁壮成长。为此,他自然要置身于职业俱乐部,去感受那种日复一日,令人窒息的参与感。而且,由纽卡斯尔联俱乐部自身催生的特殊戏剧性,更是很适合他的东西。纽卡斯尔联俱乐部内外的巨大压力,是许多球队无法比拟的,早在20世纪90年代第一次入主时,基冈就显现了自己的心向往之。

相较之下,在英格兰队与球员一月一见,聚少离多的情况,远远不能激发基冈的活力。这就像尽管每天都会拼命地奔跑,却缺少日常的对抗,他总归会对自己的无所事事感到沮丧。英格兰队真的与基冈八字不合,他就应该延续自己的俱乐部生涯。

当然,基冈在纽卡斯尔联获得的良机,也得益于我们这一批优秀球员的坐镇。考虑到他对进攻球员情有独钟,能有3个各有所长的球员任他挑选,无疑意味着拥有可观的调配空间。

如同之前所说,当时的我必须改变比赛方式,着重提高自己的效率——我不想一味地用速度击败对手了。我曾经时常忽略的一个问题是,对面的中后卫哪一个速度更快?现在,随着爆发力优势荡然无存,我需要改变自己的思维模式了。

既要面对今不如昔的现实,又很难在首发阵容舍弃我,基冈让我从锋线上回撤一点,利用二前锋的身份以退为进。那几个月,我在基冈手下踢出了职业生涯中最好的足球。对比我俩在2000年欧洲杯上的势不两立如同讽刺,这样的结果谁能料到。

别忘了，那时的我已经无法随心所欲地加速冲刺，也无法自由攻击后卫的身后空当，而基冈为我制定的特别策略，使我能够扬长避短。

自然而然，我也很乐意变换自己的比赛风格。

在2007/2008赛季末段，基冈告诉我，他希望我能与纽卡斯尔联续签一份合约。

"迈克尔，你有着超强的足球智商，你的位置其实可以更靠后。"

得到这样的评价，我的感觉挺好的。在基冈看来，我的转型出路就是由前锋后撤为中场。尽管听起来有些奇怪，但我不会否定类似的观点。虽然没有人见过我在中场的表现，并不意味着我无法胜任。毕竟，在那个艰难的时段，我的竞技能力已经受到身体状况的影响，我在攻击区域可以完成的事情，就只剩下在禁区里扮演机会主义者。

如果只是单一的角色或职责，其他球员同样可以做到。所以，我希望自己能够转型，去展现一些过往没有显露过的能力，比如大范围的传球、宽广的视野，以及积极的抢断等。随着基冈积极热情的指导，我已经对他的判断予以了信任。

2008年夏天，我重拾乐观的情绪，离开纽卡开始了休假。在基冈的循序善诱下，我的重生出现了更多的可能性。

然而，当全队结束休假回到俱乐部报到时，基冈的执教前景却开始被乌云笼罩。我们不知道到底发生了什么事情，但自从赛季结束后，关于转会问题的争执就一直挥之不去。鉴于纽卡斯尔联的管理层人员，拥有监督一线队的权力，所以不难看出，教练组与俱乐部高层的步调已经不太一致。

与球迷们的想象不同，球员对于俱乐部重大事件的了解其实非常有限。很简单的例子，我自始至终都没怎么和迈克·阿什利或丹尼斯·怀斯谈过话。我们可以注意到的细节，不过是季前报到的时候，看看有没有新人露面，抑或有没有老队友离开。

转会市场的人来人往，总是稀松平常的事情。詹姆斯·米尔纳去了阿斯顿维拉，鉴于他此前的优异表现，具有多面属性，以及拥有均衡的双足能力，这桩突发的交易让人有些意外。

当然，很多新援也在2008年夏天来到纽卡斯尔，阿根廷的若纳斯·古铁里斯就是其中之一，另外，还有塞巴斯蒂安·巴松、法布里科·科洛奇尼、丹尼·古斯里，以及西班牙前锋西斯科。

需要重申的是，按照我与纽卡斯尔联签下的条款，无论协议转会费在那几年下降了多少，我都可以优先听从利物浦的报价。

基冈曾在他的自传里透露过，利物浦其实在私下为我提出过报价。我对此却一无所知，无论他是否知道细节，但我合约中的离队条款就在那里。我觉得他一定知道那个离队条款的存在，更有可能发生的情况是，那些被公布的信息隐藏着一个令人难过的事实：或许，在他执教纽卡斯尔联期间，有很多事情都是背着他进行的。如果真是这样的话，还挺令人唏嘘的。

据我所知，斯蒂芬斯确实在转会窗关闭前给利物浦高层打了电话。但我们得到的答案很明确："谢谢，不用了。"这倒是合情合理。

虽然拉法·贝尼特斯，可能对我印象不错，但那个赛季他可是拥有状态神勇的费尔南多·托雷斯。西班牙前锋在前一个赛季打进了33个进球。我只能猜测，贝尼特斯应该不是很需要我。反正连续第三个年头，我重回利物浦的计划泡汤了。

无论如何，之前与基冈共度的美好时光，让人记忆犹新。而且，我也很高兴自己进入了与纽卡斯尔联的合同年。所有事情都清楚明了，我对此欣然接受。不管之后要发生什么，我都拭目以待。

似乎老天也要助力我的决定：时逢2008/2009赛季的英超第2轮，我在第71分钟的制胜进球，帮助纽卡斯尔联1比0击败了博尔顿。

只是，前两轮1胜1平的结果，无法改变基冈的命运。一周后，记者们铺天盖地的报道就开始了："基冈又下课了！"

关于主教练离开的来龙去脉，我们球员阵营知之甚少。大家只是看到，此前出任基冈助手的"好好先生"克里斯·休顿，在第3轮之后成了球队的代理主教练。

那段时间，舆论对于纽卡斯尔联的下一任主帅人选众说纷纭。没有特别的剧情，有几个名字很快从传言中脱颖而出。与此同时，球队的战绩却一蹶不振，先是从联赛杯被淘汰，随后英超联赛也是遭遇了三连败。很显然，全队需要一个沉稳且经验丰富的教练将我们拉出泥沼。

"好了，各位听清楚，寻找主教练的过程肯定是漫长的，"克里斯·休顿在一次匆忙召集的队会上这样说道，"但我刚刚听说，你们新任的代理主教练将是乔·金尼尔。"

这是个很陌生的名字，队里至少有一半球员从来没有听过这个名字——温布尔登"疯人帮"的时期，实在是太过遥远了。

一时间，有人在抱怨叹息，有人则大笑不止。这的确是一个很奇怪的聘任。要知道，那时的金尼尔已经不当教练很久了，大概在20世纪90年代末期，他就远离了英格兰顶级足坛。

这样糊里糊涂的走马上任，似乎注定了一段孽缘的形成。起初，金尼尔在纽卡斯尔联的执教非常蹩脚，尽管他是个很好的人，但我真的搞不清楚他的足球哲学到底是什么。多数时间，他的习惯就是与人斗争，特别是那些好事的记者。

说来有些惊讶，金尼尔在纽卡斯尔联的执教倒不是彻头彻尾的灾难，在圣诞节到来时，我们还凭借一波不败成绩，稳定了局势，甚至逃离了危险的降级区。有人说，鉴于球队恢复了生气，董事会已经考虑给金尼尔提供一份长期的主帅合约。

在2009年1月的冬季转会窗，纽卡斯尔联送走了门将吉文和中场球员恩佐比亚，两人的出走既没有让球迷高兴，又没有对球队实力产生不利影响。取而代之的几位新援，包括丹麦前锋彼得·洛文克兰兹、博尔顿中场凯文·诺兰，以及威根竞技后卫瑞安·泰勒。至于刚从监狱里出来的乔伊·巴顿，也终于具备了出场比赛的资格。

顺带一提，我曾经与乔伊共事过很长时间。不同于很多喜欢炫耀、亲吻队徽并在社交媒体上大肆宣传、取悦球迷的球员，我所认识的乔伊·巴顿，对外界的一切都毫不在乎。

没错，乔伊就是有点疯狂，当训练表现不尽如人意时，他与全世界的对抗就开始了。但相较之前提到的其他人，我更欣赏乔伊这种类型的球员。乔伊根本无法忍受那些骗子和蠢货。如果有需要，他一定会出现在你的身边。

在2009年1月到2月，纽卡斯尔联的形势变得岌岌可危，由于身患心脏病必须住院，金尼尔告别了球队。一片狼藉之下，克里斯·休顿再次走马上任，他作为纽卡斯尔联的代理主教练，不得不面对着愈发严峻的保级形势。

在俱乐部生涯起起落落时，我在英格兰代表队的谢幕阶段，以一种空洞和支离破碎的方式结束了。

由于长时间处于养伤状态，我错过了2008年欧洲杯预选赛的大部分赛事，当时我就有一些担忧，不知道自己还能否再一次为"三狮军团"出战洲际大赛。

结果，我的直觉应验了。我再也没能代表英格兰队登上大赛舞台，甚至，连比赛都没资格踢了。

在2006年德国世界杯后，史蒂夫·麦克拉伦接过埃里克森的教鞭，成为英格兰队主帅。这支英格兰队沉寂了一阵。随着一些球员迈入老将之列，球队进入了新老交替的过渡期。

在2007年的国家队赛场上，我觉得自己还是为"三狮军团"做出了一些贡献。当年6月，在英格兰客场3比0击败爱沙尼亚的欧洲杯预选赛中，我首发出战攻入一球，打破了加里·莱因克尔的国字号进球纪录。3个月后，在英格兰3比0大胜俄罗斯一役，我梅开二度，还助攻了一球。可是好景不长，在2007年10月17日与俄罗斯第二回合比赛时，我们在客场 1 比 2 落败，连胜势头戛然而止。事后看来，这场失利远比想象的意义重大，我们不仅输掉了一场比赛，更让自己的欧洲杯之路遭到了重大影响。

回想那次俄罗斯之行，我们的航班落地时，寒冷的莫斯科已经开始下雪。随着飞机的降落滑行，大雪制造的麻烦也越来越多。地上的积雪似乎在一眨眼的工夫，就从 7 厘米堆积到 20 厘米之多。于是我们发现，前面足有 10 架到 15 架飞机都在等待，所有的飞机都在跑道上无法动弹。

10 分钟，过去了。

半小时，流逝了。

莫斯科的大雪还在不停地落下。

"我们真不知道要怎么办，"飞行员通过对讲机说道，"这里根本一动不动，你们得做好最坏的打算。"

有人推测，我们可能要在机场等上几小时，甚至有可能直接睡在飞机上。这种事情太不可思议了，这里究竟发生了什么？

"好吧，我要给阿布拉莫维奇打个电话了，"坐在我身后的约翰·特里突然开口道。

特里很快拿出电话，按下了号码："老板，我们被堵在机场的跑道上，飞机太多了，工作人员说我们可能要一直耗下去，你有什么好办法吗？"

真的，我不骗你，特里挂掉电话后不到 3 分钟，英格兰队的飞机就重新启动。没过多久，我们就超过跑道上的飞机，径直驶入了停机位。剩下的事情，就是一切正常，我们所有人收拾行李，直奔早就订好的酒店。这一切都太魔幻了，足够显示出阿布拉莫维奇在俄罗斯的权势。

然而，化险为夷的机场剧情，却没能给大家带回一场胜利。由于在客场输给了俄罗斯，英格兰队在 E 组的位置岌岌可危。收官阶段，我们在新温布利大球场 2 比 3 不敌克罗地亚，彻底失去了晋级 2008 年欧洲

第十五章 尊重

杯决赛圈的资格。大家都知道，麦克拉伦在比赛中打伞的照片，成了无数媒体的头版头条，他也因为没能晋级欧洲杯而遭到英足总的解雇。尽管我并没有在那场比赛登场，但我感觉到，自己的英格兰队生涯已经悬了。

顺便一说，我应该是为数不多为麦克拉伦感到遗憾的人。他是个好人，我很喜欢他。毫无疑问，麦克拉伦是我合作过最好的教练之一，尽管对于4-4-2阵形情有独钟，但他的战术素养还是非常不错的。

或许是担任过弗格森的助手，在耳濡目染下，麦克拉伦非常偏好曼联的招牌阵形。当然，在"红魔"主场面对实力较弱的对手时，主教练排出的阵形实在是无关紧要。但如果碰上像皇家马德里一样的豪门，你自然不会看到曼联以4-4-2阵形迎接比赛了。

麦克拉伦习惯详细地研究对手，努力让球队扬长避短。他会把有针对性的安排，融入球队的日常训练。没错，他真的非常擅长这些准备工作。我一直觉得，麦克拉伦只是大环境的牺牲者，他是一个很有能力的教练。在他离任后，英足总钦定了下一任主帅人选——意大利人法比奥·卡佩罗。

在他召集第一次集训时，我发现他对球队食谱的要求非常严格：没有黄油，没有酱汁等。当然，我们之前倒是有过类似体验。而另一件让我们印象深刻的事情，就是他真的一个英语单词都讲不出来。

在全队开会时，卡佩罗只能先用意大利语和身边的翻译说话，再由翻译与我们具体沟通。我感觉，这样的转接过程，让他的言语表达失去了一些最初的意味和价值。假如一个主教练没法与弟子们用同种语言交流，他要怎么做才能激励队员呢？没办法，我们只能站在那里，面面相觑，我心想着，这以后要怎么解决语言的问题呢？

我并不太能理解，为何英足总要特意请来一个不会说英语的主教练。这有悖于大家的认知。但回想一下，由于外籍主教练在圈内广受好评，这也不是奇怪的决定。毕竟，斯文·埃里克森的执教获得了不少人的肯定，英足总大概觉得卡佩罗可以复制前者的成功。

2008年2月6日，在英格兰坐镇新温布利大球场迎战瑞士的友谊赛前，卡佩罗第一次将我征召入队。我没有得到出场时间，只是目睹球队以2比1获胜。一个月后，"三狮军团"即将迎来与法国队的友谊赛，我第二次出现在他的集训名单里，如同之前一样，我依然扮演着替补角色，只是这次在下半场披挂上阵。在早就习惯了以主力身份为国出战后，这两次替补经历无疑给我敲响了警钟。我一边坐在替补席上，一边琢磨着："哦不，这可不是什么好事呀。"

英格兰队一球落后，比赛只剩下10分钟到15分钟，卡佩罗把我替换上场。相较一些比赛场景，我印象深刻的情节还是赛后被媒体的围追堵截。那时候，卡佩罗不想让我首发的话题，可是舆论热炒的流量所在，向来无孔不入的英国记者们，自然要一探究竟。他们问卡佩罗是否向我解释了人员安排的原因，如果没有的话，他有没有别的表达。这些媒体可以看出来我并不高兴，我也的确有意为之。

"你上场的时候，卡佩罗让你踢什么位置？"一个记者问道。

"我不知道"。

"什么，没有具体的指示吗？"他继续问道。

"没有，我就是出场而已。"我给出了一个确定的答案。

没错，我率先出招了，我相信那些记者能够心领神会。

我的潜台词很清楚，而卡佩罗没有指示的原因也很简单，他不会英语。我当时的情绪非常低落，希望媒体可以注意到这件事情。很快，事态开始发酵。

在第二天的各种媒体头条上，全是迈克尔·欧文没有得到教练指示的报道。尽管没有长篇大论，也缺少一些直接引语佐证，但记者还是根据我的赛后反馈，写出了这些文章。

可以想象，你不需要多么聪明的脑袋，就能知道这对于一个刚执教两场的主帅而言，意味着很大的麻烦。自那之后，卡佩罗再也没有将我选入英格兰队，这应该不是巧合。至于其中原因，是关乎场上的竞技能力，还是他记恨那些媒体的炒作，我们可能永远都没法知晓了。

在那次舆论风波之后，卡佩罗再也没有来过圣詹姆斯公园球场。据我所知，在卡佩罗执教英格兰队期间，他只在阿森纳的酋长球场看过我的比赛，而且，还是那种全场我都碰不了几次球的强弱对决。当卡佩罗目睹我的表现时，纽卡斯尔联已经三球落后了，那场比赛真的没有任何参考价值。

在我看来，卡佩罗对我的舍弃，类似新官上任三把火的行为。作为一名异乡闯荡的新任主帅，他必须做出很大的改变，以此彰显自己的存在。很不幸，我成了他动手的对象——这就像一次意大利人的就职演说。

无缘英格兰代表队的日子，我不得不通过电视新闻关注球队风吹草动。有一次，我看了卡佩罗的新闻发布会，当时有记者这样问他："法比奥，你又将迈克尔·欧文排除在外了。你难道真的不觉得，他是整个英格兰最优秀的三名前锋之一吗？"显而易见，媒体站到了我这一边。虽然只有29岁，我已经代表"三狮军团"出战了89场比赛。遗憾的是，卡佩罗并没有正面回答这个问题。

综上所述，如果我现在告诉你，我是带着极大的怨恨去回顾与卡佩罗的纠葛时，你大概不会太过惊讶吧。

纵观卡佩罗的英格兰队生涯，他不仅以无言的方式匆匆结束了这段异乡旅程，更是历史上最碌碌无为的"三狮军团"主帅之一。这么说吧，如果他在英格兰取得了成功，我至少还会这么觉得：好吧，虽然我与他的办事方式格格不入，但在大局上他为英格兰足球做出了贡献。

我们都知道，现实并非如此。他真的干得太差了。从头到尾，2010年南非世界杯上英格兰队的表现就是一场灾难。他非但没有向英足总证明实力去赢得胜利，甚至让英格兰足球出现了倒退迹象。别忘了，这个意大利人可是在英格兰赚得盆满钵满，而他不只执教成绩差劲，甚至连一句流利的英语都无法说出。

卡佩罗在英格兰队的所作所为是不可原谅的，其中的原因，并不只是一直把我排除在外。在我看来，无论对于我的职业生涯抑或英格兰队的整体发展，卡佩罗的执教带来了巨大的破坏。而他却毫无影响地拿到了极其丰厚的报酬。

在英格兰队执掌4年后，意大利名帅转身离开，就算在南非世界杯留下糟糕的成绩，后来他依然从俄罗斯足协手中拿到了一份价值可观的新合约。他没有付出代价，没有承担任何责任。换作其他行业，什么样的人才会如此逃之夭夭呢？

总而言之，这就是那种彻头彻尾的耻辱，我真的很希望英足总能从卡佩罗的惨败中学到东西。他们似乎也这么做了。

在英格兰队主帅选拔问题上，我的意见非常简单——英格兰代表队应该聘任本土教练。这完全无关歧视或种族主义。只是，如果大家并非同根同源，或者不能怀有报效祖国的决心，我们何必要站在球场上呢？

除此之外，我还一直觉得，在一支建制完整的国家队中，从球员、主教练到理疗师等，都应该是清一色的本土班底。唯有这样，才能真正反映出国家队赛场的意义。

尽管在一些人看来，斯文·埃里克森的性格和业务能力都非常不错，他也留下了不错的战绩。但不可回避的一点是，他终究是个瑞典人，不属于英格兰足坛。我其实不太能理解，一个外国教练究竟要怎么做，才能和一帮与自己并非同胞的国脚球员同舟共济呢？身为一个骄傲的英格兰人，相较埃里克森和卡佩罗，我更愿意接受加雷斯·索斯盖特的上任。

第十五章 尊重

当然，这一切只是我的个人意见，就点到为止吧。

在我开始撰写这本自传，回顾英格兰队生涯时，有这样一个缺憾我绝对无法逃避：我没有赢得任何一项洲际赛事的桂冠。这是我们必须接受的事实。

其实从1998年到2006年，在一些位置上英格兰代表队可是拥有世界上最好的球员之一。

先看看中后卫，索尔·坎贝尔、莱德利·金、里奥·费迪南德、托尼·亚当斯、乔纳森·伍德盖特、约翰·特里、卡拉格都是个中翘楚。边后卫的话，加里·内维尔和阿什利·科尔也都是世界级球员。再看中场位置，那一个个名字都是如雷贯耳的存在：贝克汉姆、斯科尔斯、兰帕德、杰拉德，还有很多你们能想到的球星。

纸面上看，经过几个时代的等待，英格兰的确拥有可以加冕世界杯或欧洲杯的班底。然而，我们却从来没有接近过这两个冠军头衔。你想知道具体的原因吗？我的答案就是一个数字游戏：4-4-2阵形。

如果你回忆近二十多年能在英格兰队取得成功的主教练——维纳布尔斯、霍德尔以及加雷斯·索斯盖特，他们的共通点是什么？没错，他们都偏好以3-5-2阵形作为基本盘（或者至少也是3-5-1-1阵形）。

这个现象可不只是巧合而已，似乎每当英格兰队以三后卫体系运转时，我们就能离成功更近。

当然，斯文·埃里克森与2002年世界杯算是个例外。尽管他在那届赛事的战术安排上有一些缺陷，我们还是得到了很好的机会，只是，最后的结果未能十全十美。

在那几个至关重要的年份，4-4-2阵形从没给我们带来优势。说到具体影响，那就是这个体系的存在，削弱了我们本来较为丰富的天赋优势。队内一些非常优秀的球员，只能为了顺应体系，出现在并不适合自己的位置上。这种妥协令人沮丧，但作为职业球员，你在当时并不能表达什么。

说起来，其中最让人郁闷的，就是杰拉德与兰帕德无法共存的问题。从某个角度看，这些人的观点算得上正确，可是，由此上溯的具体原因，并不是他们所想的那样。

在英格兰代表队的四人中场里，杰拉德和兰帕德都是名副其实的先发人选，他们都太出色了。只是，顶级球员在国家队搭档，可不是一加一等于二那么简单。

在那时的切尔西队，兰帕德的身后往往都有埃辛和马克莱莱的保驾护航，而杰拉德在利物浦的领导，也离不开哈曼的鼎力支持。他们在俱乐部的表现十分亮眼，除了不断向前，全场覆盖，还能及时地出现在前场的大禁区附近破门得分。

然而，"双德"让切尔西和利物浦球迷心潮澎湃的画面，却在英格兰队的比赛中鲜有发生。原因不难想到，他们都没有在国家队匹配到适合的体系。很显然，我们应当为"双德"改变运转方式，比如配上欧文·哈格里夫斯这样的辅助球员，以此让他们找到在俱乐部享有的自由。

事实上，只要做一下横向对比就能发现，4-4-2阵形早就有些落伍了。比如，像西班牙，他们就非常重视中场。一旦他们的中场球员把握住主动权，对方根本没有机会抢到皮球。有一段时间，其他球队也都纷纷相仿，直到大家基本达成了一致：如果不在中场派出5个球员，你就会在高水准对抗中失去中场。而在现代足球中，中场区域就是每支球队的生命线。

当今世界足坛战术领域日新月异，英格兰队却依然坚持着4-4-2阵形的打法。大家都知道，保罗·斯科尔斯起初在曼联扮演着前腰的角色，后来逐渐转为四分卫型的中前卫。但在其国家队生涯中，他却踢得非常别扭，只能站到左边锋位置。

第十五章 尊重

诚然，英格兰队曾经让很多球员，都在洲际赛场打着并不舒服的位置。正因如此，我们不仅没有赢得任何一项大赛冠军，还浪费了可能是英国足球历史上最优秀一代球员的天赋与能力。

回溯整个职业生涯，我不曾留下太多的遗憾。当然，如果是代表利物浦夺得英超和欧冠冠军，为皇家马德里夺得西甲冠军，抑或帮助英格兰队问鼎世界杯都是非常好的事情。但说实话，我并没有太过执着于此。

这些目标愿望不像星星那样遥不可及。我赢得的东西清晰明了。我的职业生涯也是自己应得的。我很少去琢磨如果或假设，更愿意满怀憧憬地眺望未来。

如果非让我说出一件最能带来满足感的事情，那就是代表英格兰队赢得重要大赛的荣誉。每当看到赫斯特和博比·摩尔获得的不朽功勋时，我就会情不自禁地想到，倘若我们这一代球员也能荣耀加身，捧得奖杯，那该是多么好的事情。

当然，无论大赛成绩怎样，我都对自己的英格兰队生涯感到自豪。这种自豪感从 14 岁开始，一直延展到各个年龄段的国字号生涯。

尽管我长久地居住于威尔士边境的那一边，自始至终，我都和其他人一样对英国人身份感到自豪。在整个 20 年职业生涯中，我代表"三狮军团"出战 89 次，贡献了 40 个进球，我一直在竭尽所能地为这件球衣增光添彩。

第十六章
英雄

在我效力纽卡斯尔联末期,出现过很多谎言、胡扯和错误的信息。尤其是最后几周,各种各样的说法层出不穷,而绝大部分,都把我当成了球队的反面人物,描绘成一个自私的雇佣兵形象。

前纽卡队医保罗·费里斯在撰写自传时就对我落井下石,发表了对我不利的言论。但在那时,我并未在任何场合予以回应,我很明白,属于我的时间总会来的。现在,这本由你阅读的书籍,就是我回应的最好机会。

就像我之前反复提及的那样,在整个纽卡斯尔联生涯,我一直与阿兰·希勒保持着很好的关系,从起初住在一起,到相继定居达拉斯庄园,并经常在社交场合见面。

在我眼中,阿兰·希勒不只是竞技层面的锋线搭档,也是生活中很要好的朋友。在球场内外的相处中,我们都保持着步调一致。

回到跌宕起伏的2008/2009赛季。身体抱恙的乔·金尼尔需要更多时间休养时,不断换帅的纽卡斯尔联开始在英超联赛陷入窘境。俱乐部的情况不容乐观。在赛季几乎绝望时，老板迈克·阿什利将阿兰·希勒推上了临时主教练的帅位。他大概希望阿兰·希勒能利用声望和传奇地位，让球员和球迷得到激励，尽可能地帮助球队摆脱当时的困境。

如果你想真正了解希勒，除了要了解他的为人性格，更要知道他在纽卡斯尔联当地的影响力。这么说吧，基冈若被视为救世主，阿兰·希勒就是这里的上帝。

作为职业球员，很少有人能比阿兰·希勒更能体现纽卡精神。十多年前，他曾经拒绝从布莱克本转会到曼联的邀约，只为回到自己的家乡。此举在球迷眼中就是球员忠诚的完美象征。所以在纽卡斯尔联球迷眼中，阿兰·希勒就等同永远正确。

我非常喜欢阿兰·希勒，但我始终觉得，他是一个专横跋扈的人。之于其漫长的球员生涯，这也是他取得成功的重要原因之一。可以说，在我的球员经历中，阿兰·希勒是唯一能在坚定意志和自信心方面与我不相上下的球员。

无论场上场下，这就是阿兰·希勒的风格和方式，久而久之，围绕在他身边的人很快意识到，如果想继续生存下去，他们就必须与大权在握的阿兰·希勒站到一边。而一旦付诸实践，所谓的讨好和拍马屁就势必存在，有部分人的确是这样做的。

2008/2009赛季的最后几周，纽卡斯尔联俱乐部挣扎不已，甚至滑向英冠联赛的深渊时，阿兰·希勒的日常生活已经被那些阿谀奉承和投机取巧的人包围了。如果不是这样，阿兰·希勒本可以在艰难险阻中成为一名优秀的主教练。

那时候，我在纽卡斯尔联的4年合同即将到期，按照《博斯曼法案》的规定，如果没有达成续约，我就能在2008/2009赛季结束后以自由身离开。所以，在2008年12月到2009年2月之间，俱乐部确实给我开出了一份纸面上的新合同。

说实话，我不太记得那份新合约的具体期限，由于纽卡斯尔联开出的薪资少得可怜，我们甚至没有进行严肃的详谈。我无意标榜什么，但这样的待遇条件让人难以接受。

"你觉得这份新合同怎么样？"托尼·斯蒂芬斯问我。

"他们一定是在开玩笑。"我答道。

其实，我很理解纽卡斯尔联俱乐部的立场，如果我落笔签字了，他们至少获得了一个日后交易的筹码。但考虑到当时的情况，我也有权力表现出强硬的态度。至少我是这么认为的。

对于这份条款不佳的新合约，我和托尼没有向纽卡斯尔联俱乐部做出任何承诺。我们一同商定，待到赛季结束后再考虑未来的去向。

然而，有好事者把俱乐部与托尼的私人谈话泄露给了媒体，仅仅一天时间，我的前途问题就被公开了。

这不只是犯错问题，泄密的人应该为自己的行为感到羞愧。一时间，对于纽卡球迷的舆论氛围，我感受到了很大的压力。自那之后，我经常听到人们在闲谈时聊起此事："迈克尔，你的新合同有进展了吗？"

好吧，从这里就开始乱套了。

在我看来，虽然纽卡的管理层制造了不少声音，看起来是要与我续约，但我始终觉得这不是他们的真实意愿。

证据是显而易见的。

纽卡斯尔联高层确实先发制人了，他们可以堂而皇之地昭告天下："我们已经给迈克尔·欧文开出了新合同。"他们很明白，我不可能通过舆论公开地发起反击："听着，那帮厚脸皮的混蛋只给我开了2万英镑的周薪！"然而，那些不明真相的局外人会怎么想呢？反正，我真的没有胜算。

在我看来，纽卡斯尔联俱乐部起初就知道，他们给我开出的条件绝没有达成一致的可能。他们的目的很简单，就是希望从媒体和球迷那里博得同情分。与此同时，我也会在这种环境下处于弱势，成为大家眼中的坏人。阿什利和兰比亚斯自然喜闻乐见，我在舆论战略层面完全输掉了，陷入了进退两难的困局。

这就是赤裸裸的现实，你们可以看到，俱乐部是如何将球员推向深渊的。他们还会说，这个人递交了转会申请，或者是拒绝为球队出战，而成千上万的拥趸就会盲目与俱乐部统一战线。

我可以向你保证，在每一个类似球员对抗俱乐部的事例中，都会发生一些打压情况：俱乐部会让球员每天早上8点就来到基地，拖到晚上10点才下班回家；要不就是命令球员跟着青年队一同训练，使用所有办法让他们感觉身在地狱，直到被彻底赶出球队。

关于这些隐秘的事实，你很少能从媒体上看到。除了个别球员会开诚布公地表示："教练并没有给予我太多的机会，我不知道他为什么要买我。"毫无疑问，这些球员都称得上勇敢，但遗憾的是，他们往往会在日后遭遇更差的待遇，还有可能被贴上"闹事者"标签。反正，身为一名普通的职业球员，你有时候就是无能为力。

我之所以对这一切是非了如指掌，就是源于我在纽卡斯尔联的真实经历。2005年8月，纽卡曾经在索内斯的钦点下，从西班牙拉科鲁尼亚引进了身价不菲的阿尔伯特·卢克。西班牙前锋和纽卡签下了5年合约，他是一名很有实力的球员。

然而，离开伊比利亚半岛的卢克，很快显现出对英格兰的不适应——他犯了思乡病。从那时起，卢克在阿勒代斯的执教时代就一直处于被弃用状态。直到2007年8月，他终于离开了纽卡斯尔。

在卢克被弃用的那段时间，纽卡斯尔联管理层无所不用其极，让他的生活陷入了困境：踢出名单、降至青年队，还在全欧洲挂牌兜售。甚至连他的球衣号码，都被阿勒代斯直接剥夺了，这种单向压迫完全没有必要。

基本上，纽卡管理层就是想方设法地逼迫卢克主动走人。这样，他们就不会被球员的剩余工资拖累了。很显然，纽卡斯尔联球迷不会知道这些细节，即使知道，一些人还是会盲目相信俱乐部，对球员的悲惨遭遇视而不见。

可以说，我突然被推到阿尔伯特·卢克昔日的艰难处境，更糟糕的是，在 2008/2009 赛季即将结束时，我的腹股沟又出现了伤病。鉴于类似伤情不是第一次了，我的心里还算有底。如果以出场比赛作为衡量标准，我也知道自己应当恢复到怎样的程度。

在那个赛季还剩下 10 轮的时候，阿兰·希勒正式接过纽卡斯尔联教鞭。我知道，如果阿兰·希勒可以带队保级成功，迈克·阿什利就会为他呈上一份更长年限的合约。

起初，这次换帅的效果还算不错，尽管球队的联赛排名很差，但更衣室的氛围开始逐渐向好。如果以教练类型区分，阿兰·希勒大抵是比较严苛的那一种。不过，每个人都很欣赏他的工作态度，他不负众望，将伊恩·道伊请回了教练组。在阿兰·希勒指挥下，我们的训练场重新变成了一个快乐的地方。

说起来，希勒在上任初期对我比较看重。由于我俩之前的友谊和熟悉程度，他希望可以通过我了解整支球队的精神状态，比如，他会问起"大家觉得训练怎么样"这种事情。有了此前关系的铺垫，我很乐意为希勒充当中间人角色。

在希勒指挥的第一场比赛，纽卡斯尔联 0 比 2 败给了切尔西，之后的三场比赛，我们打平斯托克城、负于托特纳姆热刺，又在主场与朴茨茅斯握手言和。在 2009 年 5 月做客安菲尔德前，状态堪忧的"喜鹊"已经连续 9 场未尝胜绩。具体到我个人，在希勒执教的前 4 轮赛事中，我都是先发并打满全场。

但这样平稳的状态，并没有延续更久。

在全队备战与利物浦的比赛时，希勒把我叫到他的办公室。当时，他脸上的表情是我很少见到的。

"明天我会让马丁斯首发，你要在替补席上待命。"他如是对我说。

我立刻有了一种非常奇怪的感觉。在平常打高尔夫或待在一起的时候，希勒从来不曾掩饰自己对奥巴费米·马丁斯的轻视。

"好的，教练，"我还是说道，"听你的安排。"

我觉得这很蹊跷：希勒和我说过，他看不上马丁斯，但现在却让尼日利亚前锋代替我先发出场。

事后来看，我不难理解希勒的这个决定。毕竟，纽卡斯尔联要去安菲尔德比赛，我们的前景凶多吉少。往往整支球队的踢球方式决定了需要一名突前前锋的存在，而奥巴费米·马丁斯拥有着出众的速度和爆发力，他可以在反击中尽情冲刺。话虽如此，希勒更换首发前锋的决定，已经给我敲响了警钟。

2009年5月3日，安菲尔德球场。当乔伊·巴顿第77分钟被红牌罚下时，纽卡斯尔联已经三球落后，与所谓的制造冷门相距甚远。赛后，所有人都看到和听到了，希勒和巴顿在客队更衣室爆发了激烈的争吵。依我来看，希勒从来就没喜欢过个性十足的乔伊·巴顿。

客场败给利物浦后，纽卡斯尔联的2008/2009赛季只剩下3轮比赛，大家都希望保级奇迹能够发生。我觉得，希勒在圣詹姆斯公园球场至高无上的地位，已经岌岌可危。

2009年5月11日，在全场51252人的焦灼目光下，纽卡斯尔联主场3比1击败米德尔斯堡，时隔3个月终于收获了一场关键的联赛胜利。但令人懊恼的是，由于腹股沟拉伤，我在70分钟左右被马丁斯替下。

倒数第二轮主场对阵富勒姆，我因伤没有参加，而令人失望的0比1告负，意味着纽卡斯尔联必须在末轮客战阿斯顿维拉时拿到积分，才能留在竞争惨烈的英超联赛。

与阿斯顿维拉的决战在即，我依然处于养伤状态。我当然知道，这是一场非常重要的比赛，纵然经历了职业生涯的太多折磨，我的身上大概有三十多处肌肉损伤，与队医德里克·赖特的配合下，我依然竭尽所能地恢复身体，希望抓住微小的机会，赶上这场2008/2009赛季的收官

第十六章 英雄

之战。

需要说明的是，如果只是一场普通的比赛，我大概不会做出这种赌博式决定。那几天的时间，我的冲刺速度只有平常的四分之三，只能循序渐进地恢复训练。我绝对不是懦弱的人，非常希望可以克服由疼痛带来的障碍。

没办法，肌肉受伤就是有很大的影响，我可能比任何一个圈内人都更了解球员的身体。我非常想参加这场保级大战，但想从伤势中完全恢复，至少需要一周的时间。而现实是，我们只有最后的3天时间了。

无论如何，我都必须在赛前，也就是周五，再检查一下自己的腹股沟伤势。倘若不能在队医指导下独自跑步，我肯定没法参加全队在周六的完整训练。所有的努力也就付之东流了。

那天，我开始起跑，将速度逐步加到全力的四分之三时，我的内心是很忐忑的。尽管，我早就有了丰富的经验，非常清楚那种临界点的感觉。随着速度加快，我的感受也变得清晰起来：再继续加速，随时有可能出事。

于是，我的反应自然不是继续加力，进而造成肌肉撕裂，而是在转身走向德里克之前，已经停下了脚步，以此让肌肉尽快放松下来。

"如果是百分之百全力冲刺，我的肌肉肯定会撕裂的。"我这样说道。

无须赘言，尽管非常渴望登场比赛，但我的身体状况不甚理想，我知道德里克会将这些情况，都如实转告给在隔壁场地指挥训练的阿兰·希勒和保罗·费里斯。

"我们还能怎么办呢？"我开口问道。

"好吧，我们要小心一点，"德里克说着，"你自己把握好尺度吧。"

在与教练达成一致后，我在剩余训练时间基本保持75%或80%的速度输出。就算完成了10组奔跑练习，但我的心里很明白，这距离我完全恢复机能至少还需要一周的时间。

"迈克尔，感觉怎么样？"保罗·费里斯在他的办公室问道。

在这里说一句，虽然我们相处得还算不错，但我一直觉得自己没法完全信任他。

"如果硬扛，我的腿肯定会出现问题。"我的回答很明确。

"好吧，但这是赛季的最后一战，"他说道，"你不准备为球队冒个险吗？"

关于那次对话，费里斯在个人自传里暗示的逻辑，是因为我考虑到要在赛季结束后改换门庭，所以才拒绝为球队出场比赛。但在我的认知中，这并不是事实。

这与我记忆中的回应天差地别。说起来，我对于腹股沟的伤势并没有特别担心，之前都伤过很多次了，再多一次也没什么大不了。况且，就算是伤势出现反复，我也有足足3个月的休赛期去慢慢恢复。

"我当然愿意冒险，"我告诉费里斯，"不过，我比较顾及在加速冲刺的时候，可能会有更坏的情况发生。"

实话实说，我非常想在这场至关重要的保级大战中登场。与此同时，我也想让他们知道，我的伤势还没有痊愈，如果不计后果地贸然出赛，就存在肌肉撕裂的可能。

我对待俱乐部的管理者足够坦诚了，但在费里斯的自传里，我的言行却像个利己主义者，这绝不是事实真相。如果主教练要求我披挂上阵，我绝对没有二话。

回到那天，在简单聊了几句后，费里斯将我的情况向阿兰·希勒做了汇报。在我的印象中，那时的希勒已然觉得自己比整个俱乐部都要重要。

很多球迷都了解，所谓个人大过俱乐部的情况并不算罕见，当一名球员或者一批球员，在相当长的时间人气满满后，他们掌握的权势和话语权就会越来越大。球场之内，这种力量会让俱乐部受益，球迷也会受到极大鼓舞。但在球场之外，随之而来的负面影响同样可能出现。比

第十六章　英雄

如曼联著名的"92班"，他们在获得成绩的同时，也曾与俱乐部产生分歧，而其他情况，还包括杰拉德之于利物浦、兰帕德和特里之于切尔西，以及阿兰·希勒之于纽卡斯尔联。

在鞠躬尽瘁为球队带来荣耀后，这些俱乐部的图腾式人物，反而会在某些时候成为俱乐部的负担，甚至成为引发冲突的焦点。这种情况并非个例，还会接二连三地不断发生。对此，我不知道也不清楚到底该如何解决。遗憾的是，就我所知的杰拉德与利物浦的结局看，领袖球员往往是被迫离开的。

关于杰拉德与利物浦的分手，我曾经产生过疑问：他到底是不是真想在2015年离开利物浦，转而到美国继续职业生涯？据我听说的消息，利物浦管理层某些人早在2013年就想让杰拉德走人了。

我非常肯定，杰拉德始终想在利物浦挂靴退役，他愿意逐渐淡出主力阵容，再到某个合适的时机加入教练组。然而，计划总是赶不上变化。杰拉德曾在俱乐部和整个城市都塑造了极具意义和权势的形象，这么仓促地挥手告别，大概不是他的主动选择。他的深远影响力，真的一度超过俱乐部本身。

好了，让我们重新回到2009年夏天。在阿兰·希勒临时接过纽卡斯尔联教鞭时，他在俱乐部拥有着不可动摇的地位。

在2008/2009赛季收官战前一天，阿兰·希勒又把我叫到办公室。当我和他隔桌相望时，我立即察觉到一些反常的迹象。我本来很了解阿兰·希勒，但至少在那一天，他并不是我熟悉的那个人。我坐在那里，心里开始盘算着：有人要来找事了……

"你的伤怎么样了？"阿兰·希勒率先开口，"我们接下来要怎么办呢？"

"我昨天跑了跑，还没有完全康复。如果持续发力，我就会感到肌肉的疼痛。"

"所以呢？"他接着问道。

"现在来看，我可能很难在比赛中帮到你了，"我如是说道，"但是，如果你要把我列入比赛名单，我也没有问题。我只是想如实地报告情况。"

有一说一，我向来如此。曾经，我带着撕裂十几厘米的腿筋，出战了世界杯8强战。反正，如果足够幸运，在收官战时我应该能恢复到六成，此外，我没有想过任何与比赛无关的事情。

或许有人会说，我的带伤作战是一种拖累全队的自私表现，但我并不这么看。我当时的全部想法，就是帮助纽卡斯尔联获得胜利。类似的情况我不是没遇到过，我有什么道理故意搞事情呢？

然而，对于我的开诚布公，阿兰·希勒却没有买账。我不认为他在怀疑我的伤势。这是无可辩驳的，但我没有想到，他的所思所想其实更加无理：希勒完全在质疑我的职业精神。这无疑是相当严重的指责。

那天，无论我和希勒重复多少次，我非常愿意出场比赛，他都对我的表态置之不理。尽管，他明知道我没有任何必要撒谎。要知道，在整个职业生涯，我一直在为自己成为那种大场面球员而不懈努力。

每个人都知道，时逢2008/2009赛季最后一战，纽卡斯尔联的英超席位危在旦夕。而这种困局所带来的压力，正是我享受的存在。为了能够得到表现的机会，我必须恢复到可以比赛的状态。

"让我上场吧！"我有些恼火地对希勒说道，"要不然，你就把我放在替补席上。你想让我做什么都行，我只是在冲刺方面有点问题。"

然而，希勒并没有任何回应。

那我就继续给他出出主意。

"这样吧，如果你想听到我最真实的想法，我愿意在替补席上待命。如果纽卡在最后10分钟还需要一个进球，你就把我换上去。"

没错，就算是置身事外的中立者，也知道这算最合理的方案了。如果比赛临近结束，纽卡斯尔联已经三球领先，我自然无须登场。同样，假如纽卡不幸以三球落后，我的出场也不会有任何意义。

第十六章 英雄

但如果纽卡急迫需要一个进球，我觉得自己有能力充当奇兵，在禁区附近游弋，等待机会。即便我还不能完全加速冲刺，但我绝对相信自己在重要时刻可以抓住战机。

很遗憾，当我离开希勒办公室时，他依然觉得我只是关心下一份合同而已。大家都很明白，我与纽卡斯尔联的合同再过几周就到期了。

"你的伤不是大问题吧，"希勒说，"毕竟，你还有一整个夏天可以慢慢恢复。"

"是的，但没有谁希望伤势加重吧？"我随即反问道，"不过，我做好了冒险的准备，我有过经验，这次也不会逃避。"

当时，他没有再说什么，我们的谈话也不算不欢而散。待到比赛前，希勒确实遵循了我的"替补"建议。

2009年5月24日，保级大战终于来了，我坐到维拉公园球场替补席上。终场前25分钟，我被阿兰·希勒替换上场。由于达米安·达夫倒霉的乌龙球，纽卡在客场0比1落后，我们至少需要一个进球，才能保住下赛季英超联赛的席位。只是，我没有等到机会，随着终场比分定格在0比1，纽卡斯尔联在16年以来第一次降入了英格兰次级联赛。

赛后，我们在更衣室里没有太多言语，希勒也没有多说什么。大家都非常沮丧。通常情况下，希勒会对表现不好的球员直言不讳地批评，这就是他的典型风格。但是，他从来没有指着我说过："你不够尽职尽责。"反正，希勒与乔伊·巴顿在安菲尔德的争吵事件证明，他是个直来直去的人。

曲终人散时，大家并没有争吵。希勒只是说，我们要在休假前回到俱乐部收拾一下，把自己的更衣柜清空。鉴于我与纽卡的合同即将到期，我自然会按照他的要求去做。与别人不同的是，这大概不是暂时的行为了，当我搬走所有个人物品后，我就与纽卡永远地再见了。

3个月后，通过托尼·斯蒂芬斯的助手，我终于了解到阿兰·希勒对我的不满。不只如此，他甚至把一系列想法，告诉了很多与他亲近的人。我突然觉得自己变成了纽卡斯尔联降级的替罪羊。

其实稍微分析一下，事情都说得通了。在2008/2009赛季最后8场联赛，阿兰·希勒执教纽卡斯尔联的战绩仅为1胜2平5负，几乎没有高光时刻。这绝不是一个俱乐部英雄应有的表现。

事实上，就在做客维拉公园球场之前，纽卡斯尔联的处境已经到了万劫不复的境地了。客观来讲，纽卡很难从客场拿到积分，要知道，阿斯顿维埃拉可是当赛季英超第6名，甚至获得了欧战资格。

很多人都知道，由于2009年纽卡降级所带来的积怨，一直持续到现在。随着时间推移，我已经愈发洞悉了阿兰·希勒的言语，以及他三番五次持续抨击我的行为。这么说吧，在接过纽卡斯尔联教鞭时，阿兰·希勒被视为这支球队的救世主，根正苗红的自家人。这本该成为一段力挽狂澜的佳话，但事与愿违，他的执教战绩不尽如人意，纽卡斯尔联被迫降入了英冠联赛。

或许在阿兰·希勒看来，与其检讨自己的不足之处，不如将责任归咎于迈克尔·欧文更容易一些。毕竟，我们生活的地方相隔很远，平常很难见到对方。大概就是依靠这种自我安慰，他才能度过那段至暗时刻。作为人类，我们总会将自己的行为合理化。

说起来，我很同情阿兰·希勒，也为他在纽卡斯尔联的失败感到惋惜。但是，不同于他的逻辑，我在那时是无辜的，不该成为"背锅侠"。然而，无论别人发表怎样的意见，让我"背锅"的执念似乎在其心中根深蒂固。

有一段时间，由于知道我俩要在同时同地完成一些电视拍摄的工作，我们曾经试探性地接触过，甚至有过当面聊一聊的可能。但阴差阳错之下，我和希勒没有更多的交流，机会转瞬即逝。

时间过得非常快。

等到2018年，我的雇主英国电信体育频道，邀请我参加他们的《今夜英超》节目，回顾我职业生涯的很多重要节点，尤其是那几年伤

第十六章 英雄

病对我造成的巨大影响。对我而言，实事求是地聊起这些往事，也是一种合理的释放。据我所知，大家都很喜欢那次的节目，主要就是我坦承了自己遭遇的考验和磨难。

离开演播室的时候，我真的很高兴自己接受了节目的邀约。

在节目播出后，我收到很多支持者发来的信息，他们都很欣赏我的真诚。

但又过了一两天，阿兰·希勒突然出现了，他开始在社交媒体上对我冷嘲热讽。

其实，在那次英国电信体育频道访谈中，我对生涯末段做出了很中肯的评价。那时候，由于不止不休的伤病，我迫不得已改变了惯常的踢球方式，自己对足球的享受也是愈发稀少。有一段时间，我甚至有些讨厌足球了。

作为以速度为特点的前锋，在伤病折磨下，我逐渐沦为自己的低级模仿者，我在足球上已然失去了太多的快乐。这就是我最真实的感受。而希勒抓住了一点，如果纽卡球迷知道我不喜欢那段纽卡生涯，他们一定会群情激愤。他应该也知道，只要在社交媒体上向纽卡球迷传话，就足以让他们吵翻天了。后续发展也确实如此。

这原本是一个微不足道的片段，仅仅是口舌之争。我向来呈现的情感，都是对事不对人，没有想把任何责任推给我生涯末段的最后三家俱乐部。很多事情只是反映了我对于过去的自我认知。

后来，我和阿兰·希勒发过一次短信，我说他的表态是毫无道理的，但他坚持自己无意提出任何观点。我努力地将顺逻辑，好好表达，但他却用偏题、迂腐和挑剔的回答翻来覆去地搪塞我（我依然留着那些短信）。

我们的恩怨就一直积攒着。时至今日，我仍然没有和阿兰·希勒面对面地好好谈过。如此现实令人感到遗憾，毕竟，我说过很多次，我们曾经是非常要好的朋友。

第十七章
曼联征程

由于瓦瑟曼公司为那些对我有意的俱乐部制作了宣传手册，我在舆论上遭到了口诛笔伐。但我在2009年7月对此事一无所知，直到通过媒体报道才知道了一些细节。

在我与纽卡的合约画上句号时，托尼为我制作宣传物料并不奇怪，就像你在打算卖车或者卖房时，必须要做好的前期准备。不得不说，托尼的决定还是犯下了错误，毕竟，我们都知道媒体会扮演怎样的角色。很显然，有记者拿到那本册子，我的处境真的太糟了。

通常情况下，当其他俱乐部得知一名球员可以自由转会时，他们都会联系球员经纪人，尽早表达自己的兴趣。但问题是，在2008/2009赛季结束前的一段时间，我没有得到任何俱乐部抛来的橄榄枝。对此，我和托尼倒是没有惊慌，我们觉得大家都去休假了，时间还多得很。既然大家知道我决定离开纽卡斯尔联了，那就先等等看吧。

然而，多数俱乐部都为新赛季做准备时，我们依然没有听到任何风声，难道我的职业生涯估计要结束了吗？

别误会，我知道找到下家不是容易的事。尽管我很明白，自己的吸引力在这5年大幅下降，但我依然有一种被抛弃的感觉。

我最先想到的归属还是利物浦。

但他们对我没有兴趣。

紧接着，赫尔城来了，他们刚在2008/2009赛季以1分优势保级成功，恰恰是力压纽卡斯尔联。我短暂地考虑了一下：不行，我不能加入他们。

在效力纽卡斯尔最后时刻，我有好好考虑过自己的前途：首先，我对英冠联赛没有任何兴趣。

其次，迈克·阿什利明摆着不会在引援上有太大投入，曾经签下吉诺拉、阿斯普里拉和莱斯·费迪南德的光荣岁月，已经一去不复返。

在这样的前提下，大家对纽卡斯尔联的未来都会有所担心，不知道他们一旦降级，是否还能从英冠联赛打回英超。对我来说，为赫尔城效力应该是极其类似的情况（事实证明，我的担心不是多余的，赫尔城在2009/2010赛季降级）。

那么问题来了，我究竟能去哪儿呢？

当时的我一直没有答案。尽管托尼非常忙碌，经常跟别人洽谈，但这一切都令人愈发焦虑。

在暂时没有选择的情况下，我不得不接受一个现实：我可能需要先独自训练，保持状态，并希望有合适的俱乐部递上合约。

很快，托尼获得来自埃弗顿的兴趣，当他打来电话时，我的第一感觉就是：老天，这就很难办了……

话已至此，我必须强调一点，关于球员对俱乐部保持忠诚这件事，我的看法可能与很多人不同。

回想我的童年时代，由于我们家住在利物浦之外的地方，我们便接触了很多各有所爱的球迷。他们之中既有利物浦铁杆球迷，也有埃弗顿、曼联和曼城的支持者。

因为父亲曾效力过埃弗顿，我在 5 岁时就或多或少被兄弟们耳濡目染，我也确实在小时候当过埃弗顿球迷。

在青训生涯与利物浦签约后，足球就成了我养家糊口的事业，我也不再是一个真正意义上的球迷了。

当然，在我穿着利物浦球衣，在时时刻刻都为球队拼尽全力时，这也不意味着我并不会看一看报纸上关于埃弗顿或切斯特的内容。我对它们的动向确实抱有兴趣，但这与一般的球迷完全不同，是那种天差地别的存在。

整个职业生涯，我经常听到球迷们在谈论哪位球员忠诚与否，但依我看，这些闲言碎语都是一派胡言，这种思维方式只属于那些盲从的人。

事实上，关于忠诚于球队这件事，很多球员并非球迷们所想象的那样。当他们在一家俱乐部效力时，嘴里所说的忠诚是理所应当的，他们也必须这么做。但问题是，如果有一家更大的俱乐部，呈上一份足以改善他们家庭生活条件的大合约时，你才能看出球员的真实想法。

另外有一种球员，比如曼联的保罗·斯科尔斯和瑞恩·吉格斯，他们的整个职业生涯都在同一家俱乐部踢球。所以，只要谈起他们，很多球迷总会这样说，两个人是忠诚的代表。

不得不说，他们的俱乐部生涯情况非常特殊，毕竟，身在已经赢得一切的曼联俱乐部，你几乎不会看到更高的台阶。既然如此，又何必离开呢？他们对于俱乐部的忠诚，并没有经历过实质性考验。换作是我，一样可以整个生涯都在曼彻斯特踢球。

身为职业球员，那些来自舆论的忠诚讨论，都是形式大于内容。我现在是一名足球媒体人，我可以轻而易举地给你们列出，十几个被贴上忠诚标签却对球队输赢毫不关心的球员。他们不过是作秀而已，但球迷们并不想面对这样的现实。

言归正传。当埃弗顿俱乐部找过来时，尽管我在孩提时代支持过他们，但我可以想象，如果我穿上那件蓝色球衣，我的家人和利物浦球迷都会义愤填膺，指责我加盟了老东家的同城死敌。

真的有必要怒气冲天吗？当然不是。

我究竟要如何选择呢？当时，埃弗顿确实是我唯一选择。但无论如何，我做出的决定都要得到家人们的支持。

"你自己怎么想呢？"托尼发问道。

"我只能去埃弗顿了，我没有别的选择。"我回答道。

那时候，时任埃弗顿主帅大卫·莫耶斯想私下约我见面。但问题是，他还在美国休假，这次约谈并不容易。托尼对我说："好吧，我们现在没有其他备选，如果要向埃弗顿展现自己的诚意，你就去美国找他一趟吧。"

我们聊了很多可以考虑的方案，但迟迟没有定夺。

"这样吧，我们再等上两周，"托尼接着说道，"但我们要先明确一点，如果依然没信，你就要下岗了。"

尽管对于加盟埃弗顿心存疑虑，但我还是决定前往美国，与大卫·莫耶斯约了一次私人见面。我们打了打高尔夫球，聊得还不错。整个过程中，他向我介绍了一些建队计划。

大卫·莫耶斯开门见山地说道："我不会让你重走纽卡生涯的老路。我希望你能找回曾经的自己，不断地前插冲刺，趟入禁区，再收获进球。"

鉴于对自己身体情况的了解，我的直观感受是有些犹豫。但在那时，我自然会同意他的说法，只是，我会担心自己是否能达到他的要求。

"教练，我没问题。"我还是一口回应道。

一天后，我从美国飞回英国，满心期待与埃弗顿的签约。当然，我也能预想到，这样的决定肯定会招来利物浦球迷的怒火。

回想前几次转会，我并不能完全判断出，利物浦球迷会对我的去向做何反应。我当时感受过的唯一反馈，就是穿上纽卡斯尔联球衣后，第一次回到安菲尔德球场的场景。

那天，我起初在这个熟悉的场地没有感受到太大的敌意，甚至在我的名字被念出时，还有一些主队球迷送上了掌声。但随着比赛的进行，没有看到主队占据优势的利物浦球迷，开始变得不耐烦了。然后，在一次无伤大雅的犯规后，我从临近的KOP看台听到了嘘声四起。

当我又一次触球时，更多的嘘声和嘲讽出现了。我意识到，这可不是好兆头。

于是，在我后来每一次接球时，越来越多的咒骂声便出现了。我不确定到底有多少人参与其中，我确实有些惊讶，内心很是受伤。比赛后，我为此感到沮丧，我的父母也是如此。毕竟，当利物浦球迷攻击他们的儿子时，他们只得眼睁睁地坐在看台上。

这种受到排挤的感觉，真的很奇怪。曾几何时，我就是与这些球迷一起荣辱与共，我们度过了很美好的时光，且收获了成功。那时候，我不得不竭尽所能地安慰自己，以此减轻这种突如其来的心理负担。

我告诉自己，这是一场利物浦必须赢得的比赛。或许，这些球迷只是在比赛中感到郁闷，他们并非要针对我。

我不知道这个猜想是否成立。我们永远都无法知道。如果那场比赛利物浦取得了5比0的领先，主队球迷还会对我发出嘘声吗？再来一遍的话，会是怎样呢？

反正，那天的经历对我发出了警告，就算迎回一个效力过自家俱乐部的老臣，球迷们依然是如此善变。别忘了，我所效力的纽卡斯尔联，还不算利物浦的死敌。

写这本书的时候，我获悉伊恩·拉什在贝因体育电视台与理查德·基斯和安迪·格雷的对谈。在Youtube上看完整个采访后，我感到非常不可思议。这个被视为利物浦传奇的威尔士名宿，曾经在1988年经历过与我极其相似的处境。

当时，在效力尤文图斯仅仅一年后，伊恩·拉什便准备离开亚平宁半岛，返回英格兰。时任曼联主帅弗格森和时任埃弗顿主帅科林·哈维，都表达了与其签约的兴趣。

伊恩·拉什说，在没有知会时任利物浦主帅肯尼·达格利什的情况下，他本来做好了决定，要和曼联或埃弗顿签下合约。但在转会时限的最后一刻，达格利什还是同伊恩·拉什取得了联系，将他带回了安菲尔德球场。

据我所知，对于伊恩·拉什的"回归事件"，利物浦球迷没有任何纠结。在他们眼中，伊恩·拉什的地位无可动摇，即便他本来都决定了，要与利物浦的死敌之一签下合同。

我们永远都无法得知，如果伊恩·拉什经历了我所遭遇的，他会被利物浦球迷当作敌人吗？但可以肯定的是，我们的处境确实非常相像，只是，他最后接到达格利什的电话，而我却无人问津。如果有什么不同，我回归的意愿甚至比他更加强烈，我还是主动联系到利物浦的！时至今日，我依然难以理解，为什么有的利物浦球迷会对我恶语相向。

与大卫·莫耶斯见面两天后，我正在家里度过安静的一天。正在此时，我的手机响起尼基·巴特的来电。

"听好了，弗格森要给你打个电话。"他说道。

"好吧。"

"没错，我觉得弗格森应该是要和你签约。"尼基告诉我。

这可真是我没有想到的剧情。我很快走到客厅，和路易丝分享了这个消息。那一刻，一想到我有可能为这家常胜俱乐部效力，我的脑子就嗡嗡作响。顶级球星、欧冠资格，还有每个主场75000人的欢呼，我与路易丝都感到激动。

接下来的几小时，我老老实实地待在客厅，等着手机响起。突然，一个私人号码映入眼帘。通常来说，这种陌生的号码我都是置之不理

第十七章 曼联征程

的，但这次不同以往。铃声响了五六秒之后，我做好准备，按下了接听键。不出所料，确实是弗格森。简单的寒暄后，他邀请我明天去他家里做客。

那一夜，我失眠了。为了给弗格森留下良好的第一印象，我精心挑选了衣服，很早就开车启程。由于到得太早，我把车停在0.8公里之外的超市停车场，坐了15分钟。我的预想是提前10分钟到他家赴约，我就是不顾一切地想要给弗格森留下深刻的印象。时间差不多了，我把车开到了他家门外，按了按喇叭。

很多人都知道，我和弗格森的相识，是因为我们在赛马方面拥有相同的兴趣。所以，在第一次见面时，我们花费了更多时间畅聊赛马，而不是足球。弗格森并没有直接说过要跟我签约，大家就是相互试探。临别之际，我觉得自己有机会穿上曼联球衣，但托尼·斯蒂芬斯还没有与大卫·吉尔有过任何实质性谈话。

那时候，我已经坦承接受了一个必将发生的事实：无论我做出怎样的决定，利物浦球迷都会恨我。相较埃弗顿，他们会因为曼联而更讨厌我吗？嗨，抛个硬币吧……

事已至此，我心无旁骛，只需要从自己和家人的角度出发，做出一个决定。很明显，我已经为重回利物浦竭尽所能了，但天不遂人愿。

听从弗格森的召唤，并不是一个艰难的决定。毕竟，曼联拥有最顶级设施，可以参加欧冠联赛，还有我相熟的英格兰本土球员。对此，我无怨无悔。更重要的是，家人们都为我签约曼联感到高兴。

无论如何，我当时的身份是职业足球运动员，足球就是我养家糊口的事业。就这样，我得到在生涯末期效力顶级豪门的机会，还可以为家人提供不错的生活。在我看来，没有球员能拒绝这个邀请，无论他们在公开场合说出什么。

然而，计划总是赶不上变化。

"迈克尔，我们有了点麻烦，"斯蒂芬斯拨通我的电话，"我刚和曼联管理层见过面，转会可能很难完成了。"

"你说什么？"

"你知道，我们没有讨价还价的余地，也没有来自其他俱乐部的筹码。他们完全把咱们当成人质来勒索。"

"他们的条件是什么？"我问道。

"周薪2万英镑。"斯蒂芬斯答道。

无须赘言，我知道自己不再是价值周薪10万英镑的顶级球员了。但是，以任何正常的标准来衡量，2万英镑都不是合理的数字。我和托尼都明白，曼联管理层在故意压价，他们也确实有空间这么做。毕竟，鉴于我是自由球员，他们无须支付任何一分转会费，可以游刃有余地利用我的处境。

好吧，这太令人绝望了！

如果签下这份2万英镑周薪的合约，我在以后就有可能继续签下1万英镑，甚至5000英镑的合同！这些不可思议的数字，都足够惹恼我了。身处当时工资愈发飙升的环境，就算我是自由球员，也无法与鲁尼相提并论，我的市场身价还是配得上一份周薪5万英镑的合约。

"托尼，没办法，我总归要签的，"我说道，"你再努努力吧。"

在托尼看来，曼联只是在碰运气，但他还是安排了另一次见面。安排妥当之后，他直接给我打了电话。

"是这样，我们又谈了谈，"托尼对我说，"曼联最新的报价没有那么理想，但比之前稍好了一点。"

如他所说，曼联方面确实同意提高薪资待遇。此外，鉴于要签下具有"玻璃人"属性的我，相应的风险是不可避免的，他们便在合同中增加了根据出场记录额外设置的10万英镑奖金。这不算是完美合同，但我已经非常感恩了。

回想第一次见面时，弗格森爵士的表态直言不讳。我也非常清楚，鲁尼和贝尔巴托夫，是曼联现阶段最稳定的主力搭档。

第十七章 曼联征程

说起来，我在曼联选择球衣号码的前后，也是一个有趣的故事。我记得，当时的安东尼奥·瓦伦西亚，一度被视为"红魔"7号球衣最有可能的继承者。而在曼联俱乐部历史上，这个号码具有非同凡响的意义：贝斯特、罗伯森、坎通纳、大卫·贝克汉姆，以及刚离开球队的C罗都曾穿过。

不过，瓦伦西亚似乎不太愿意承担由这个号码所带来的压力，在他得到7号不久后的一天，我和卡里克同时被叫到弗格森办公室。

"这件球衣代表着不少光荣的传统……"弗格森开口道，"但我并不愿意看到，穿上这个号码球衣的球员，直接被这件球衣所承载的历史压垮。我希望曼联7号的继承者，可以理解这一点。所以，迈克尔，你就是我的第一选择。"

我很清楚7号对于曼联的意义和自己的目标，面对弗格森的提议，我毫不犹豫地答应了。如今看来，我可能就是本能地希望用这个特殊的号码，去给自己增添一些压力。

事实证明，我的担心是多余的。

当我跟随曼联进入夏季备战期时，我的身体和心理状态都非常好。我们前往马来西亚进行了短期飞行拉练，与马来西亚明星队进行了两场热身赛。2009年7月18日，曼联在吉隆坡3比2击败马来西亚明星队，我替补出场完成首秀，在第85分钟攻入一球。两天后，我在第13分钟连场破门，帮助新东家以2比0再次战胜了明星队。

离开马来西亚后，我们又去了韩国首尔和中国杭州，在7月26日曼联8比2大胜杭州绿城的比赛中，我在上半场梅开二度，信心倍增。那段时间就像我职业生涯的重生，我的身边围绕着太多可以互相理解，默契十足的顶级球员。

我的锋线搭档是鲁尼和贝尔巴托夫，他们的个性截然不同。在我眼中，鲁尼就像孩子，生活中是个很好相处的人。平常的日子，他会最后一个离开训练场,而且在下午最迟离开俱乐部,因为他总是在午餐时间闲逛打趣。鲁尼对足球的热爱,在他所做的每一件事上都显露无遗。他是一个非常可爱的小子,你可以对他寄予完全的信任。

现在想想,我和鲁尼在英格兰队保持了不错的关系,在他年纪轻轻被埃里克森选拔入队时,我还是球队的主力前锋。我后来还发现,尽管鲁尼从小就是埃弗顿球迷,但他在后花园踢球时,总会把自己想象是我披挂上场。"我最喜欢的球员就是迈克尔·欧文。"他这样告诉过我。很多人都知道,孩童时代的塞尔吉奥·阿圭罗和凯文·德布劳内,都将我当成他们的偶像。我每次听到这样的故事,总会感到非常欣慰。

从鲁尼出道至今,我一直深信不疑,他在绿茵场上是独一无二的存在——天赋异禀、直觉敏锐。在进攻端,他是干脆利落的前锋,就算是对空中球的处理,他也理应得到更多的称赞。就像大多数球员一样,鲁尼的比赛方式随着时间的推移而改变。

在我刚到曼联的时候,鲁尼的位置还有点靠后,基本是踢10号位。后来,由于队内人手短缺,他还踢过中场位置。这么说吧,虽然鲁尼的能力可以应付这些位置,但我真希望他可以更多冲锋陷阵,成为一名真正的前锋。

但问题是,鲁尼愿意参与中场运转,回撤到更深的位置,这是不可避免的事情。鲁尼是个非常无私的球员,对于一个进球很多的球员来说,这是比较罕见的现象。在比赛场上,他样样精通,对于助攻的青睐同喜欢进球一样,没有先后之分。毫无疑问,他就是英国足球历史上最伟大的球员之一。

贝尔巴托夫又是另外一种人。在群体之中,他基本很少说话,就算罕见开口,也大多是喃喃自语。有一点挺奇怪的,这个安静且内敛的人,倒是直言不讳。他会毫不顾忌地批评别人。

作为职业球员,贝尔巴托夫的天赋毋庸置疑。如果非要找出瑕疵,鉴于曼联的打法多是围绕速度展开,他的爆发力还是存在问题。很显然，贝尔巴托夫的球风与特质，基本不会与速度有关，有人觉得他的出场直接减缓了球队的节奏，大家的看法算是见仁见智吧。

无论如何，高大强壮的贝尔巴托夫，都是很优秀的前锋。凭借上佳的球感和出色的视野，他在空中球争夺上极具威胁。无须多言，他足以位于顶级球员之列，尤其是在比赛赛场上。我不知道你希望他在训练场上付出多少，反正他就是不会受到影响，保持我行我素的态度。

话已至此，我们必须提到保罗·斯科尔斯。关于这个男人，你有什么可说的呢！他就是我见过最独一无二的职业球员之一。

斯科尔斯没有多余的废话。他出现在训练场，换上自己的装备，从来不担心自己的外表或身上的味道有没有很香。斯科尔斯就是完成自己的工作，把球踢到正确的地方，毕竟，他可能在训练开始前就感到无聊了。一切结束后，他去冲凉、穿衣，甚至在队友尚未离开训练场时就赶紧回家了。

由于斯科尔斯是那么朴实无华，人们似乎时常打趣他。从行为处事上看，这位曼联中场大将与大家想象中的球星完全不同。尽管他是很好的队友，也是队里的开心果之一，但他总是想着尽快回家，毫不在意虚无缥缈的名望。

不过，我的老天，只要看看斯科尔斯的训练，你就知道什么是"魔术师"了。如果是进行五对五或者抢夺控球权的比赛，斯科尔斯所在的一队基本就是最后的胜利者。假如你们没有分在同一队，你真的别想从他脚下抢到球，这就是不可能完成的任务，你甚至都没法正常靠近他。

在队内进行的控球游戏中，如果你做出逼抢的预判，斯科尔斯总会更早一步做出不同的选择。紧接着，当你认为他会第一时间传球时，他又会触球、转身和摆脱。根本没办法靠近他。而且，他的传球选择太好了，他拥有一种旁人无法企及的视野。

在比赛日，斯科尔斯同样保持有话直说的风格。他通常都会抱怨，我们去球场的时间太早了。他非常讨厌这一点。另外，当大家都聚集到更衣室时，曼联老将又不会出现在那里。他并不是那种不合群的人，只是想继续保持自己的节奏。

大多数比赛日，斯科尔斯都会在楼道里和里奥·费迪南德结伴，做做仰卧起坐或者对着墙壁踢球。对前者来说，开球时间总是太晚了。

在比赛进行时，斯科尔斯呈现的竞技状态，可是比训练标准高出太多了。尽管遭遇过伤病影响，他在生涯末年做出了改变，场上角色也不同以往。很显然，他依然维系着掌控全场的能力，是队内的重要一员。

2009年9月26日，曼联客场2比0击败斯托克城，那是我印象极其深刻的一场比赛。我坐在替补席上，看着斯科尔斯在比赛中以一己之力掌控全局。每个斯托克城的球员都想压迫他，却一直无法接近，他就是能够自如回撤。然后，当他们试图上抢时，斯科尔斯又会前进一步，转向另一个无人防守的空间。与此同时，他又充当发牌手，将球送向四面八方——这简直就是艺术。没错，他完全依靠个人能力接管了比赛。

当然，说到斯科尔斯的不足之处，速度和跑动能力是绕不过去的话题，高温环境下更是如此。由于患过哮喘，他本身在运动时身体机能方面就处于劣势。回溯2002年韩日世界杯，当时日本的气温大概有35摄氏度，假如杰拉德和兰帕德有能力克服这种天气难关，斯科尔斯就要挣扎许多。除此之外，斯科尔斯绝对是世界级中场球员，能与他同场竞技很长时间，我感到非常自豪。

言归正传。

2009年夏天，在我跟随曼联结束亚洲拉练时，我感到非常兴奋。凭借几场热身赛的优异发挥，我已经获得了队友和教练组的尊重。对他们来说，将我吸纳入队本来就有不小的风险，但经过季前赛检验后，我的表现基本消除了他们的疑虑。我觉得，他们应该感到满意。

我的直觉是正确的。

"你听好了。"在2009/2010赛季揭幕轮曼联与伯明翰一战前，弗格森爵士对我叮嘱道："其实，你距离先发位置已经很近了，我很抱歉没有将你列入其中。但是，请相信我，你一定会在之后获得足够多的出场机会。"

能得到弗格森的认可令我在曼联的开局良好，我感到很满足。等到第2轮曼联客战伯恩利时，我得到他的信任，出现在先发阵容。但在第63分钟，我们处于落后局面，弗格森用贝尔巴托夫将我换下。我很沮丧，感觉季前准备工作并没有全部完成。这本来是我第一次在曼联发光发热的机会，但球队却在客场输球了。我觉得自己难辞其咎。

3天后，2009年8月22日，我在曼联客场5比0大胜威根竞技时替补出场，第71分钟我换下鲁尼，第85分钟锦上添花，收获了曼联生涯的第一个正式比赛进球。

在接下来对阵阿森纳和托特纳姆热刺的两场联赛中，我都是枯坐板凳，没有得到机会。唯有在欧冠小组赛首轮，曼联客场1比0击败贝西克塔斯时，我替补上阵了26分钟。开季一个月后，万众瞩目的曼彻斯特德比已经近在眼前了。

2009年9月20日，曼联在老特拉福德球场迎战曼城。这是一场载入史册的同城德比，比赛过程精彩纷呈，胜利的天平也倾向于红色，而不是天蓝色。

彼时由马克·休斯执教的曼城队，展现了些许崛起的态势，但他们仍旧被看作"吵闹、暴发户型邻居"。卡洛斯·特维斯刚从曼联转投曼城，整个曼市都矗立着以他为主角的广告牌，上面写着："欢迎来到曼彻斯特。"

马克·休斯觉得这支曼城已经有了翻身当老大的资本，但弗格森并不这么认为，苏格兰人特地在赛前舆论战中竭力反击。这是很长时间以来，充斥最多仇怨的曼彻斯特德比。这样的铺垫势必造就经典，而跌宕起伏的比赛甚至超越了炒作本身。

随着这场德比大战的揭幕，看着座无虚席的梦剧场，我在替补席上随着比赛进程心潮起伏。我深切感到，这就是我来到这里的原因。

第78分钟，两队打成2比2平，弗格森让我起来热身，做好随时上场的准备。我觉得我应该能为曼联打入一记制胜绝杀。

看到这里你可能会觉得，迈克尔·欧文只是"事后诸葛"，抑或傲慢地吹嘘自己。坦白来讲，在十多年的职业生涯中，很多时候，我内心无缘由的积极想法影响了后来发生的实际情况。在不少场景下，我都会觉得，自己就是来终结比赛的。

果不其然，在很多时刻我都做到了。

回溯我在本书开头提到的心理素质，我只是不想受限于消极心理，而是乐观面对挑战。我很确定，如果连自己都不能保持坚定的信念，所谓的好事势必难以发生。就算在比赛中没有进球，我也只会在离场时想到：好吧，我觉得今天不太顺。

于是，我就会清空杂念，不再胡思乱想。这就是我的思维模式。

对于任何想要了解足球细节的人来说，我在那天打入的绝杀球就是一切的集合。但是，我的射门只是整个过程的一小部分。

在足球场上，传球的力量和角度意味着一切。因为现场环境过于吵闹，没有人可以听清队友或教练的呼喊（除非在5米之内），我们只能通过传球来做出相应的判断。这么说吧，当我背对球门，接到队友的大力传球，我就可以料定自己还有时间完成快速转身。

与之相反，假如是一记力量不大的传球，我就知道身后一定出现了防守球员。这就是传球所包含的信息量，毕竟，我们没法在场上及时大喊："有人来了！"

另外，如果有人把球传向我的右脚，他是在提醒我："你的左侧有防守球员过来。"传球者非常清楚，一旦把球送到我的身前或左边，那种情况基本意味着丢失球权。没错，这就是足球运动员在比赛中的无声交流，那些表意明确的传球，会给视线受阻的接球者呈现更丰富的信息。

可以说，我攻破曼城球门的制胜球，就是这一切最好的例证。在我的记忆中，我们的进攻一度被破坏，球被曼城球员解围了。在我缓步后撤，向远离球门的方向移动时，我突然发现曼城后卫米卡·理查兹完全失位了，他们右后卫区域留下一个很大的空当。

曼城的中路没有留出太多传球空间，他们清除了防守隐患，也准备镇守防线。只是，就在球权转换，吉格斯触球的一刻，我预感到射门机会即将来临。

由于米卡·理查兹过度回收，曼城后防线右边部分形势岌岌可危。我努力克制着自己的情绪，生怕过早挥手会让他们意识到防线漏洞。

在那一刻，我确实可以原地待命，将技术难点留给准备连线的吉格斯。当然，威尔士人足以应付这个高难度的传球，这种细节并不能难倒他。不过，为了将转瞬即逝的进球机会最大化，我还是要尽可能开拓空间，给他提供多出两三米的传球线路。就在那几秒时间，我必须对射门角度和进球概率做出精准的判断。毕竟，如果我腾出的空间太大，吉格斯的传球肯定会容易，但我的射门就会因为小角度而变得困难。反之亦然。

经过瞬间调整，我摆好了身体的角度，给吉格斯显示出了准备就绪的信号，而他需要送出一脚力量十足的传球。很显然，这个突然出现的空当，最多不会超过2秒，吉格斯既要以大力传出球，也要考虑到我的接球情况。稍有闪失，我就很难控制球了。

直到最后一刻，我还在高举双手，生怕吉格斯没有看到我的位置。

终于，吉格斯抬起头，迅速摆动了那只具有魔力的左脚。他大概有9米空间去完成这次传球。这听起来很容易，至少对他而言确实如此，但其承受的压力可想而知。事实证明，他做得非常好。

当吉格斯精确送出这脚传球时，我就很清楚自己周围的情况了。我知道，我必须做好第一次触球，如果处理得不好，破门得分的机会就变得十分渺茫了。由于没有太多选择，我只得用右脚外脚背完成停球，再尝试一次快速射门。这套动作可谓一气呵成。

虽然这些细节说起来轻描淡写，但回想那一刻，随着吉格斯的抬头观察，我浑身上下似乎都在沸腾：噢，老天，我要进球了……

没错，我的眼睛闪亮着，我的心怦跳着，我真希望自己能解释清楚，身在那一刻特别的感受。我时常会想，自己是怎么学会面对唾手可得的上百万英镑，却依然可以保持冷静的。如今来看，这应该是内在能力与不断实践的结合。多年以来，我早就习惯了足球场上各种可以想象的结局，邂逅破门时刻也没有紧张感。但是，这终究是全球聚焦的曼彻斯特德比，你会情不自已被大场面的浪潮所淹没。

在球窜过来的瞬间，我清空大脑里的所有思绪，完全专注于至关重要的第一脚触球。那一刻，老特拉福德球场的所有人心跳加速，但我作为接球者却恰恰相反。看台上的数万人已经被我忽略，小赖特·菲利普斯本打算快步回防，阻止我的进攻，但他来不及了。在我的脑海中，梦剧场的禁区里唯有我自己，心中所想也就是接好吉格斯的传球。

这一切都发生于电光火石之间。由于射门角度不算大，曼城门将吉文的扑出概率还是挺高的。但我的第一脚触球很好，紧接着就用右脚迅速打出了一脚捅射，那也是我唯一能做到的事情。我很自然地又一次感觉，这个球要进了！

好了，现实世界重新回到了我的意识。

老特拉福德球场沸腾了。

曼联的教练和队友将我团团围住。里奥·费迪南德成了当时情绪最释放的一个，因为在此之前，正是他的失误导致曼城追平了比分。我记得当大家聚集在角旗区庆祝时，他激情四溢地向我喊出类似的话："伙计，谢谢你救了我的命！"

在绝杀时刻乃至赛后几小时，我感受到一种巨大的喜悦和解脱感。能在这么重要的场合攻入制胜球，这一定会成为铭记于心的高光时刻。

第十七章 曼联征程

我就是为此而存在的。

当很多事情看似尘埃落定时,我希望这次绝杀可以引发蝴蝶效应。

或许,曼联的球迷终于可以接受我了?

如同希望很多利物浦球迷可以理解我之前的转会决定一样,我同样期待大多数的曼联拥趸,在这场曼市德比后能够接纳我。

在我看来,尽管总有一小撮人会执着于报复而抛弃你,但大多数人都是通情达理的,这也会为我们的关系奠定很好的基础。

大多数理智的球迷,都知道我只是做出了一个职业层面的决定。但我敢肯定,应该会有相当一部分的曼联球迷,对前利物浦球员的到来感到疑惑。

在后来为曼联效力的日子,我和弗格森培养了一种很轻松的关系。那是一种无须言语的默契,双方都能心知肚明。如果我坐在替补席上,我们的内心所想也能保持同步:如果曼联需要一个进球,抑或 3 比 0 领先时,我就能获得替补出战的机会。

其实,弗格森从来没对我明确说过这些事,他也没有必要这样做。我们都很清楚,曼联与我签下合同,就是让我扮演类似的角色。我与弗格森每天都有很多交流,但绝大多数都与足球无关。

弗格森平易近人,偶尔还会主动找我聊天。我曾在早上看到他拿着《赛马邮报》悄然散步。我们时常会畅聊一些赛马圈的最新消息。

我与弗格森的相互尊重始终如一,这位名帅对我的尊重,大抵不仅因为球员身份,也关乎我的为人。对于能在世界足坛顶级豪门效力的经历,我感到非常幸运,而弗格森就是最顶尖人物。

这位名声赫赫的曼联老帅,与我想象得并没有什么不同。在中场休息时,他确实会大喊大叫,批评队员,很少对我们点名表扬。像"你们踢得很好,下半场继续保持"这种话,基本是听不到的,大多都是些严厉或消极的评语。这可不是偶尔发生的问题，而是发生太多次了。

尽管有时候看起来冷酷无情，弗格森其实很聪明。他比我见过的任何人都善于察言观色，可以很好判断球员的性格。就算很想让球员理解自己的想法，苏格兰老师也会考虑到，有些球员的心理很脆弱，无法承受太严厉的批评。如果直言不讳指责，他们的自信心就会瓦解，比赛就完蛋了。

为了避免类似情况发生，弗格森专门在曼联队内圈定一个"嘶吼组"，换言之，就算这五六个人不是犯错球员，弗格森也会"杀鸡儆猴"，向着拥有强大心脏的他们怒发冲冠。反正在我的印象中，几乎每一次在中场休息被率先点名的"嘶吼组"球员都是韦恩·鲁尼。

这么说吧，即便鲁尼在上半场大演帽子戏法，再送上4次助攻，但只要有一个人的传球速度或选择令弗格森爵士不甚满意，英格兰队长就要经受"吹风机"的试炼了："你好好传球！别在拿球的时候磨磨蹭蹭了！"紧接着，为了增强训话效果，老师还会愤怒地把球鞋踢飞。

鲁尼可不会随随便便照单全收，总要为自己辩护几句，这种回应无可厚非，毕竟大多数时候他都是无辜的一个。与此同时，那个真正令弗格森生气的人，则会安静地坐在更衣室角落，比如当时又神秘又机智的纳尼。当然，弗格森的愤怒还是会被接收的，间接方式无碍响亮和清晰的反馈。而且，由训斥获得激励的鲁尼，大概会在下半场表现优异，弗格森的训斥真能让他火气冲天！

不只有鲁尼，吉格斯和帕特里斯·埃夫拉同样是被重点关照的对象。因为，弗格森知道他们可以承受住这样的鞭策。与之对应的是，我从来没见过苏格兰老师冲着斯科尔斯、范德萨、维迪奇和里奥·费迪南德发火，这并不代表他们软弱，只关乎前者的个人选择。

印象中，我应该没有被弗格森点名批评过，不确定这是否与我的出场频率不高有关。无论针对的球员是谁，弗格森都是一位精于管理且擅长使用"激将法"的大师。

要知道，这并不是弗格森"吹风机"的巅峰状态。记得有一次我走出更衣室时，还和吉格斯或别人说道："这可真是一场狂风暴雨啊？对不对？"对方却回应道："不是，弗格森已经收敛很多了，你真应该看看他10年前的样子。"

我很想目睹一下当时的场景，但也不想成为"吹风机"的受害者。如今再看，弗格森所代表的那个时代，已经渐行渐远，整个世界都发生了不小的改变。以前，大家都觉得极端训斥是足球的一部分，时至今日，人们不再接受主教练的类似行为了。每个人都相信球员和教练应该保持平等的尊重。

有些人会说："对一个周薪30万英镑的人大吼大叫还是挺难的。"

对此，我的观点正好相反。或许有些老派思维，我觉得无论球员的收入有多高，他们都应该服从主教练的安排。不管教练的指令正确与否，球员必须遵循。

在个人成长经历中，我就是这样做的。无论薪资是500英镑或者12万英镑，我对主教练的尊重一以贯之。对于整个大环境，我可能成了为数不多的个例。

我一直很好奇，弗格森能否在新时代的足球环境中坚持自我，并成为像瓜迪奥拉和克洛普一样的现代教练，就是与球员勾肩搭背而非恐吓惊吓。大家都能看到，现阶段的足球世界，就是以和气和快乐作为主题。我不太确定执教生涯一直推崇纪律和权威的弗格森，能否适应这种巨变。只是，已经退休多年的弗格森，不会解开我心中的疑问了。

尽管在曼联度过了一段美好的时光，但天下没有不散的宴席。2009/2010赛季，我在各项赛事出战31场攻入9球，打出了不少精彩的比赛，还包括3个标志性高光时刻：第一个，主场对阵曼城的补时绝杀；第二个，欧冠小组赛面对沃尔夫斯堡上演帽子戏法；最后一个，联赛杯决赛击败阿斯顿维拉，在上半场末段因伤离场前，我为曼联扳平了比分。

不过，在2009/2010赛季结束后，我愈发受到伤病的影响，比赛断断续续，曼联生涯变得令人沮丧。我可能会出战几场比赛，收获一个进球，然后就要遭遇腹股沟或大腿的伤病，无缘接下来的五六场比赛。这种情况一直占据着我在曼联的剩余时间，我不可避免地心情低落。

此外，当身体伤势让人泄气时，我始料未及地感到自己在精神层面的衰退。

说来话长，职业球员在各方面的衰退，都是随着时间流逝分阶段出现的。开始，我必须适应自己失去了无人匹敌的速度，努力习惯全新的踢球方式，就算是本能醒悟，自己要全速冲刺时，我只得给身体按下暂停键，告诉自己不可能像以前一样风驰电掣："算了吧，迈克尔，你已经不行了。"

这甚至并不是最糟糕的情况。后来，我不再时刻寻找空当、等待队友传球，而是开始站在一个没有人会考虑传球的位置。

归根结底，我自暴自弃了，就是想以逃避的方式，不让自己和队友们失望。这大概是我与自己进行的一场痛苦的心理游戏。

在曼联最后一年，我的身体机能每况愈下，我可以恢复健康，却难以保持下去。2011年11月2日，曼联在欧冠小组赛主场2比0击败加拉茨奥特鲁，我替补出场11分钟，完成了最后一次出场。随后的漫长时间，我都在与连续不断的伤病缠斗。

最终，我失败了。

我与曼联的缘分到头了。

2012年5月，在一场客场比赛后，弗格森在球队大巴上找到我。

"我的心情非常沉重，曼联不会和你续签合同了。"他说道。

这样的消息着实令人失望，但我对此并不感到惊讶。

在此之前，曼联将我的两年合同延长了一年，他们已经表现出足够的慷慨。我很感激弗格森特意说明情况。他的声音里夹杂着一些遗憾。

我之前提过，在曼联第一份合约中，附加了出场奖金的特别条款。我记得，只要能在之后的某场比赛中登场 20 分钟，就可以达到激活条款的标准。

具体的细节我有些忘了，大概是我的出场时间没有达标，应该是少了一分钟。理论上看，曼联完全有理由依据我的特别条款，免掉一笔可观的奖金。

不过，长久以来在圈内享有好人缘的大卫·吉尔，还是给我的经纪人托尼·斯蒂芬斯打了电话，表达希望支付这笔奖金以示情谊的想法。好吧，我再强调一遍：大卫·吉尔和曼联本来不需要这么做的。

或许有人会说，曼联这么有钱，完全不会在乎这点小奖金。但对我个人而言，这件事可是意味良多，它充分阐释了大卫·吉尔和曼联俱乐部的格局，他们都是顶尖一流的存在。

带着一些美好的记忆，我离开了老特拉福德球场。毕竟，我在这里拿到了 2010/2011 赛季英超冠军的奖牌，且亲历了星光璀璨的欧冠决赛。尽管我在那个夜晚只是枯坐板凳，但这两次体验已然是很多职业球员的生涯愿望了。

所以，我会永远感谢曼联给予我的机会。

第十八章

坠落

在2012年5月与曼联分手后，我的未来计划还没有着落。大家都知道，我成了一名自由球员。我在推特上发布了一条公告，希望继续前进。

尽管相信自己依然能在英超立足，但我理性地意识到，无论做出怎样的决定，它大概都是职业生涯下坠的一步。对此，我觉得英超中游球队算是落脚点的上限了，于是我暗下决心，不能掉到更低层级球队。

所谓的接受现实，不是一蹴而就的事情。如果在低水平球队踢球，就是那种你不可能经常得到球权的球队，我怀疑无论自己还剩下几成功力，都不会像以前一样畅快地享受足球。

这种想法听起来有些消极，却是不可避免，需要直接面对的事实。很显然，在之后的足球生涯，在场上我会经历更多被年轻人甩开的时间。以个人角度看，就算尽力接受这样的困局和疑虑，那些伤病也绝不会彻底地离开我。不过，我依然觉得32岁的年龄还没有很老，不应该就此退役。

在告别曼联，寻找新东家的起步阶段，我从一个与托尼·普利斯关系紧密的经纪人那里得知，斯托克城似乎对我有些兴趣。

值得一提的是，在那时我已经与老搭档托尼·斯蒂芬斯分开了，而我的一些想法与退役后的计划有关：我希望在挂靴后与西蒙·马什开设一家代理机构，遂想借助自己球员生涯的最后一次转会，亲自实践练习一次，为之后的规划积攒经验。对此，托尼·斯蒂芬斯表示认可，当时的他无心恋战，只是在等待与我一起退休了。就这样，我与西蒙决定共同努力找到新的去处。

理论上，斯托克城符合我为新东家圈定的大多数标准。尽管我们很想进行洽谈，但出于各种各样的主客观原因，包括主教练普利斯在休假或者临时外出，双方一直没能坐到谈判桌上。

在此期间，我曾经秘密收到过其他几个邀请。能拥有一些可能产生影响力的筹码，自然是很好的事情，总体来说，我的转会还是没有实质性进展，至少在英国本土是这样。

那时候，我收到一些来自海外的询问，一个是美国职业大联盟的温哥华白浪，另一个是澳大利亚A联赛的纽卡斯尔喷气机。只是，当我认真考虑各种可能性时，没有一家俱乐部能够特别吸引我。

坦白讲，如果没有一份无法拒绝的合约，我基本不会考虑前往海外联赛。况且，他们提供的待遇与这个标准相距甚远，只是一份普通的合同。现在的我是4个孩子的父亲，鉴于之前在皇家马德里效力的经历，我着实不想在生涯末段又一次带着家人们背井离乡。所以，我婉言拒绝了温哥华白浪和纽卡斯尔喷气机。

一番等待之后，我们最终与斯托克城开启了正式谈判。不出所料，他们在薪资待遇方面表现得非常强硬。

没错，他们很想得到我，但以我的亲身感觉看，就算没能与我签约，斯托克城也不会太过困扰。我难以断定，这究竟是不是他们刻意追求的谈判战术。

第十八章 坠落

反正，当我离开谈判桌的时候，自己感觉他们很无所谓，没有特别在意我的决定。彼时，斯托克城没有留出太多的余地，他们提供的合同，就是低薪外加一些与表现相关的激励条款。

整体看来，确实没有值得我激动的内容。

"那现在呢，我们应该怎么办？"西蒙·马什发问了。

"要不然，我们再等等看？"我回应道。

说实话，在那时我确实想过退役，但转念一想，父母曾经付出了那么多年，我的足球生涯也成了他们的一种生活方式，于是我说服自己，不要轻言放弃。因为不想让父母感到失望，我还是选择了坚持，再等等转会市场的回响，也是这段职业生涯最后的机会了。

后来，当与斯托克城的谈判还在进行时，我们接到来自桑德兰俱乐部的电话。

虽然现在身处不同的级别，一支在英冠，一支在英甲，但回溯2010年前后，他们都位于英超联赛积分榜的中下游。但问题是，由于英超的注册截止时间所剩无几，我已经没有太多时间考虑，而桑德兰主教练马丁·奥尼尔还在飞机上，我没法与他取得联系。

进退两难的极端现实，就是我彼时面对的情况——我到底是搁置斯托克城的报价，转而冒险等待马丁·奥尼尔的电话，还是直接答应斯托克城的条件，宣布转会全剧终呢？

最终，我别无选择，只得接受"陶瓷工"（斯托克城）的合同。尽管桑德兰首席执行官劝诫我们，应该等到与马丁·奥尼尔聊过之后再做决定。但没办法，我们承担不起这样的风险，我真的有可能一无所有。

事后想想，我对桑德兰的报价确实没有多少坚定。首先，如果要前往光明球场，我就必须与家人分隔两地，这与效力斯托克城的情况完全不同；其次，我可是穿上过纽卡斯尔联的球衣，难道我真的想成为"喜鹊"死敌的球员，进而负担一切后果吗？

说实话，我对于斯托克城和桑德兰没有倾向性，我只是接受了一份摆在桌面上的报价，不想体验一个风险太大的乱局。

我和西蒙一致决定，我要尽早开车赶往斯托克，他会在那里与俱乐部官员敲定最后的细节。

由于时间匆忙，我连入队体检都没有完成，但对于精打细算的斯托克城而言，这也不是重要的事，鉴于那份合同的内容，他们基本处于没有损失的状态。如果我的表现不好，他们不会损失太多，而一旦我打出尚佳的竞技水平，他们势必会获益良多。基于斯托克城付出的报酬，他们的冒险很值。

按照先前的计划，我沿着M6公路驰骋行驶着，距离转会注册截止时间仅有两小时，我把车停到距离斯托克城训练基地只有1公里的路口。

我给西蒙打了电话，他的收尾工作还没有全部完结。听起来，斯托克城的医生和理疗师已经待命，将对我进行快速检查，但只是一些很基本的项目。由于时间所剩无几，事情开始变得棘手。

于是，我继续坐在车子里。

一小时过去了。

距离转会截止时间还有45分钟，我的电话终于响了。

"搞定了，"西蒙的声音从听筒里传出，"你过来吧……"

我随即发动了熄火已久的汽车。从那个路口到训练基地，大概只需要15分钟的路程。由于从来没有来过这里，我需要依靠导航系统才能顺利前行。

然而，就像平常偶有发生的状况一样，导航失败了。我直接错过了M6的岔路口，发现自己距离斯托克城的训练基地越来越远，而且，整整24公里之内没有任何出口！按照计划，我本来能在15分钟内抵达俱乐部，再用半小时完成签约。谁能想到，我突然陷入盲目的慌乱状态，只能以不便透露的速度在高速公路上飞驰，直到最后一分钟才赶上了签约。

第十八章 坠落

我赶忙跑进俱乐部，在西蒙摊到桌子上的文件上签字。紧接着，他们把相关资料发出传真，注册程序终于有惊无险地完成了，我也正式成为斯托克城球员。你能想象吗，这一切都太过匆忙了，甚至连必要的医疗检查都没有进行！

待到尘埃落定时，我感叹道：我的老天，这一切都显得有些空虚。通常来说，当你得偿所愿地确定一个新东家时，内心总是欣喜若狂的。回想起初与利物浦签约时，我都没法顺畅地写完自己的名字。同样的感觉也适用于皇家马德里和曼联，特别是加盟"红魔"的时机更是意义非凡。3次不同缘由的签约，却都是足球生涯的大好机会，这都是令人心潮澎湃的场景。

再一次强调的是，我的这本自传绝对是实话实说，尽管偶有苛刻和严厉，但绝不会有任何的不尊重。我必须承认，在与纽卡斯尔联和斯托克城达成协议时，我没有任何兴奋感，只感觉这是一份工作。至于签约原因，就是当时认为这是正确的决定。

我还能怎么办？

其实从开始，我就不清楚托尼·普利斯要如何使用我。而令我稍感鼓舞的是，在与我谈判期间，斯托克城俱乐部还从利物浦买来了无可否认的实力派球员查理·亚当，大概花费了400万英镑。

通常来看，这样的交易不仅通过支出显现了野心，也能透露主教练技战术层面的潜在走向。这让我相信，托尼·普利斯有可能减少直来直去的高空打法，开始增加地面配合部分。

这个推测，在我首次与托尼·普利斯对谈时得到了进一步印证。不仅是说说而已，斯托克城的引援也很有指向性。至少在那时，我对自己成为"新斯托克城"的一员感到满意。这支希望转型的球队追求一种新的比赛风格，这些要素都要比他们过往单调和直接的打法更适合我。

入队的一天，我们全队进行了一项身体测试。幸运的是，凭借在家里坚持跑步，我得到了很不错的成绩。当我把结果告诉托尼·普利斯时，他感到很惊讶，我觉得他已经在考虑将我直接列入首发阵容。

2012年9月15日，斯托克城要在主场迎战曼城，这将是我到队之后的第一场比赛。在赛前的那个周四，全队演练了一下实战阵形，我直接被分到了先发一队。当时我就想着："哇哦，老天，我终于又要在英超打上首发了。"

"你状态不错，先发没问题吧？"托尼·普利斯这样问道，"你的身体状况很好，对吧？"

"当然，"我答道，"真的非常好。"

但是到了翌日，又一次全队合练时，我却不在潜在的先发阵容里了。那天，当托尼·普利斯走过来时，我已经能看出他眼中的犹豫不决。

"你觉得呢？"托尼·普利斯开口道，"我们究竟要怎么办？"

直到现在，我都不知道是什么导致普利斯改变了主意，而这样一个重要时刻，势必会对我后续的斯托克城生涯产生影响。最终，在这场与曼城的比赛里，普利斯把我放在了板凳席，没有启用最初的计划。现在想想，如果我首发出场，而且表现不错呢？或许，我本可以迎来一个不错的开局，进而在2012/2013赛季出战5场、10场甚至20场比赛。

现实的情况，却与我想象的相距甚远。与曼城的第4轮较量，斯托克城以1比1拿下平局，如同他们一贯与豪门对决时发生的情况：没有输球，而且场面不算难看。

此后，托尼·普利斯意图保持球队的稳定，没有做出太多调整。不知不觉，15轮联赛过去了，我就没有得到过一次为球队全力付出的机会。久疏战阵的情况下，由于年龄的原因，我的身体开始出现问题。

事后来看，我并不埋怨托尼·普利斯，作为晚辈我挺欣赏他的。毕竟，身为斯托克城主教练，他有权选择自己想用的球员和阵容。只是，我觉得自己的训练非常不错，应该得到更多的出场时间。回想一下，或

第十八章 坠落

许是托尼·普利斯的训练,依然没有给我提供足够的出头机会。

说到日常的训练,托尼·普利斯的执教哲学完全来自阿勒代斯。当他讲述战术时,大家都会围绕在旁边。

只要有球员拿球,普利斯就会立即发号施令,指示前者应该做些什么。在我看来,这种风格只是在创造机器人球员,没有任何的自由精神。没有更多的余地了,我只有依靠球场上有限时间内的表现,让自己站稳脚跟。

需要强调的是,尽管托尼·普利斯是一位成功的教练,并且尝试着对斯托克城的打法做出改变,但残酷的现实是,如果仅有少数几名球员有这样的能力,一切都无法成立。换言之,如果想要完成整支球队的风格改变,不仅需要每个人都参与思考,更要具备合格的技战术能力,再去付诸实践。任何薄弱环节的存在,比如不善于传球的后卫,抑或不能控制球的中卫,都会导致所有的努力白费。于是,球队也不可避免回到最初的原点。这不是任何个体的错,但确实是斯托克城这类球队经常发生的事情。

随着时间的流逝,我发现自己陷入了一种奇怪的恶性循环。我的日常训练不够好,所以,当每次只能替补出战几分钟,就像2012年圣诞节前的那4次出场一样,我的即战力已经逐渐下降。

说来非常奇怪,尽管在训练中表现得不够出色,倘若比较阅读比赛的能力,我依然觉得自己比身边的队友出色不少。他们中的一些人,应该对此有相同的感觉。一天训练结束后,有个队内的老将走过来看着我,然后带着一种敬畏的神情打趣着:"哎,迈克尔·欧文为什么会在这里啊?"我知道,他是半开玩笑半认真的。

不管别人怎么想,几周过去了,当彼得·克劳奇和沃尔特斯冲锋陷阵时,我只是继续枯坐板凳。反正,托尼·普利斯就是不让我上场,即便我们遇到0比1落后需要进球的情况。我一次又一次问自己,我怎么会在这支球队沦为局外人呢?

我感到非常沮丧。在圣诞节前后，赛季过半时，我嘱咐西蒙安排一次与俱乐部首席执行官托尼·斯科尔斯的会面。

我告诉他："我最好现在就与他们解约。"

就我而言，这是非常有必要的事情。在一线队得不到机会的我，不想带着受伤的自尊心在俱乐部无所事事。一直以来，我都以高标准严格要求自己，所以，我无法忍受自己在训练场被忽视，只能当作一个备用零件。

其实，我就是不想失去所有的尊重。我的处境已经非常尴尬了，所以，握手离开不失为一种理想的结局。但斯托克城俱乐部没有同意这个提议。

"我们等到赛季结束再看吧。"托尼·斯科尔斯对我说。

我极不情愿地妥协了。讽刺的是，在 2013 年 1 月，足总杯第 3 轮斯托克城与水晶宫的比赛中，我终于得到了久违的首发机会。

我已经在这本书里写过，整个足球生涯，我创造了很多很多高光时刻，既能很幸运为顶级豪门效力，也在不少重大场面和决赛中破门得分。只是，如果把这些元素叠加起来当成职业生涯的高峰，那么我在 2013 年 1 月 5 日星期六所经历的一切，就是与之相反的最低谷。

首先说明的是，当别人说你只是旧时光的影子时，还不算大事。不过，当你自己毫无疑问意识到这一点时，那就非常糟糕了。

没错，我就是在那天恍然大悟的。

比赛伊始，我的感觉非常差，没有哪个方面是值得称道的——我的停球、传球、身体对抗和视野，完完全全一无是处。我在比赛中的样子，就像这个赛季开始后迅速衰老了 5 岁，我彻底脱离了所谓高水平的轨道。

彼时彼刻，我确实非常失落。

那场比赛，斯托克城输球了，大家的表现都不算好。相较以前效力的球队，斯托克城的风格是我从未体验过的，那些试图与我连线的传球

第十八章 坠落

同样如此。最糟糕的是，当队友的传球来到面前时，我的身体几乎没有任何反应。一切都崩溃了，包括我作为前锋的自信。

整个比赛过程，我一直琢磨着："我不喜欢这样，我却做不到改变了。"

甚至想着塞尔赫斯特公园球场把我直接吞没。

在激烈对抗的比赛中，我不时发现自己处于一种"神游"状态，还会停下脚步思索着同场竞技的队友。不久之前，我可能还因为他们能力有限而不屑一顾。此时，我目睹这些来回奔跑的队友，然后告诉自己："迈克尔，你已经不属于这里了。"

我的想法是对的。几乎是一夜之间，我的竞技水平连斯托克城与水晶宫的对决都无法企及了。第 52 分钟被替换下场时，我心想我的职业生涯彻底结束了。尽管后来偶有出场，还收获了斯托克城生涯的唯一进球，但我知道，留给我的时间没有了。

自从离开斯托克城之后，我听过很多的风言风语，托尼·普利斯认为我在效力期间没有完全专注于足球本身，而是对赛马更感兴趣。如果为自己辩护的话，其实并不是难事，平心而论，我觉得托尼·普利斯的猜测也不是大错特错。

很显然，由于长达几个月都枯坐板凳，我已经认清了现实。这到底是谁的错呢？我不认为有谁应该遭到责备。托尼·普利斯没怎么用我，我逐渐失去了热情；抑或他觉得我没有动力，所以才不愿意让我出场。这明显是一个说不清道不明的恶性循环，我不想把责任全部推给主教练。

一方面，这是个令人悲伤和沮丧的结局。而由此产生的最大遗憾，是我很喜欢斯托克城的这帮小伙子，却没法与他们继续作战。尽管没能在比赛中做出太多贡献，但我和大家一直享受完美的更衣室氛围，那里从来都是笑声不断。而且，我也非常尊重斯托克城的球迷。

另一方面，我在斯托克城一线队效力的最后阶段，已经传递出一个清晰的确认信号——我的足球生涯已经走向尾声。

2013年5月,我与斯托克城俱乐部正式分手,无论未来如何,我都不会再签下职业合同了。

整整16年,一切都结束了。

第十九章
误解

"如果这是一个进球,那就是一个进球……"

你们真记得这句话吗?没有吧,我也是。

"他用头上的部分完成了一次头球……"

这句呢?很抱歉,我也没有说过。

有时候,看着别人记录的我在直播时语无伦次的发言,我自己都能笑出声。有人告诉我,推特上专门有一个模仿迈克尔·欧文讲话的账号,我相信其中的很多话都是无中生有的,但空闲的时候还是忍不住搜索一下。

人无完人,我确实因为冲动有过一些奇怪的语录。但是,评论员本来就处于变幻无常的世界,这一切都没有外界看起来得那么容易。

我第一次以评论员身份出现在电视台,大概是球员生涯的尾声阶段,只是记不清具体时间了。我先是在BBC《当日比赛》做了几期嘉宾,就像很多球员一样对当轮的英超联赛进行了点评。后来,我接受了天空电视台的邀请,现身几档节目,而其中最受关注的一次,源于我在

"大胡子月"糟糕至极的蓄须形象。又过了一段时间，我出乎意料收到了点评利物浦比赛的邀请，《当日比赛》将会直播。

我选择结束球员生涯时，并没有想过立即参与媒体方面的工作。这无关好恶，只是还没有详细考虑过这种可能性。

在点评利物浦的比赛后不久，来自英国电信体育频道的格兰特·贝斯特找到我，希望安排一次面试，商议我是否可以长期在电视媒体行业工作。

格兰特·贝斯特提出这个建议时，我对在演播室里分析比赛确实产生了兴趣。这大概也在他们的意料之中。作为一名曾在多家顶级豪门效力的球员，我可以给球迷带来一些有趣的观点。后来，随着双方的意向逐渐清晰，我们在曼彻斯特安排了一次见面。

"我听了你对利物浦比赛的点评，"格兰特·贝斯特说道，"我觉得有很多不错的方面。如果能得到专业指导和帮助，我相信你能做得更好。"

一方面，我很惊讶格兰特·贝斯特对我的正面评价，并且对潜在的可能性感到兴奋。另一方面，我还不确定自己是否愿意奔走于英国，完全为足球媒体行业服务。

作为足球生涯南征北战的退役职业球员，我更倾向于在演播室扮演评论嘉宾的角色。而在格兰特·贝斯特的计划中，他正在为筹备新频道做打算，希望召集一群可以承担多元角色和任务的精兵强将。

不久，格兰特·贝斯特决定让我担任直播嘉宾的职务。尽管稍有犹豫，但我还是接受了一份为期3年的合约，工作搭档则是伊恩·德雷克和达伦·弗莱彻。

我很喜欢这份工作，但直播评论员的差事着实是个不小的挑战。对于这样的高难度工作，观众们大概一无所知。换言之，你可能会听到周围无数的声音，自身的处境算是吃力不讨好。

事实上，在英国电信体育频道工作时，我们一直被鼓励在没有播放慢动作时就做出判断。

如果有球员在比赛中摔倒了，工作人员总是希望我立即做出评论，哪怕是冒着失误的风险。但是，那些在酒吧里看球的人可不知道这种直播方式。如果慢动作的呈现迥然不同的结果，他们只会觉得我又被"打脸"了。要知道，这就是英国电信体育频道想要催化的效果，即便在通过慢动作搞清事实后，你还要在直播中补上一句："好吧，我在这里看错了。"

在这种复杂局面下，拥有豪门俱乐部和顶级赛事出战的经历，给我提供了很多帮助。这么说吧，我可以看出球员何时在博取犯规，可以在事件发生时做出预判。而且，作为一名昔日的顶级前锋，我有经验从独特、局内人的视角，去解释那些进球是如何发生的。

尽管每个人都不可避免犯错，评论员也在瞬息万变的直播时闹出乌龙，总体来说，我觉得自己在电视台干得还算不错。

不过，倘若深思熟虑的话，我又觉得不应该接下这份直播工作。我宁愿先在摄像机前坐上几年，在英国电信体育频道积攒一些观众基础，再去接触直播工作。毕竟，在演播室录制节目时，你的笑容、面孔和言谈举止，都可以与电视机前的观众产生联系，让他们对你的性格增多一些了解。相比之下，当我直接坐在比赛现场的直播席时，观众可以感知我的唯一方式就只剩下了声音。

在这个问题上，我必须坦白承认，我的声音就是评论圈的平均水平。非要对比，我的声音还可能有点刺耳。

所以，尽管我将球员生涯的经验带到了解说席，并且对一些重大时刻做出了正确的解读，但我总是认为，自己的声音并不适合球迷听上整个90分钟。没办法，这是我无力改变的事情。

随着时间的推移，由于没能与球迷建立视觉联系，我的观众缘并没有变得很好。当我说错球员名字，抑或对点球判罚做出争议解读时，我觉得自己遭受了超出平常范围的批评。反正，我不确定自己是否真的比不上那些同行。

抛开声音不谈，我在直播评论时呈现的内容是不错的。我从不像一些主持人那样，就是为了消除留白而自说自话。大概工作了两三年后，我决定和英国电信体育频道的老板探讨自己的角色定位。

我说："如果可能，我希望能在演播室里更多地露脸。"

很顺利，他们接受了这个建议，我如愿以偿地加入了棚内节目。相应的变化自然是显著的，但一些问题却仍然存在。

即便当下，我觉得自己仍然要与之前留给观众的刻板印象斗争。有些人总是对我的言语指手画脚，对我无意识犯下的错误肆意抨击。

看热闹的人变本加厉，甚至杜撰了我没有说过的话。他们做好了引言格式，使其看上去合情合理。

在互联网的日常运转中，虚假信息总是不可避免地出现。在我一无所知的情况下，那个歪曲事实的社交媒体账号，把很多无中生有的评论都算给了我，但我真的没有说过！这种事情着实令人沮丧。

同时，在平常你还会听到一些来自球迷的批评，围绕着你对老东家或有或无的评价。这就像又回到了所谓的忠诚讨论，坦白来讲，这一切都让人感到乏味。

事实上，当我在年少阶段成为职业球员时，基本就脱离了所谓的球迷属性。这种表述大概并不会受到欢迎。

我认为就算个人的胜负欲非常强烈，我也不会把那些穿着对手球衣的人叫作"人渣""叛徒"或者"虚伪的人"。而且，这已经算是比较收敛的称呼了。

每当我完成转会，落脚到新俱乐部时，无论为之前的球队做出过怎样的贡献，都不会妨碍我在新东家的全心全意。

尽管有些球迷并不这么认为，他们无法从自己的极端认知中获得理性的思考，但我为效力过的每一家俱乐部，都是这么做的。

出于同样的原因，在我结束职业生涯时，我的视角和对待过去关系

第十九章 误解

的方式，也发生了变化。

一直以来，我不是那种会被看到在老东家穿着队服，悠闲遛弯的人，除了露个脸没有任何意义。与之相反，我在英格兰的很多球队都会看到以前的对手或者队友，担当类似的角色。

你绝不会看到斯科尔斯、杰拉德或卡拉格无所事事，我也根本不想这么做。那真的很没意思，甚至有些尴尬。

没错，职业俱乐部是我战斗多年的地方，当我选择转会或退役时，这种联系就断开了。我不希望成为一个在俱乐部来去自如的"球迷"，提醒大家多想想我激情燃烧的岁月。我已经为俱乐部留下了很多美好时刻，不需要再添油加醋了。

当然，除非真的被赋予宣传大使的职责，我会顺理成章地待在俱乐部。不然，我会感到难为情。我不知道为何会这么想，但自认为是正确的价值观。

类似的感觉也适用向前东家寻求帮助。虽然曾经为皇家马德里和曼联出战了很多场比赛，但我并不会特意给他们打电话，只为拿到几张免费的球票。

说起来，如果我开口索要球票了，他们应该会满足我的请求。但我并没有这么想过。从这一点看，我和爸爸的行为处事还挺像的。我很尊重自己，也很敬畏俱乐部，我不想为了免费的东西倚老卖老，这样做真的会很尴尬。只是，我经常看到前球员理所当然地向俱乐部索要球票。

对我来说，利物浦是个很特殊的存在。与其他几个老面孔一样，我们都成了利物浦俱乐部大使。我并没有一直效力利物浦，但也做出过自己的贡献。

我听过不少的谩骂和指责，感觉是来自少部分利物浦球迷的抗议。他们觉得我穿过死敌曼联的球衣，就不配成为利物浦的宣传大使。

恐怕这只是小部分人的胡言乱语。当我打开记忆的闸门，回忆起在利物浦与队友和球迷度过的那些美好时光，这些冷言冷语深深刺痛了我。

众所周知，我在利物浦留下过不错的成绩。我在安菲尔德捧得过奖杯，贡献过进球，荣膺过两次英超金靴，还拿到了欧洲金球奖。8年来，我为利物浦出战了297场正式比赛，打进了158球。我为利物浦全力以赴，毫无保留。

那么问题来了，只要加盟了死敌球队，这些过往的成绩就要被统统抹杀吗？

很遗憾，我觉得那有些痴心妄想了。

更糟糕的是，当有些球迷对我的利物浦生涯口诛笔伐时，一些只在利物浦踢过一个赛季的人，却能堂而皇之充当球队大使。要知道，他们只是俱乐部的过客，整个赛季可能都踢不上几分钟的比赛！

这一切都太荒谬了，有些球迷应当好好思考一下，为什么他们的观点如此自相矛盾。值得一提的是，似乎有很多仇视我的言论，单单出现在互联网上！

在日常生活中，我不害怕去任何地方。多年以来，我经常光顾各种餐厅、酒吧、赛马场和球场，并且还会继续下去。要知道，我可是能用手数出来，有多少网民要与我对峙，他们声讨我的转会决定，质疑我缺乏忠诚，还抨击我的言论观点等。这些在现实生活无迹可寻的事情，却是互联网上的常态。

在从事评论员的工作时，我不可避免招致过很多类似的非议。没办法，这是逃不掉的。

举个例子，在2019年年初，我评述了曼联与利物浦的英超"双红会"，他们都是我效力过的俱乐部。当时，利物浦排在积分榜前列，这是一场非常重要的比赛。

半场休息时，马库斯·拉什福德的脚踝有些受伤。我随即表示，在曼联用完换人名额的情况下，利物浦的主教练很可能会告诉队员，下半场要对拉什福德的脚踝施加更多压力，以此检验他的战力。

第十九章　误解

作为一个从小与足球为伴的退役球员，我在世界各地的更衣室共事过不同类型的教练，我非常清楚，在那种特殊情况下，更衣室中教练与队员会出现上述对话。

需要说明的是，我不是要利物浦球员故意对拉什福德造成伤害，或者进一步加重他的伤势。身为一名退役球员，我只是提供一种来自圈内人且不被普通球迷知晓的视角，这也是英国电信体育频道聘请我的原因。我这么说的理由，就是在更衣室目睹了太多类似的场景。

然而，在下半场尚未开球时，社交媒体上反应激烈了。很多人在辱骂我，指责我故意让利物浦球员侵犯有伤在身的拉什福德。一时间，舆情形势超乎寻常。

即便到了今天我也认为，我仅仅是在告诉球迷一些圈内人见怪不怪的信息。大家可能无法接受，但这是职业足球比赛的一部分。

无论任何时候，当你以职业评论员身份在电视台发表意见时，你的言论都有可能引发他人不满，随即在社交媒体上掀起热议。所以，我经常会把手机拿出来，看看社交媒体上正在发生什么。这倒也反映出，我的言论有多么引人关注。

在这场无形较量中，我根本没有任何胜算。我很快发现，就算沉默不语也会成为靶子。

在"拉什福德事件"不久后，我又一次坐到英国电信体育频道的演播室，这将是一场曼联与巴黎圣日耳曼的欧冠淘汰赛。那是一个充满戏剧性的比赛日。任何热爱足球的人，都会享受这个刺激的夜晚。凭借终场前的制胜点球，曼联逆转淘汰巴黎圣日耳曼，晋级欧冠8强。马库斯·拉什福德罚进了关键点球。

有一说一，我从来不会在演播室跳来跳去，疯狂庆祝，这不是我当评论员的目的，也不是我的工作任务。我不算狂热的球迷，而是拿着薪水的职业评论员，更是育有4个孩子的成熟男人！

所以，当拉什福德一蹴而就，演播室里的每个人像疯子一样上蹿下跳时，我就静静地坐在那里。

就这样，我的无动于衷又一次引发了社交平台的热议，从网民的反应看，你会以为我成了杀人犯。所有的指责和谩骂冲向我，包括"我如何不忠诚""我背叛了曼联球迷""我讨好利物浦球迷"，以及"我没有激情"等。这些源于网络的过度解读太荒谬了，却也算意料之中的事情。

不要误会，我对于其他评论员的激情洋溢没有任何意见，这是他们的反应，不会对我产生影响。他们都是我的同事或朋友，他们在直播和非直播时的行为，应当被区分对待。然而，当我没有为进球外露情感时，我却被部分人针对了。这是完全没道理的行为。

不幸的是，与你针锋相对的球迷们，认为自己掌握了充分的信息去评断你，而不是坐下来冷静分析一下积蓄已久的矛盾产生的根源。这一切的原因，就是源于球队之间的对立。

当然，说一千道一万，这些令人烦恼的插曲，并不能减少我在英国电信体育频道或其他平台工作的快乐。无论社交媒体上由小部分好事者上演的闹剧还会怎样继续，你们都会在电视屏幕上继续看到我的身影。我，非常确定！

说到退役后的打算，人们经常问我是否愿意进入俱乐部管理层，抑或成为教练。在决定正式挂靴时，我确实想过转型到管理层。关于人员管理的事宜，我觉得自己还很擅长。

而且，受益于多年来参与的各项商业投资，我还拥有在足球管理中承受压力的冷静头脑。

但是，对我而言，最主要的还是投入程度的问题。我真的想被管理或教练工作捆绑住吗？答案是否定的。我还在曼联效力时，一些队友就已经在学习教练课程了。大家都有各自的打算，但教练的职位对我来说并没有足够的吸引力。

第十九章 误解

在过去几年,有人多次来找我,希望我可以或多或少与家乡球队切斯特俱乐部产生交集。很显然,出于方方面面的原因,包括爸爸曾在那里效力,我对切斯特怀有很真挚的情感。这是一家历史悠久的俱乐部,很多方面都保持着稳定,连俱乐部的茶点阿姨都干了30年了。

对于我这种足球浪漫主义者而言,类似老派的足球文化固然很有吸引力,但在一些新投资者入局的节点,这也会成为我犹豫不决的原因之一。新资本的到来,确实能为俱乐部改善硬件设施,甚至带来新的球场,与此同时,大刀阔斧的改革,也会导致老牌俱乐部损失一些传统元素。在我看来,这样的冲突难以消解。

总有一天我会在切斯特俱乐部留下印记吗?

让我们拭目以待吧。

好吧,我的业余爱好,而且远超普通兴趣的存在,依然是赛马。

有趣的是,这又会引起以讹传讹:有一小部分好事者,总是抨击我对赛马的热情。尤其效力于纽卡斯尔联时,由于拥有了自己的马场,我甚至被抨击为无视足球,专注赛马的反面典型。

这完全是胡说八道,而且再一次证明,我们在足球圈所面对的糟糕的舆论环境。整个职业生涯,我都在为退役后的工作和生活做打算,并且希望通过一些投资,用于支撑自己和整个家庭。总体而言,我的日常生活是积极向上的,但依然有人对我的专注度提出批评。

最好笑的是,如果我没有这些与足球无关的投资,有球迷就要说了:"足球运动员都太笨了,他们根本不知道如何处理自己的财务!"反正,我们做什么都不对。

大多数人都不知道,大概从5岁开始,赛马就成了我生活的一部分。这并不是源于我在富有之后的百无聊赖:"我要怎么花钱?好吧,我买几匹马吧。"

有一些球员确实是这么干的,但我并非如此。

回想小时候,每当爸爸带我去公园踢球时,他通常会把汽车停到面包房外边，递给我一些钱："去买个奶油蛋糕。"

然后，爸爸去隔壁博彩店随便买上几注。午后时分，我们一起看着赛马比赛，希望他的下注能中。这个习惯持续了很久，直到现在。我对赛马的兴趣就是这样开始的。

还记得 18 岁那年，我和大卫·普拉特共用经纪人。一天，大卫·普拉特突然问我："你为什么不自己买一匹马呢？"

在那之前，我从来没有养马的想法，也觉得这应当是别人的事情。甚至，我并不知道自己是否可以进入这个陌生的领域。反正，我对此一无所知。

直到听到大卫·普拉特的建议，我才恍然大悟，既然有充足的资金，也许我真的可以进入这个领域？

经过大卫·普拉特的介绍，我结识了纽马克特赛马场的教练约翰·戈斯登，他桃李满天下，被誉为世界上最优秀的赛马教练之一。彼时，约翰·戈斯登向我展示了两匹马，一匹是小马驹，另一匹是雌马。"来吧，挑一匹吧。"他说道。

随后，我便展现了自己典型的行事风格：为了消除二选一的烦恼，我把这两匹马全部买下了。一切就是这样开始的，自那之后，我和约翰一起买下了很多匹马，直至我决定投身下海，创办"庄园马厩"。而约翰的助手尼基·沃恩也对我帮助良多。

在我和着约翰挑马之前，托尼·斯蒂芬斯说过，总部位于爱尔兰的马业巨鳄库摩马场，曾经给过建议。这件事大概发生在 1999 年或 2000 年。

据我所知，当时的库摩马场希望送我一匹赛马，并由我挑选颜色。不难理解，这是他们一次稳赚不赔的公关宣传行为。

"就是这么个情况，"托尼解释道，"但我建议你拒绝他们。"

"为什么？"我问道。

"我觉得这与你现在的公众形象不符。"

第十九章 误解

托尼认为，鉴于他给我贴上的人设标签，是体面正派的精英阶层，就是那种绩优品牌的宠儿，如果年纪轻轻就和赛马扯上关系，势必会有风险。

我对托尼的决定感到遗憾，库摩马场的提议可让我激动了一阵儿。当然，鉴于托尼高人一等的业务能力，我很乐意接受他提出的所有建议。最终，我们婉拒了库摩马场的馈赠。

大概在一年后，库摩马场就相同的提议与弗格森爵士取得了联系。我不知道他们这么做的原因，是源于我拒绝之后的备选方案，还是本来就有意为之。

无论如何，弗格森爵士与库摩马场达成了协议，他得到了一匹名叫"直布罗陀岩石"的马驹。此后，曼联主帅几乎用这匹马参加了所有比赛。

很多人都知道，"直布罗陀岩石"一度在赛场上连战连捷，完全能够以光荣的竞赛成绩载入史册，它甚至获得了7次赛马甲组比赛的冠军。我有时会联想到，这份荣耀本该是属于我的。

当然，由于后来弗格森与库摩马场发生法律纠纷，以及昂贵的配种费用，我又庆幸自己可以置身事外。幸亏没有我的参与！事实证明，后来我也拥有了属于自己的甲组冠军马匹。

在我开设马厩前的许多年，我基本每个月都要开出一张1万美元的支票，用于支付训练师的人工费用。我并不想一直延续这种方式，于是我就琢磨，希望能在自己的地盘完成训练，这样做的话，还能吸引一些马匹和其他训练师，分摊一部分成本。

2006年，我与尼基·沃恩已经在寻找合适的马匹训练设施，我们四处打听，还在看我居住地区的周围有没有合适的农场。我与房地产经纪人也交代过了，只要我住处不超过半小时路程的地方，我都要了如指掌。

很快，四五个候选地方就出炉了。回想第一次看到"庄园马场"

时，我和尼基都非常喜欢。他肯定比我更能判断这个地方的潜力和规模。

事后来看，我们做出了正确的决定，久而久之，"庄园马场"的特别之处不言而喻。

为了做成现在的样子，我们一路走来经历了不少事情。起初，我付出的成交费高达220万美元，考虑到土地的价格会相对稳定，我盘算就算转手出售，价格也不会让人难以接受。如此看来，这就不存在太大的风险了。

只是，如果想让"庄园马场"的硬件升级，进而跻身顶级马场之列，我就要承受不小的经济负担，比如马棚、马厩、遛马架等，都是开销不菲的设施。

为了做到这一切，除了起始的收购开销，我还需要75万英镑的后续投资。所谓机遇与挑战并存，一旦项目失败，我一分钱都拿不回来。

用了近半年的时间，尼基·沃恩总归让这个只有20多匹马的新地盘基本跟上了节奏。他在"庄园马场"重操旧业，训练和培育着那些马匹。

很快，我们的工作取得了一些成功，从20多匹马增加到了30匹、40匹直至50匹。我们干得不错。但是，由于我们的马场只能容纳20多匹马，我必须尽快决定。相比永久的固定设施，我们更加需要独立组装的马厩，这样才能尽可能地扩充容量。时间不等人，情况变得愈发复杂了。

怎么办，是孤注一掷继续下去，还是就这么直接放弃了？我们陷入了进退两难的境地。最终，我还是决定前进一步，拿出更多的物力和财力。我给"庄园马场"增添了更多的硬件设施，包括高标准的谷仓和员工宿舍。

因为希望整个马场都被利用起来，杜绝资源浪费，我便寻找一些同行，希望他们也能把马匹放在这里进行训练。那段时间，这种奇妙的感觉，就像是在英格兰联赛中运营一支足球队。

不可否认，尼基·沃恩对我的马厩事业帮助良多，推动我们成功入门。不过，我依然需要有新生力量的加入，促使我们达成最后，也是最艰难的一关，像加入英超联赛一样，跻身精英级别的赛马世界。

我们需要的专业人士，就是汤姆·达斯科姆。他有着一次训练八九十匹马的超强经验。更妙的是，当我决定聘用他时，实际上也在全盘收购他的公司。这意味着，包括达斯科姆在内的所有马主，都将一同成为"庄园马场"的成员。几乎是一夜之间，我的规模就翻了一倍。

当我第一次接触达斯科姆时，他也提出了一些条件。

"在做任何事情或重大决定之前，我都需要与自己的幕后赞助人谈一谈。"

"没问题，这很合理。"我回应道。

达斯科姆提到的幕后操盘者，就是 Betfair 的联合创始人安德鲁·布莱克。经过一番讨论，汤姆建议我把马场的部分股权直接卖给安德鲁，以便引进更多的必要设施，比如兽医中心和专门供马匹使用的定制游泳池。

实话讲，这正是我们需要的经营方式。如果仅仅靠我一人，我的财务压力实在太大了。就这样，安德鲁在股权平分的情况下入局了。

自然而然，"庄园马场"的方方面面变得越来越好。在 2018 年，我们在英国的业务收入就突破了 100 万英镑，这是绝对令人满意的数字。此外，各项赛事收获的 70 个冠军头衔，同样可喜可贺。

谁又能忘记呢，在万众瞩目的 2015 年迪拜金杯赛上，我与安德鲁·布莱克共同培育的马匹"棕豹"夺得了冠军。

当然，不仅仅是竞技比赛，我们在场外也收获了不少高光时刻。有一年，我们受邀参加了女王的皇家赛马会游行，能和路易丝一同出席活动，我非常自豪和激动。

那天，我们在早上抵达温莎城堡，计划与女王共进午餐。这真是有趣的体验。所有的房间都有颜色作为标注，我们站在指定地方与其他宾客交谈，直到几只柯基犬出现，女王也来到了现场。

于是，立正站好的我们，坐下来吃了午饭。考虑到特殊场合的礼仪，我小心翼翼使用着各种餐具。我本来不用这么焦虑。当我看向女王的座位时，她直接把一些开胃菜扔给了柯基犬！

午饭之后，大家都坐上马车，沿着阿斯科特大道走了1.6公里。尽管说不清是不是在英国国歌演奏时感受到了肾上腺素的飙升，但我感受到了一些颈椎刺痛。

在会见女王之前，我们获悉了一些注意事项，比如，无论任何时候与她说话，我们都需要摘下自己的帽子。在终点处离开马车，通过隧道走进赛马展示场后，我们被告知女王将会出现，且稍做停留。我们要做的就是耐心等待，再跟着她进入场地。

大家都在赛马展示场参观时，女王正在探望一些即将参加首场比赛的选手，她转过身，我们便按着指示跟了上去。那一刻，我几乎是离女王最近的人，随着她走进皇家电梯，我们大概有15个人站在外边。

"过来吧，"女王开口道，"我们可以挤一挤。"

作为排在队伍最前面的一个，我听从了女王建议，也顺手把帽子摘了下来。我觉得这是得体的礼仪。

"如果你能好好地把帽子戴上，电梯的空间应该是够用的。"女王提高了嗓门说道。

我不好意思地把帽子戴上，感觉到一些难堪。直到现在，我都不知道女王是认真的，还是一时兴起开开玩笑。当时，路易丝在一旁挨着我，听到女王对我的责怪，她竭力忍住笑意。

现在想想，女王大抵是为了让大家都挤进电梯而放弃了平常的礼仪，这也只是我的凭空猜测。不管怎样，路易丝都坚持认为，这个电梯小插曲直接导致我无缘女王的荣誉名单，但我觉得，这又是另外的事情。

第十九章 误解

倘若现在回看的话，我已经知道在赛马生涯初段，这项运动对自己的吸引力到底是什么，而且目前依然奏效。虽然我从小就是一个赛马爱好者，直到拥有了那些设施和场地，我才了解了训练马匹的过程。这与顶级足球世界的规则有着不少相似之处。

就像我对于职业足坛一样，这些马匹就是大家眼中的"运动员"，我希望将足球生涯的所见所得，运用到自己的赛马生涯。所谓相似的方面并不复杂：方方面面尽善尽美，不要错过任何细节，不能在功劳簿上"躺平"，只有为此坚持到底，马匹们才能接连不断地赢得比赛，就像我在绿茵场上付出的努力一样。

这么说吧，无论以后的事业发展如何，我都会把训练赛马和相关生意进行到底，并且视为非常重要的部分。最后，感谢爸爸让我买了那么多的奶油蛋糕！

第二十章
寻求帮助

2014年我发现自己出现心理层面的问题，仿佛站到了悬崖之上，为此，我深感惊讶。由此影响了心态和行为，我不得不寻求专业层面的帮助。没错，真的是我！回溯十多年的职业生涯，我一直对心理谈话非常抗拒，没有想到，我还是无法规避掉现实的讽刺。

事后来看，我的心理健康警钟，其实早就悄然敲响了。纵观整个足球生涯，我从来都是一个非常专注且争强好胜的人。对于很多顶级球员而言，这种特质并不算罕见。

只是，我在这方面可能更加偏执。

有些人说过，从我的性格中看到了冷酷的阴暗面，这与我一贯展示出来的和善、友好的形象大相径庭。实际上，就像我之前说的，我的公众形象都是很久之前由经纪人精心打造的，算不上百分之百的真实。

说实话，我有时候真的会勃然大怒，尤其是在自己年轻的时候。妈妈可以证实这一点。在年少轻狂的阶段，如果输掉了一场五人制的比赛，就算没有把卧室的墙壁上打出五六个洞，我也会从口头上向妈妈发泄一番。

在职业生涯初期，有几次我对妈妈的态度非常恶劣，甚至到了不可原谅的地步。顺带一提，在这本书的撰写过程中，爸爸还不止一次提到，他从来没有见过我为以前的错误道歉。至于剑拔弩张的比赛日到来时，真的没有人敢跟我说话，妻子路易丝一定深有感触。

我的妻子和其他家人，一直容忍我对他们的发泄行为，并且依然坚定支持我。关于无条件的爱，这是我能想到的最深刻的例子之一。尽管我试图用一句老话为自己辩解：你总是伤害自己最爱的人。但我的内心深处明白，自己的很多行为都是绝对错误的。

毫无疑问，对于胜利和成功的偏执追求，推动了我的足球生涯，再加上本身的技术能力，这种偏执的性格驱使我达到了上佳的高度。在周围的亲密关系中，大家可能会觉得我没有那么容易相处。但说实话，我就是在做迈克尔·欧文应该做的事情。

2014年夏天，也就是退役一年后，我感觉自己到了一个非常特殊的阶段：我对足球生涯的冷酷无情，与日常的家庭生活已经格格不入了。

就像大家常说的那样，我必须舍弃一些东西了。

这个把一切推向风口浪尖的大问题，并不是突然出现的。多年以来，一旦无法抑制内心的消极情绪，我就故意对路易丝严加指责，刻意指向一些会激怒她的话题，尤其是关于她和女儿嘉玛的亲密关系。

需要说明的是，我对妻子和女儿的真情实感，与这些争吵毫无关系。我全心全意地爱着她们，没有任何问题。现在的我已经明白，与妻子的针锋相对就是源于自己的性格缺陷和缺乏安全感。

有时候，我把所有怒气都发泄给路易丝，指责她将大部分陪伴时间都留给了大女儿嘉玛，而不是其他孩子。即便这并不是事实。

一方面，我会批评路易丝对马术盛装舞步投入了太多的热情，企图制造对立；另一方面，我又想竭尽所能支持她的追求与向往。这种行为实在太矛盾了。

久而久之，我们总是在为一些鸡毛蒜皮的小事争吵，我又会三番五次采取相同的策略，把所有责任推给她。我就像一台坏掉的唱片机，反反复复地播放着同一首曲子。

内心深处，我知道自己深爱着路易丝，永远不想与她分开。然而，我终究能感觉到，这个家庭内的很多东西都在消失殆尽。

随着时间的推移，路易丝开始质疑我们的未来，她确实有理由这么做。想想看，我们从青梅竹马到结伴而行，从一无所有到美妙生活。当深厚的感情基础都无法消除路易丝的忧虑时，这足以看出我给这个家庭制造了多大的麻烦。

有一次，我们在迪拜度假时，所有问题似乎都到了无法挽回的地步。我在找碴、刁难，做出令人生厌的行为，我知道自己在做什么，却实在难以控制。当我意识到自己正在惊恐地陷入离婚的深渊时，我给曼联队医生史蒂夫·麦克纳利打去了电话。

出于各种各样的原因，我与医生们有着不少关联。还记得吧，我真的与很多医生打过交道，史蒂夫就是其中之一。我一直很重视他的意见，他明确地告诉我，我和路易丝应该尽快去做一些心理咨询。

虽然嘴上说着"我们"，但我非常清楚，即便固执如我也不能否认，自己才是负有更大责任的一方。尽管大家都知道，夫妻需要在婚姻中留出调整的空间，但我毫无疑问地确定，为了重新成为正常的丈夫和慈爱的父亲，我必须做出改变。

对于家庭而言，我们的未来走向在于我是否能变得成熟，并且正视自己的性格特质。这些曾在足球场上助我一臂之力的特点，往往在球场之外具有很强的破坏性。

从迪拜回到英格兰后不久，我和路易丝去做了婚姻咨询，这仅仅是个开始。为了更好地解决问题，我开始在没有妻子陪伴下，独自接受更多心理咨询。整个过程给我带来了很大影响。可以说，自从接触这些心理咨询后，我好像卸掉了沉重的心理负担，完全变了一个人。或许，我只是需要一个可以好好谈心的对象，他能让我看清楚是什么一直与己相伴：没错，我深爱着自己的妻子，更全心全意地爱着所有家人。

只要我坚定了这样简单明了的认知，很多随着时间积累起来的愤怒和怨恨便烟消云散。我逐渐觉得，自己可以用不同的眼光去看待崭新的生活了。

当我付诸实践的时候，我已然把多年以来驱使自己成功的偏执和专注，统统抛在了一边。2014年的那几周，真的太重要了。

终于，我不再是足球运动员迈克尔·欧文了，而是成了新的自己，接受一个普通人的日常。

简而言之，我的生活重新启动了。

或许，我只是经历了每个职业球员都会经历的转型过程。在专注运动生涯的十多年时间，你思考的事物唯有下一场比赛、下一个进球抑或下一次扑救等。你完全投入训练、饮食和睡眠，竭尽所能地成为最好的球员。只要身体条件允许，你会一直推进自己的运动生涯。你很清楚，职业球员的运动周期真的很短，之后也没有太多的保证。

但有一天，你的球员时代突然结束，一切都戛然而止了。

第二天早上起来，你不再是一名职业球员了。问题是，尽管你的身体远离了球场，但心理层面依然处于职业球员的状态。所谓的改变不是一蹴而就的。

早在6岁时，我就开始准备成为职业足球运动员。在整整28年，我不断引导自己迈上更高的台阶，成就更好的足球生涯。有过这种经历，我怎么可能对这项坚持已久的事业说散就散呢？答案自然是否定的。没有了对足球的关注，我不可避免地将性格中一些不好的方面，转向了家庭、朋友和生意上。

就像我所说的，如果只聚焦到足球生涯，那些一心一意和雄心勃勃是完全合理的。我的职业生涯在多维度取得的成绩，与类似心理起到的巨大作用息息相关。如果没有这样的性格特点，我就永远无法破门得分，也永远无法荣膺冠军。

但是，对于日常的家庭生活而言，如果我还按照足球世界的规律我行我素，我的家庭和亲密关系都会分崩离析。我意识到，自己必须从足球世界的舒适圈剥离出来。

话已至此，这里还有一个我想分享的事情。

17岁那年，我刚通过驾校考试，每天早上和下午都要开车往返通过默西隧道。

起初，我没有想太多，这就是我开往利物浦训练基地梅尔伍德的一部分路程。

时间一长，我看待隧道的方式发生了变化，并由此产生了新的想法。在经历1998年法国世界杯和随之而来的关注度提升后，我逐渐意识到，尽管自己仍然不算成熟且缺乏经验，但我需要在工作和家庭生活之间划出一条清晰的分界线。

自从开启了职业生涯，我便感受到家人的支持是非常重要的。无论我在球场上做了什么，无论我的生活发生了什么，我都需要保持紧密的家庭关系。

具体到我的1998年，默西隧道就是那条重要的分界线。

当我早上开车进入隧道去往梅尔伍德，出现在利物浦一侧时，我就是球员迈克尔·欧文。而当我踏上归程，来到离家更近的区域时，我就是特里和珍妮特的儿子，兄弟姐妹眼中的亲人。

那几年时间，我在隧道那一侧，迎来了进球、赞誉和更衣室的玩笑。而我也知道，当一天的训练或比赛结束后，我就可以回到家里，与家人或朋友待在一起。离开梅尔伍德不到一小时，我就可能在酒吧里被兄弟们打趣调侃！

另外，不像其他住在利物浦市区的队友，当我结束训练回家后，从来不用像卡拉格一样，在家门口应对那些疯狂的球迷。利物浦是我的足球世界，我需要给自己留下空间，但他们就别无选择了。

不要误会。在17岁进入利物浦一线队的时候，我就知道自己的生活将彻底改变了。但是，我并不希望所有事物都随着名望和金钱而发生天翻地覆的变化，有些东西需要被独立分开。能做好公私分明是非常重要的一点，无论如何，家人们就是我的一切。

有些人经常问我，我究竟如何处理巨大的名誉和难以避免的陷阱，尤其是在我年少的阶段。

答案很简单：我从来都是脚踏实地，安稳地前行，因为家人们就在隧道的另一边，与我同行。他们不在乎我有多出名，抑或赚到了多少钱，对他们来说，我就是迈克尔·欧文而已，这一点自始至终没有改变。

这样的价值观同样适用交友方面。我根本没有想过，自己要刻意结交有权有势的朋友。事实上，当我看到一些名人突然之间情同手足时，我甚至感到尴尬。

在我看来，这种关系太肤浅、太老套了。反正，我从小到大最好的朋友，就是自己的"发小"迈克尔·琼斯。

琼斯的父亲在威尔士西北海岸的科尔温湾上班，经由父母介绍后，我们成了最好的朋友。时至今日，我们几乎还会每天聊一聊或见个面。大家开玩笑说，我俩就像一起过日子似的！关于这份长久的友谊，我没有任何额外的奢求，一直以来，琼斯就是我最好的朋友。

诚然，在开始收获名誉和金钱时，我还是非常年轻的球员。为了帮助我更好地保持状态，爸妈和经纪人基本为我处理好了一切。

从职业生涯第一天开始，我的身后就有完整的支持网络。我想知道的，他们会告诉我。我没有收到过死亡危险，抑或极端球迷的骚扰信件，他们把我保护得很好。

很早以前，妈妈就掌控着我的财务大权，我根本不可能挥霍自己的薪资。她就像罗威纳犬，总是有些焦虑、紧张感和保护欲。无论家里有多少钱，基本都是由她替我保管。

这么说吧，就算我现在中了彩票，妈妈仍然会操心怎么分配这笔奖金：哪一家子应该得到什么，以及如何让每个亲戚都感到高兴。

说来有些尴尬，我在自己 38 岁的时候，才真正管控了自己的银行账户。在此之前，妈妈会搞定所有账单，办妥所有待办事项。我从 1998 年开始就住上了很大的房子，每天都会接到五花八门的账单。这并不是我有特权或懒惰的问题，只是没觉得有什么不同。

法国世界杯之后，我选择建造一栋属于自己的房子，就在我们目前住的那条路上。路易丝和我筹划和设计着一切，然后在 1999 年搬到了这个地方。

与此同时，收获颇丰的我看上一个新楼盘，位于俄乌洛附近的圣大卫公园。开始，我给爸妈买下了第一个尚在装修中的样品房。但是，想到兄弟姐妹会觉得被冷落了，我就有些难过。于是，我为特里、安迪、凯伦和莱斯莉，都买下了不同户型的样品房。

真的，这起码是我力所能及的事情。一个家庭就应该相互扶持，提供最好的条件。既然我拥有一定的资本，为什么不这么做呢？如今，他们都住在那几栋房子里，我和他们保持着一如既往的亲密关系，几乎每天都要出现在彼此的生活中。

特里·欧文，我的大哥，今年 51 岁，现在是我的团队成员。他以前在英国航空航天公司工作过很多年。

他年轻的时候踢过足球，很有天赋。有一段时间，他是威尔士联赛的中场球员，有薪水可拿的那种。如果让我描述他的性格，我会说他是个很知足的人。

就像平常作为园丁照顾我的马匹一样，他很喜欢按部就班的工作生活。特里和爸爸很像，很安静、内敛，完全没有出去闯荡，必须赚到 1000 万英镑的狂野欲望。他很满意自己的收入，每天去健身房锻炼，周末会和朋友去酒吧放松，偶尔也出去度假。他完全自得其乐。

我的另一个哥哥，安迪，也在英国航空航天公司工作了很多年。和特里一样，安迪最初是为空客飞机制造机翼，但随着经验的累积和资历的提高，他进入了产品支持领域。他经常飞往世界各地，去修理各种停飞的飞机。后来，安迪离开了英国航空航天公司，进入了其他领域。

安迪也踢过足球，是个很凶猛的前锋。他拥有很好的身体条件，爆发力也不错，但我觉得他缺少一些自信。依仗速度优势，安迪可以在比赛中获得不少机会，然而，他并不是一个出色的终结者。

安迪的处世价值观，完全是特里的对立面。他绝对是那种不断进取、充满欲望的人。所以，他时常在琢磨着新的赚钱方法，或者是别的创业想法。

在所有的兄弟姐妹中，安迪是最在意我变成什么样的人，他并不是出于嫉妒的心理，而是不想从弟弟那里获得太多东西。

虽然在我为他买下那栋房子作为礼物时，安迪非常感激。但他一直保持着独立的愿望，不想过度依赖我。安迪内心骄傲，我非常尊重他。

凯伦，我的姐姐，是家里最果断坚定的人。她工作努力，忠心耿耿。回想一下，作为家里5个孩子中排行中间的那个，一路走来的成长经历对她有着不小的影响。你可以说，她有些与众不同。在家里，我的两个哥哥年龄相仿，但我和凯伦以及我和最小的妹妹，都有着不小的年龄差距。

或许，凯伦在成长过程中经历了一段充满挑战的日子，要被年长或年幼的兄妹夹在中间。无论何时何地，她都是一个斗士，开启了自己的创业之路，并且完成了从无到有、从有到好的蜕变。现在，凯伦手下的员工有十多个人，事业有声有色。除此之外，她是个很善于社交的人，她和妈妈去任何地方，大概只用10秒钟就能和陌生人相谈甚欢！没错，人人都爱我们的凯伦。

莱斯莉，我的妹妹，与我和路易丝的关系很亲密，时常会来看比赛，还会在球场休息室打发时间，与其他球员的妻子谈天说地。莱斯莉是室内设计师，非常有动力和热情。我之前说过的，我们在孩提时期经常在一起玩。

这就是欧文一家人，尽管随着时间流逝，我们的亲情纽带已经扩展到各自的伴侣和孩子，但大家的亲密关系从来没有改变。几十年以来，家人们是我的坚实后盾，我会永远为此心怀感恩。相较大多数足球运动员，我得到和吃掉的蛋糕，都要多出不少。每当我开车穿过默西隧道时，我总会想起家人的面庞。

说起来，2014年经历的离婚危机，彻底改变了我的为人。我非常确定，现在每个熟人都觉得我变成了另一个人，可能是以一种最好的方式。

曾几何时，庄园马厩的工作人员都会觉得我是个怪人。我去赛马的时候，一个人坐在自己的包厢里，看看报纸，基本不与任何人说话。这就是我的本来面目。

现在的情况完全不同了，我已然升级成了社交达人。比如，和朋友约了去酒吧放松，我都是到得最早，然后最后一个回家。想象一下，时间指向了凌晨3点，我的朋友们实在熬不住了，他们纷纷说着："我们回家吧，都快40岁的人了。"其实，相比他们习以为常的节奏，我感觉自己的生活是相反推进的。

在球员时代，我的生活是怪异且成功的，我根本没有时间去做很多事情且不用担心第二天的训练，包括和朋友一起去酒吧。但是，现在的我彻底解放了，我一直在弥补着那些失去的时间。

至于平常在家里，被所爱之人围绕的我又成了另一个人。我知道，路易丝和妈妈对我都颇有微词，她们总是告诉我："你也太逍遥自在了！"

毫无疑问，我与路易丝的关系，是我走到今天的重要动力。这些年的很多方面，我们的相处都发生过变化，本应顺势而为的我，并不是全都做出了很好的协调。

我真的很佩服路易丝。她可能进入了一个不算容易接近的家庭。由于母亲时常参与我的生活，路易丝自然也会遇到困难。

她们发生过冲突吗？我并不知道。我感觉到紧张氛围了吗？我也没有绷起这根弦，这并非高高在上的漠不关心，而是自己的生活过于繁忙。早在17岁时，我就感觉自己在被各种人拉向不同的方向。

开始，在我和路易丝完婚时，她自然而然与我保持一致。因为，我是职业球员，多年以来都习惯了发号施令的角色。如果我说要带着两岁不到的女儿去西班牙定居，路易丝肯定会同意的。

同样，当我决定举家搬到纽卡斯尔时，路易丝和女儿都答应了。后来，儿子詹姆斯和女儿艾米丽先后出生，而我一直在英国东北部效力。这些家庭方面的所有大事，都是我做决定，然后路易丝跟上。待到2013年，我结束了自己的足球生涯，女儿杰西卡，出生在我为曼联效力期间。

在我南征北战奔波不断的时期，路易丝一直是家里的基石，她支持我的事业。

至于2014年以来，所谓的改变无处不在，我对此满怀欣喜。无论当下的日常多么充实，我都觉得自己需要更多参与家庭生活。

于是，我开始接送孩子上下学、参加学校的家长会、观看马术盛装舞步以及曲棍球的比赛，就是做好慈父应该承担的所有责任。更重要的是，我与过去的自己达成了和解，让那些驱赶我的暗黑面消失了。我成了很容易相处的人。

与此同时，我很高兴看到，路易丝有了更多的兴趣和爱好。在某种程度上，我们的家庭角色发生了对调。至于过程的来龙去脉，你们去问路易丝吧，我觉得自己做得不错。

说到我是如何培育孩子，如何与他们互动的，我觉得自己从过往的生活中学到了很多东西。他们大概会觉得，我是那种相当严厉的父亲。当然，所谓的严厉，也要保持公平。

为了维持我为家人创造的生活条件，我必须非常努力工作，而由此沉淀的工作精神，也延伸到了我对他们的教育中。虽然我不想让孩子们的生活变得艰难，但也不想让他们轻易得到一切。我觉得，这就需要一种平衡，考虑到自己的生活经验，我应该比大多数人都了解这种状态。

我肯定会帮助他们，竭尽所能提供建议和照应，但是，我依然想看到他们自身的努力。对于当下的时代，这种心态听起来似乎有些老套，但我相信这依然能起到作用。

至于在与孩子们的交流中，他们是否会关心我的过往呢？好吧，我觉得他们与大多数同龄人一样，知道我曾经是一名很优秀的足球运动员，但并不会到对我顶礼膜拜的程度。事实上，我记忆中还有一次和儿子詹姆斯的对话，只是我忘了到底是怎么开始的。

"爸爸，你原来踢球的时候很棒吗？你怎么证明呢？"

听到儿子的问题，我边走边想，来到了客厅的架子前，那里摆放着一些DVD光盘和电子游戏。我看了看，挑出了一盘《实况足球2008》，封面是我和克里斯蒂亚诺·罗纳尔多的照片。

"来，给你这个，"我直接把游戏光盘放在詹姆斯的手里，"那个人就是你的爸爸。"

后记

在整个职业生涯中，我习惯于专注正在进行的赛事，一旦比赛结束，我会期待下一场比赛的到来。基本上，我都没有足够的时间去反思发生了什么。直到挂靴退役后，我觉得是时候回望一下了。

写一本书是很困难的，但有了马克·埃格林顿作为合著者，事情变得容易不少。非常感谢他在著书过程中对我给予的支持。他把我的想法落实在笔头，整理了我的每日语音记录。

我要感谢由保罗·多夫领导的团队，感谢他们在编辑层面提供的帮忙、敏锐的洞察力和持续不断的助力。正是因为他们的努力和鼓励，我才能把自己的故事讲出来。感谢里克·库克、克里斯·麦克洛夫林、西蒙·蒙克、本·伦肖和克莱尔·布朗。

特别感谢我的得力助手史蒂夫·伍德。对于你能成为我的助理，我永远心怀感激。你陪着我体验过飞往亚洲的长途旅行，也阅读了这本书的初稿。

感谢弗格森爵士、杰米·卡拉格、爸爸、托尼·斯蒂芬斯和格伦·霍德尔，感谢你们贡献的文字，分享了很多与我有关的回忆。谢谢你们！

迈克尔·欧文